ÉVEILLEZ-VOUS, MES ENFANTS !

Entretiens avec
Sri Mata Amritanandamayi

Tome 4

Adaptation et Traduction Anglaise
Swami Amritaswaroupananda

Mata Amritanandamayi Center, San Ramon
Californie, États-Unis

ÉVEILLEZ-VOUS, MES ENFANTS ! – Tome 4

Publié par :
Mata Amritanandamayi Center
P.O. Box 613
San Ramon, CA 94583
États-Unis

——————— *Awaken Children, Volume 4 (French)* ———————

Première édition par le Centre MA : septembre 2016

En France :
Ferme du Plessis
28 190 Pontgouin
www.ammafrance.org

En Inde :
www.amritapuri.org
inform@amritapuri.org

Ce livre est humblement offert

**aux pieds de lotus de
Sri Mata Amritanandamayi**

la Lumière resplendissante
immanente au cœur de tous les êtres.

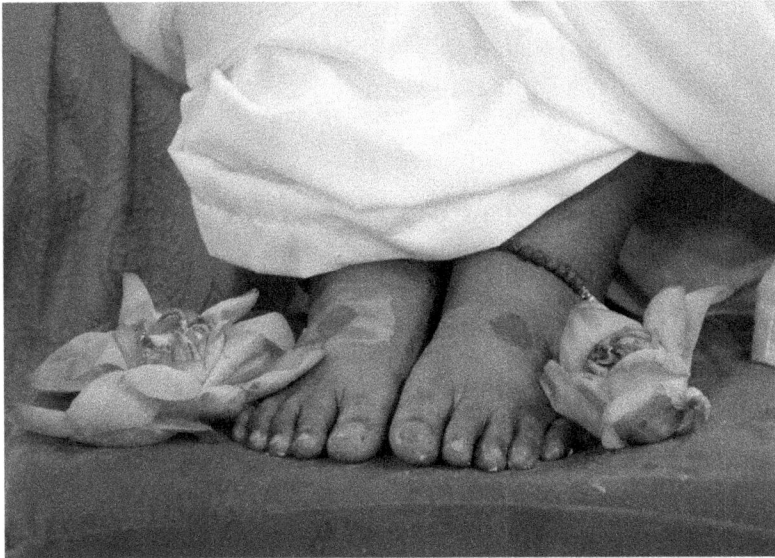

« Mes enfants chéris,
À chaque respiration, puissiez-vous penser à Dieu.
Que chacun de vos pas soit un pas vers Lui.
Que chaque action entreprise soit un acte d'adoration.
Que chaque mot prononcé soit un mantra.
Et chaque fois que vous vous allongez,
Que ce soit une prosternation aux pieds de Dieu. »

—Amma

TABLE DES MATIÈRES

PRÉFACE

La renaissance ! La mort de l'ancien et la naissance du nouveau...
Une vie nouvelle, une vision nouvelle ! Telle est la grâce accordée
par un *Mahatma*. Mais cette mort est renaissance, pour vivre réellement non dans la mort mais dans la vie, une vie qui déborde de
vitalité, de paix et de joie. Ce retour de la mort ne mène pas aux
pleurs, aux soucis, aux tensions, mais à sourire de tout notre cœur
et même à rire de béatitude face à toutes les situations, y compris
la mort. Les *Mahatmas* souhaitent que chacun fasse l'expérience
de cette paix et de cette joie éternelles. Ils désirent sincèrement
que tous deviennent comme eux et y consacrent tous leur efforts.
La vie entière de notre Amma bien aimée est vouée à l'éveil de ses
enfants. C'est pour les éveiller de leur sommeil intérieur qu'elle
parle, agit, c'est pour ce seul motif qu'elle est dans ce monde de
la pluralité, qu'elle a pris ce nom et cette forme. Mais rappelez-
vous : ne calculez pas, n'analysez pas ; ne soyez pas trop logique,
car vous passeriez à côté de son Être réel.

Amma nous enseigne à vivre dans le cœur, non dans la tête.
Un cœur plein d'amour peut la connaître, la voir, avoir l'expérience
de ce qu'elle est. C'est pourquoi, en lisant ce livre, écoutez votre
cœur. On posa un jour à Amma la question suivante : « Quelle
est la place du raisonnement dans la spiritualité ? » « En finir avec
la raison, telle est la place du raisonnement dans la spiritualité »,
répondit-elle.

Amma est amour — l'amour de Dieu. Cet amour qui est notre
nature réelle. Amma affirme : « L'intellect ne peut faire l'expérience
de l'amour, car l'amour est silence. L'intellect est toujours bruyant.

Seule la foi peut connaître l'amour. La foi est dans le cœur. Seule la foi qui vient du cœur peut s'imprégner du silence de l'amour. »

Demeurons donc dans le cœur, afin de pouvoir au moins entrevoir l'océan d'amour. Le pur amour et la compassion qui s'écoulent en un fleuve infini de ce grand Maître, de cette Mère universelle, se retrouvent dans chaque parole qu'elle prononce sous forme d'enseignement. Amma continuera à s'entretenir avec nous jusqu'à ce que nous cessions de parler, jusqu'à ce que notre mental cesse de bavarder. Lorsque nous nous arrêterons de parler, nous comprendrons qu'Amma ne disait rien, qu'elle est toujours restée calme, immuable et silencieuse. D'ici là, écoutons attentivement, de tout notre cœur et de toute notre âme, avec *sraddha* (foi) et *bhakti* (dévotion) la voix de ce grand Maître.

INTRODUCTION

Ce quatrième volume de « Éveillez-Vous, Mes Enfants ! » se veut une traduction fidèle des conseils divins de la sainte Mère (*divya upadesha*). C'est pour le monde de langue française une bénédiction extraordinaire de recevoir les enseignements d'Amma. Il appartient maintenant au lecteur de sanctifier sa vie en les lisant attentivement et en les mettant de tout cœur en pratique dans sa vie quotidienne.

Traduire les paroles d'Amma n'est pas chose aisée. Pour bien les comprendre, il nous faut garder à l'esprit ce qui suit :

En premier lieu, les conversations se déroulent entre Amma et des Indiens, aussi bien chefs de famille que renonçants, dans le contexte culturel de l'Inde. De plus, les conseils donnés par Amma sont adaptés au niveau de compréhension de la personne à qui elle s'adresse. Souvent, une traduction mot à mot ne saurait rendre la totalité de ce qu'Amma exprime à travers sa langue maternelle, le malayalam. Ces facteurs sont à prendre en compte lorsqu'on médite ses paroles, afin de parvenir à une compréhension plus profonde.

Rendre pleinement justice à la grandeur d'un Être tel qu'Amma est une tâche qui frise l'impossible. Lorsque nous disons qu'Amma est le *Satguru* (Suprême *Guru*), nous devrions comprendre qu'il ne s'agit pas là d'un enseignant ordinaire. Un professeur transmet la sagesse qui passe par une compréhension intellectuelle, concordant dans l'idéal avec sa propre expérience. Mais le *Satguru* parle directement à partir de l'état d'Unité. Il utilise la logique comme un instrument, mais il se peut que sa pensée soit paradoxale. À partir de cet état de plénitude qu'engendre l'ivresse de Dieu, l'union mystique avec le Divin, des paroles de sagesse jaillissent du *Guru*. Ces paroles et ces allégations peuvent paraître choquantes au lecteur non préparé. Le *Guru*, en effet, ne tient pas toujours compte du cadre de valeurs et de projections associées à certains concepts; Il révèle par contre la vérité de sa vision, son intention étant souvent de choquer le chercheur pour lui accorder une vision juste en brisant ces cadres.

Le mystique, par définition, choque. Le *darshan* d'Amma illustre magnifiquement cette vérité: Que cette «jeune femme»—et sa qualité de mystique ou de *Guru* n'y change rien—embrasse si tendrement tous ceux qui viennent à elle, y compris les hommes, est pour le moins inhabituel et exceptionnel dans une société traditionnelle. À sa façon maternelle, la mystique en Amma prend ainsi la liberté d'outrepasser les normes socioculturelles et d'exprimer sa nature intime à travers l'action, l'union, et une compassion infinie envers toutes les créatures. Lorsque cette mystique fait une observation qui paraît déprécier les «plaisirs du monde», il n'y a là aucun jugement de valeur, juste une pensée. Considérés à partir de l'état de Béatitude suprême dans lequel elle est établie, ils semblent négligeables. Si certaines affirmations nous choquent, c'est qu'il nous est impossible de les percevoir autrement qu'à travers un voile de valeurs sociales, de principes moraux, de projections, de jugements mal compris, de réactions psychologiques ou même de principes mal appliqués. Honnêtement, cela peut-il être qualifié de «perception»? Notre réaction naturelle est de projeter tous ces voiles sur le *Guru*. Lorsque nous ne pouvons assimiler l'une des vérités qui nous ont été divulguées, nous disons: «Ce *Guru* est merveilleux, mais comment peut-il faire des affirmations aussi choquantes?»

En tant que chercheur, notre devoir est de nous ouvrir avec patience, d'attraper les gouttes de sagesse et de recevoir les enseignements, méditant sur eux jusqu'à ce que nous soyons assez mûrs pour les appréhender dans un éclairage juste.

Il arrive que le mystique prononce des paroles incohérentes, exprime des idées qu'il ne développe qu'à moitié. Leur traduction s'avère particulièrement délicate, car dans notre ignorance, nous pouvons bien souvent être tentés de leur donner une cohérence. Leur apparente incohérence disparaît grâce à la méditation, révélant un sens profond.

En second lieu, Amma utilise un langage direct et concrêt. Nous oublions souvent que la vérité issue de l'état sans qualité qui est celui du *Guru* reste toujours drapée dans le langage qu'il emploie. Le *Satguru* est la Réalité, mais cette Réalité est manifestée dans un corps, né dans un certain lieu, à un certain moment, avec tout l'environnement culturel que cela implique. Le lecteur lui-même est lié à son propre langage, son propre contexte socioculturel, et aux efforts de ses semblables pour se libérer du poids des projections et des jugements de valeur. Par exemple, lorsqu'Amma utilise le terme « les êtres tournés vers le monde », il n'a pas les connotations de jugement moral qui lui sont associées en français. L'urgence qu'il y a à transmettre l'Essentiel, la force qui la motive, se révèlent à travers ses paroles, surtout lorsqu'elle parle à un *sadhak* (aspirant spirituel). Amma ne mâche pas ses mots lorsqu'il s'agit de faire comprendre un point important à un chercheur spirituel. Ainsi, il est clair que l'avis de renoncer aux plaisirs du monde est un conseil judicieux pour celui dont le seul but est de réaliser Dieu.

Mais lorsqu'il s'agit d'une conversation privée avec un chef de famille, les conseils d'Amma prennent un autre ton : « Amma ne dit pas qu'il vous faut renoncer à tous les désirs ; mais ne croyez pas que la vie soit faite uniquement pour cela. » Rappelez-vous que dans le langage d'Amma, le « monde » signifie « ce qui est vu » par opposition à la Réalité invisible ou Dieu. Cela nous aidera beaucoup à interpréter son emploi du mot «mondain». Quand Amma oppose le «spirituel» et le «profane» (mondain), elle se réfère à l'attitude avec laquelle les actions sont accomplies. Les actions spirituelles sont celles qui nous mènent à Dieu grâce au désintéressement et à la pureté. Les actions profanes nous éloignent de Dieu car elles sont accomplies dans un esprit égoïste.

En troisième lieu, celui qui a voyagé et a rencontré des cultures fort différentes de la sienne sait que les différences ne concernent pas uniquement le langage verbal mais aussi la relation au monde et la façon d'appréhender les objets avec le réseau de ses sentiments et de ses pensées. Les enseignements présentés ici sont extraits de dialogues avec Amma. Elle se répète parfois pour souligner un point précis ou pour créer une impression chez l'auditeur. Parmi ces perles, il se peut donc que nous découvrions quelques répétitions.

Amma, apparaissant elle-même dans le corps d'une femme, manifeste son attention au sort des femmes dans un message d'une actualité brûlante. En vérité, nul ne connaît aussi bien la condition féminine en général—surtout en Inde, où le contexte traditionnel souvent déformé et mal appliqué enserre leur vie dans un cadre étouffant—car cette femme mystique est la confidente de dizaines de milliers de dévotes. Elle encourage les femmes à utiliser leur nature innée pour croître spirituellement, elle les presse même de le faire.

Enfin, Amma s'adresse à nous à partir de l'état exalté de *Sahaja Samadhi*, l'état naturel d'un Maître parfait établi dans la Réalité absolue. Une grande part de son enseignement, de sa façon de glorifier le Divin, est exprimée à travers les chants. Nous avons certes inclus dans le texte quelques-uns des chants, mais aucune parole ne saurait rendre la qualité de son chant extatique.

Nous essayons de retransmettre les paroles qui nous ont été données, priant en toute humilité que nous soit accordées la grâce et une juste compréhension, afin de rendre pleinement justice à la sagesse de cet Être qui, avec tant de compassion, nous tend la main afin de nous ramener à elle. Le défi consiste à rendre la vision transcendante d'Amma dans une langue accessible à tous. L'ingrédient essentiel de ce processus est l'esprit contemplatif du lecteur. Laissant de côté le superficiel, puissent notre esprit et notre intellect devenir assez subtils pour assimiler la Sagesse éternelle des paroles d'Amma. Fermement ancrés dans notre pratique, puissions-nous sans tarder nous établir dans l'expérience directe de l'Absolu.

CHAPITRE 1

Au-delà de la dualité

Sous les tropiques, le long de la côte sud-ouest de l'Inde, le soleil d'été flamboie bien souvent de l'aurore au couchant. Mais, même au cœur de cette saison dans le Kérala, l'ashram et ses environs ne sont guère affectés par l'intensité de la chaleur. Un dais de palmes de cocotier procure de l'ombre en abondance et de la Mer d'Arabie toute proche souffle sans cesse une brise rafraîchissante. La fondation officielle de l'ashram eut lieu en 1981, mais les premiers enfants spirituels d'Amma étaient venus vivre auprès d'elle plusieurs années auparavant. Au cours de ces premières années, avant que quiconque eût imaginé un ashram ou bien des disciples et des dévots venus du monde entier, les jours et les nuits passés avec Amma étaient une série ininterrompue de merveilleuses aventures et d'enseignements dispensés dans l'intimité ; ils nous offraient la possibilité de découvrir les nombreuses facettes de cette Mère énigmatique et par là même, de notre propre Soi. Le nombre d'aspirants spirituels venus vivre à l'ashram allant croissant, les résidents suivaient depuis 1982 un emploi du temps régulier. Levés dès quatre heures du matin pour chanter le *Lalita Sahasranama*, les mille Noms de la Mère Divine Sri Lalita, les résidents se réunissaient pour méditer le matin et en fin d'après-midi et pour assister à des cours sur les Écritures védiques. L'emploi du temps quotidien se terminait avec les *bhajans*, tandis que le crépuscule permettait au soleil de se reposer en plongeant dans l'océan, à l'ouest. Chaque jour, des dévots venaient voir Amma. Elle n'avait aucun horaire défini pour ces *darshans* quotidiens, mais ne manquait cependant jamais de voir toute personne qui se présentait. Il lui arrivait encore parfois de recevoir les dévots en plein air, sous les cocotiers, mais le *darshan* se déroulait en général dans une hutte construite à cet effet.

16 avril 1984

A neuf heures du matin tout était calme et paisible à l'Ash-ram. Les résidents méditaient encore dans la pièce réservée à cet usage et le chant mélodieux d'un rossignol ajoutait un charme délicat à la tranquillité de cette matinée. Amma sortit de la salle de méditation où elle était restée assise avec les *brahmacharis*, observant leur méditation. Les mains derrière le dos, elle se mit à marcher de long en large devant le temple. Son être rayonnait de majesté.

L'un des résidents s'approcha d'Amma et se tint près d'elle, comme s'il avait quelque chose à dire. Comprenant son désir, Amma s'arrêta devant lui.

«Amma, les gens dénigrent Amma et l'ashram; ils jasent et racontent des choses insensées. Ils prétendent qu'il n'est pas convenable qu'Amma étreigne les gens. Comment pouvons-nous leur faire comprendre qu'Amma est Un avec l'Être suprême?» demanda-t-il.

Amma répondit: «Ceux qui sont destinés à savoir sauront et comprendront. Quant aux autres, l'idée d'une Mère qui considère tous les êtres comme ses enfants ne leur est pas familière. Bien qu'ils critiquent Amma, elle ne les blâme donc pas. Fils, ils sont ainsi. Ils ne peuvent être autrement. C'est leur nature.

L'essence peut être utilisée aussi bien pour faire fonctionner une voiture que pour incendier une maison. Ceux qui utilisent l'essence comme combustible ne souhaitent que détruire. Ils ne prennent pas en compte l'aspect créateur de l'essence. La plupart des gens n'aiment que pour des motifs égoïstes et ignorent tout de l'amour inconditionnel d'Amma. Ils ne savent pas que l'amour peut devenir vaste jusqu'à embrasser l'univers tout entier.

Ils ne connaissent qu'une capacité limitée d'aimer. La vie d'Amma est consacrée à donner le bonheur et la paix aux gens, mais ils ne le comprennent pas. Une aiguille peut être utilisée pour assembler et coudre des objets aussi bien que pour blesser quelqu'un. Les gens vivent au milieu de trop de conflits et de divisions. Le but d'Amma est d'unir le cœur des gens à Dieu, de les unir à Lui. Mais ceux qui dénigrent l'ashram cherchent à blesser et à nuire.

Les gens jugent selon leurs dispositions et tendances mentales, qui sont limitées. A cause de ces limites, leurs jugements sont la plupart du temps erronés et ils passent à côté de l'essentiel. Dans une plante possédant une grande valeur curative aux yeux d'un médecin ayurvédique, celui qui récolte de l'herbe pour les vaches ne voit que du fourrage. De même, les gens diffèrent en fonction de leurs *samskaras* (dispositions individuelles). Chacun voit et juge le monde à travers les lunettes de ses *vasanas* (tendances accumulées). La couleur des verres varie selon les tendances de la personne mais chez tous l'identification avec ces *vasanas* est si forte que leurs jugements, et leurs jugements seuls, leur semblent corrects. Ceux qui sont plongés dans l'ignorance, dépourvus de connaissances ou même de tendances spirituelles, ne peuvent voir ni comprendre ce que fait Amma. Ils vivent dans une ignorance totale et ne soupçonnent pas qu'il existe autre chose. Prions le Seigneur de leur pardonner. Mais ceux dont le destin est de savoir viendront, surmontant tous les obstacles. »

« Amma, quel facteur oblige ces gens à vivre dans l'ignorance ? Pourquoi sont-ils aveugles ? Quel est le voile qui recouvre leur vision ? » demanda le résident.

« Rien d'extérieur ne voile leur regard, c'est leur propre mental qui fait écran. » répondit Amma. « Le mental bouillonnant de pensées est ignorance ; le même mental dépourvu de pensées est *Atman*, le Soi. Les gens sont identifiés au corps au point de manquer la Réalité, le Principe essentiel. Ils voient les vagues et oublient l'océan. Ils ne voient que les nuages et la vaste étendue du ciel leur échappe. Ils regardent la fleur et en tombent amoureux, mais négligent la plante. Les vagues vont et viennent, apparaissent et disparaissent, mais l'océan demeure immuable. Cette vérité s'applique aussi aux nuages dans le ciel et à la fleur sur la plante. Les gens passent à côté de la Réalité, du Substrat, qui est le Principe de Vie, et c'est une perte immense. Oublier cela, c'est la perte suprême.

La dualité n'existe qu'aussi longtemps que vous êtes identifié au corps. Lorsque cette identification est transcendée, toute dualité disparaît. Dans l'état d'Unité suprême, le pot (le corps) casse, et l'espace à l'intérieur du pot se fond dans l'espace tout entier. Il n'y a plus de conditionnement ; l'Un seul existe. Toutes les différences telles qu'homme et femme, robuste et malade, riche et pauvre, beau et laid, pur et impur, s'évanouissent. Votre vision, votre expérience vous révéleront alors l'électricité plutôt que l'ampoule, le ventilateur ou le frigidaire, qui tous fonctionnent grâce à l'électricité. Lorsque cela se produit, comment peut-on alors dire : « Je ferai ceci, mais pas cela » ou « Je ne recevrai que les femmes, pas les hommes » ? Dans cet état d'absolue non-identification avec le corps, toutes les différences s'évanouissent. »

Amma s'assit sous le porche du temple avant de poursuivre : « Même le sentiment qu'il existe des hommes et des femmes n'est qu'une question de degré, car en tout homme il y a une femme et en toute femme il y a un homme. Les gens sont mi-homme, mi-femme. Certains hommes sont plus féminins que masculins et la réciproque est bien sûr également vraie. Nos actions et nos pensées révèlent des traits soit masculins, soit féminins. Qu'est-ce qu'un être humain authentique ? Un être humain authentique est doté de force mentale et capable de se contrôler. Mais qui est dépourvu de toute faiblesse ? Même un dictateur, qui peut paraître posséder un mental fort, est un faible, car il règne, il torture et tue des gens par peur pour sa propre sécurité. La peur est la plus grande des faiblesses. Le corps des hommes et celui des femmes sont constitués des mêmes éléments. Dieu a utilisé un peu plus de chair pour créer les femmes, voilà tout. Quelle honte y a-t-il à considérer hommes et femmes de manière égale lorsque l'on est pleinement établi dans cet état de Réalité sans-dualité?

Fils, Amma n'éprouve jamais la sensation qu'il s'agit d'un homme ou d'une femme. Le seul sentiment d'Amma est que tous sont ses enfants. Il faut bien qu'il y ait au monde un être qui étreigne tous les humains, voyant en eux ses enfants, non? Qui d'autre le fera? Amma ne peut changer sa nature innée par peur du qu'en dira-t-on.»

L'un des *brahmacharis* demanda: «Amma, puis-je aller au temple de Moukambika et revenir dans quelques jours?» Amma le mit en garde: «Fils, pourquoi vagabonder ainsi? C'est là une autre tendance du mental. Tu penses qu'en te rendant à Mou-kambika ou en quelque autre lieu saint tu exauces un désir divin et que cela ne peut donc te nuire. Un tel désir n'est certes pas nuisible si notre attitude est juste et si la foi nous anime. Mais lorsqu'il se manifeste, tu dois observer ton mental avec soin pour t'assurer de sa sincérité. En général, le désir n'est que l'expression de ta soif de voyager et de faire du tourisme. Mais comme tu ne peux m'avouer cette soif, elle se tourne vers un pèlerinage dont le dessein serait divin.

Chez de nombreuses personnes, l'idée qu'elles accomplissent l'action juste, alors qu'en réalité elles ne cherchent qu'à satisfaire leurs désirs ordinaires, est une *vasana* très puissante. S'amuser, faire du tourisme et rechercher les distractions sont des *vasanas* très courantes. Une personne a beau abandonner un mode de vie et en adopter un autre, ses *vasanas* la suivent. La seule différence est que le mental les exprime alors sous une autre forme. Mais la *vasana* fondamentale reste la même. Cela revient à renoncer au chocolat pour le remplacer par les glaces. L'objet change, mais le désir reste identique. Tu ignores à quel point le mental est habile à te berner et à te jouer des tours. En de telles circonstances, prends garde et utilise ton discernement. Une fois que vous avez accepté un Être parfait comme votre *Guru*, cessez de vagabonder, à la fois physiquement et mentalement. Restez avec le *Guru*, abandonnez-vous à Lui ou à Elle. C'est tout. Débarrassez-vous de tous vos soucis, ne ruminez pas inutilement les incidents et les expériences du passé et parcourez physiquement et mentalement le chemin vers Lui, vers son Être réel. C'est là le véritable voyage.

Lorsque vous êtes en présence d'un Être réalisé, essayez d'être fermes et inébranlables quoi qu'il arrive. Vous devriez tout abandonner à la volonté du *Guru*. Vous aurez des ennuis si vous vous déplacez de ci, de là, délaissant le Maître pour satisfaire vos désirs et vos envies. L'abandon de soi est indispensable. »

Un dévot posa ensuite la question suivante : « Amma, pourquoi les Êtres réalisés, lorsqu'ils prennent une nouvelle naissance après avoir quitté le corps de leur vie antérieure, expriment-ils des désirs dans leur enfance, tels que celui de jouer à la balançoire ou de posséder des jouets ? »

Amma répondit par l'explication suivante : « Un Être réalisé peut bien exprimer des désirs, mais il y a une grande différence entre l'attitude d'un Être réalisé et celle d'un être humain ordinaire. Lorsque ce dernier développe un désir pour un objet, il crée une chaîne, car il s'attache à cet objet. Cette chaîne ne fait que s'allonger et le lie. Il est constamment hanté par toutes sortes de désirs, nécessaires ou pas, utiles ou inutiles, licites ou illicites. Son mental devient une véritable place du marché.

Un Être réalisé exprime Lui aussi des désirs, mais Il est d'une envergure toute différente. Il a le contrôle absolu de ses désirs. Vous Le voyez peut-être manger, dormir ou s'habiller comme une personne ordinaire, mais Il n'est pas attaché, quoi qu'Il fasse. Il peut y renoncer facilement. Il est tout à fait comme un enfant. Un enfant n'est attaché à rien. Il passe facilement d'une activité à l'autre, abandonne un objet lorsqu'un autre l'intéresse plus. Si un Être réalisé prend une nouvelle naissance après avoir quitté le corps de son incarnation précédente, il se peut qu'Il exprime des désirs dans son enfance, réclamant ceci ou cela. Mais bien qu'Il soit un enfant, Il reste un témoin parfaitement conscient de son Être réel. S'Il agit comme les autres enfants, quel mal y a-t-il à cela? Un enfant se doit d'être espiègle, de s'amuser, de jouer et de réclamer le lait de sa mère en pleurant, sinon il n'est pas un enfant. C'est cette innocence qui nous attire chez les enfants.

On raconte que Sri Krishna, l'Omniscient, voulait que son père Lui capture la lune, lorsqu'Il était enfant. Très joueur, Il exprimait des désirs, comme tous les autres enfants, mais Il était pleinement conscient de sa Nature réelle. C'est ce qui fait toute la différence. Un être humain ordinaire n'a pas le contrôle de son mental, mais un Être réalisé, quel que soit son âge, contrôle son mental à cent pour cent. Son mental et ses désirs se plient sans compromis à ses injonctions. Dans le cas d'un mortel, le mental et les désirs fonctionnent à leur gré, sans contrôle. L'Être réalisé, qu'Il soit enfant ou adulte, crée un désir de par sa volonté et peut le détruire à tout instant s'Il le souhaite. Les autres créent des désirs, mais sont incapables de les supprimer. »

Un dévot marié arriva. Il ne fréquentait l'ashram que depuis peu. Il se prosterna devant Amma et lui offrit les fruits qu'il avait apportés. Ce dévot désirait vivement en savoir plus au sujet de l'ashram. En voyant les *brahmacharis* si jeunes, il demanda à Amma: « Faut-il exiger d'eux qu'ils mènent une vie religieuse alors qu'ils sont encore si jeunes ? »

« Fils », répondit Amma en riant, « ces enfants n'ont pas choisi la vie monastique sur les instances d'Amma. Lorsqu'ils vinrent,

Amma leur dit tout d'abord : «Je n'ai aucune foi en vous qui venez ici, mystifiés par une fille ordinaire.» Et sais-tu ce qu'ils répliquèrent? «Jusqu'à ce que nous rencontrions Amma, jamais nous n'avions envisagé de mener une vie religieuse ou de devenir moines. Nous avons foi en ce pouvoir en toi qui, spontanément, a opéré une telle transformation en nous.» Mon fils, ce fut entièrement leur choix, non celui d'Amma. Crois-tu que l'on puisse forcer quiconque à embrasser une vie religieuse, s'il ne l'a pas choisi lui-même d'un cœur entier? Personne ne peut vous obliger à manger ce que vous n'aimez pas. Vous pouvez y goûter pour être agréable à quelqu'un, mais vous ne finirez pas l'assiette. Si vous mangez uniquement par contrainte, vous ne garderez pas la nourriture. Vous vomirez. S'il en va ainsi des objets ordinaires, que dire lorsqu'il s'agit d'opter pour une vie religieuse, renonçant à tout le reste? Cela doit survenir spontanément. Personne ne peut imposer la spiritualité à autrui. Un besoin intérieur vous y pousse. Une personne habitée par ce besoin intérieur n'a pas d'autre choix que la spiritualité. Cela ne s'explique pas. Cela arrive, voilà tout.»

Un autre dévot, père de famille, demanda des éclaircissements au sujet de la Réalisation. «Amma, il est dit que le «je» disparaît lorsqu'on atteint la Réalisation. Comment cela advient-il?»

«Le «je» cesse d'exister quand le mental atteint une concentration parfaite.» répondit Amma. «Les sentiments du «moi» et du «mien» sont dus à l'ego. L'ego n'est rien d'autre que l'identification au corps et au mental. Le mental est formé par les pensées. Tant que les pensées sont présentes, nous restons un petit ego. La vision étroite du petit ego ne nous laisse voir que les vagues de la mer. Une fois les pensées déracinées au moyen d'une pratique constante et de la concentration, l'ego, «je», disparaît. Lorsque le petit ego est réduit en cendres par notre concentration, nous devenons l'Illimité, l'Impersonnel, et pouvons accueillir l'Océan de Béatitude. Le résidu de ce qui ressemble à l'ego existe en apparence, mais il n'est pas réel. Il ne produit rien.

Interrogez un érudit : « Monsieur, quelle est votre opinion au sujet de cette planète et des gens qui l'habitent ? » Il répondra probablement : « Ce monde est rempli de sots inutiles. » De plus, il aura sans doute le sentiment d'être la seule personne dotée de sagesse sur cette terre. Un tel érudit a le petit « ego » le plus gonflé que l'on puisse imaginer. C'est un homme qui ne voit que les vagues. Il lui est impossible de jeter un coup d'œil, même furtif, sur l'Océan de Béatitude. Il ne peut percevoir que des entités séparées, des individus, des différences et des divisions. Il ne peut voir l'ensemble, il ne voit que des parties et des morceaux.

Posez la même question à un *Mahatma* (littéralement : grande âme) et Il répondra : « Le Soi seul existe et rien d'autre. Dieu seul existe. Tout est beau, tous sont bons et sages. »

Il contemple le Tout, l'Un. L'expérience du *Mahatma* est celle de l'unité dans la diversité, en tout et en toutes circonstances, quel que soit le moment ou le lieu. Il ne peut blâmer, critiquer ou haïr qui que ce soit. Son petit « moi » a disparu pour devenir le « grand moi impersonnel ». Cet état ne survient que lorsque l'ego disparaît. Pour y parvenir, la concentration du mental doit être parfaite. Dieu Lui-même Se fera le serviteur de celui qui parvient à concentrer son mental parfaitement. Enfants, Amma vous le garantit. Essayez, et voyez ce qui arrive. »

La hardiesse avec laquelle Amma donnait cette assurance émerveilla le dévot. Il contemplait fixement son visage. Au bout d'un moment, il dit : « Amma, comment pouvons-nous faire ne serait-ce que le premier pas. »

« Mes enfants, même au milieu des nombreux problèmes que vous rencontrez en vivant dans le monde, vous pensez à Dieu et montrez un grand intérêt pour les pratiques spirituelles. Cela seul suffit à réjouir Amma. »

Il était encourageant d'entendre Amma tranquilliser ainsi le dévot.

Une autre question fut alors posée : « Amma, Dieu ne semble pas avoir réfléchi avant de créer le monde. S'Il avait réfléchi, il n'y aurait pas tant de complications et d'ennuis. »

« De Son point de vue, dit Amma, « le vieil homme » n'a pas du tout créé le monde. Il est sans tache. C'est nous qui créons des ombres et des reflets. Nous les créons et recréons sans cesse, les rendant ainsi réels. En courant après ces ombres et ces reflets, nous imaginons et créons notre propre monde de chaos et de confusion. Fils, qui est responsable de toutes ces complications, de tous ces ennuis ? Est-ce Dieu ? Non. C'est vous, vous seuls qui en êtes cause. Dieu a créé le jour et la nuit pour notre bonheur. Les deux sont beaux, à moins que nous n'agissions de façon incorrecte. Le jour est la période où nous devons agir et remplir nos devoirs et la nuit est le moment où l'on se repose et se détend. Si quelqu'un convoite les possessions d'autrui et vole durant la nuit, ou si quelqu'un est un terroriste et emploie ce temps à fabriquer des bombes en secret, qui est responsable ? Est-ce Dieu ou bien la personne qui accomplit de tels actes ? Les animaux, considérés comme des créatures moins évoluées que les humains, n'ont pas de problèmes comme nous, êtres soi-disant intelligents. Les animaux vivent bien plus en accord avec la nature. Ce sont les êtres humains égoïstes et arrogants qui ne cessent de perturber l'harmonie de la nature. »

Les qualités spirituelles des femmes

Vers dix heures du matin, quelques dévots arrivèrent, accompagnés de leurs familles. Certains des enfants fréquentaient l'école, d'autres le collège ou le lycée. Amma les emmena tous dans la pièce située au-dessus de la salle de méditation où elle leur parla pendant quelque temps, témoignant un grand intérêt pour leurs affaires de famille, s'enquérant des résultats scolaires des enfants. Comme une mère aimante qui s'intéresse beaucoup à sa famille, Amma conversa avec eux sur différents sujets, leur procurant le doux sentiment d'un amour et d'une attention maternels. A l'évidence, les paroles apaisantes et affectueuses d'Amma leur apportaient joie et détente. Elle prit un morceau de sucre candi, le cassa en plusieurs morceaux et le distribua aux dévots comme *prasad* (une bénédiction sous la forme d'un cadeau).

Puis la conversation prit un tour spirituel. L'assemblée comportait une majorité de femmes et ce fut peut-être pour cette raison qu'Amma aborda le sujet.

« La femme est *Shakti* (énergie). Elle est beaucoup plus puissante que l'homme. Bien qu'il soit difficile pour une femme de faire preuve d'une détermination inflexible, une fois qu'elle y parvient, aucune force ne peut l'arrêter. Elle ne peut plus échouer. Il est plus facile à une femme qu'à un homme d'atteindre la Réalisation à condition qu'elle possède la faculté adéquate de discerner et qu'elle soit déterminée. Mais il est dans la nature des femmes de céder et de donner avec facilité, ce qui les rend souvent inconstantes. Cette tendance doit être surmontée grâce à la répétition ininterrompue du *mantra* et au souvenir de Dieu. Une femme n'a souvent qu'une faible confiance en elle, mais elle peut la rendre inébranlable. Elle en est capable, car elle possède la patience nécessaire. Un homme ne peut élever des enfants car il manque de patience. Les hommes sont impatients d'obtenir des résultats. Les femmes sont dotées à la fois de patience et d'amour, mais manquent en général de détermination et de confiance en elles. Les hommes, qui possèdent en général ces deux dernières qualités, devraient cultiver la patience et l'amour. La détermination et la confiance en soi existent bien chez les femmes, qui devraient donc s'attacher à éveiller en elles ces qualités et à les fortifier.

De nombreuses personnes nourrissent la conception erronée que les femmes ne sont destinées qu'à mettre au monde et à élever des enfants. Les mêmes personnes pensent peut-être que les hommes sont seuls capables de régner et de commander. Ces deux idées sont fausses. Une femme peut diriger aussi bien qu'un homme si elle exprime les qualités masculines qui sommeillent en elle. Et un homme peut se montrer aussi aimant et affectueux qu'une mère, s'il exprime l'aspect féminin latent en lui.

Mais il est important de se rappeler le point suivant : tout en développant et en pratiquant la patience et l'amour, un homme devrait conserver sa détermination et sa confiance en lui, et une femme devrait préserver sa patience et son amour, même après avoir cultivé la détermination et la confiance en elle.

Les femmes sont dépositaires d'une énergie infinie. Dans le domaine spirituel, elles peuvent surpasser les tentatives de bien des hommes ; ne croyez donc pas que les femmes soient inférieures aux hommes.

Les femmes devraient s'éveiller de leur sommeil, s'éveiller à une conscience spirituelle. Il y a en elles un pouvoir spirituel infini. Elles ne sont pas faibles et doivent en prendre conscience. Elles disposent de deux armes très puissantes, la patience et l'amour, qui sont les armes les plus effilées et les plus solides de toutes. Il n'existe rien au monde que ces deux qualités ne puissent vaincre aisément. »

« Amma, qu'as-tu à dire au sujet des gens qui, en Inde, imitent l'Occident ? » interrogea un dévot.

« Mes enfants », répondit Amma, « c'est un malheur que l'Inde essaye d'imiter l'Occident. Ce n'est pas notre culture. Cela ne nous appartient pas. Imiter la culture occidentale est une tendance très dangereuse. Mais regardez les Occidentaux : ils tâchent de suivre notre exemple. Ils recherchent la spiritualité, tandis que nous avons soif de richesses matérielles. Si vous devez imiter les

Occidentaux, adoptez leurs bonnes qualités, telles que l'application avec laquelle ils travaillent et leur discipline extérieure. Au lieu de cela, nous les singeons sans discernement. Chaque nation possède sa culture propre. L'existence même d'un pays en dépend. Si cette culture fondamentale n'est pas préservée, le pays court à sa perte. La spiritualité est l'énergie vitale de l'Inde. Si elle disparaît, la nation périra. Cette richesse doit donc être protégée. Pour sauver la génération à venir, il faut que les parents se réveillent. L'avenir de leurs enfants est entre leurs mains et ils peuvent dans une certaine mesure les aider en essayant de leur faire comprendre l'intérêt d'une vie fondée sur la spiritualité. C'est le trésor le plus précieux que des parents puissent transmettre à leurs enfants. Les biens matériels sont éphémères, mais la richesse spirituelle est impérissable.

Des problèmes sont inévitables dans la vie de famille. Lorsqu'un moment de crise survient, les vérités spirituelles sauvent un homme ou une femme de l'agitation mentale et de la détresse émotionnelle. Tout en nourrissant vos enfants et en subvenant à leurs besoins, n'oubliez pas de leur servir aussi quelques aliments spirituels. Si vous négligez cet élément, vous les menez à leur perte au nom de l'amour maternel ou paternel.

Jadis, lorsque les gens éprouvaient du chagrin, ils pratiquaient une ascèse, *tapas*, (pratique spirituelle intense, littéralement « chaleur »). Ils s'adonnaient à des austérités pour se rappeler Dieu. Ils obtenaient ainsi la force nécessaire pour affronter leurs problèmes. De nos jours, incapables de faire face aux moments difficiles, les gens ont recours à l'alcool et aux drogues. Trop faibles affronter les difficultés, ils tentent de les fuir. Quelle pitié ! Ils ne savent pas ce qu'ils font. En s'adonnant aux drogues pour échapper à leurs ennuis, ils pavent le chemin de leur propre destruction.

Lorsque quelqu'un est intoxiqué par l'alcool, la marijuana, la cocaïne, l'héroïne ou autre drogue, cette intoxication le dévore entièrement. Il devient si dépendant qu'il ne peut plus s'en passer. Au début, les drogues ou l'alcool lui procureront peut-être une certaine jouissance. Mais sa dépendance allant croissant, la dose nécessaire pour obtenir l'effet désiré et oublier ses problèmes augmente et il prend conscience que leur consommation ne lui apporte plus aucun plaisir. Le drogué se voit peu à peu contraint de compter uniquement sur sa drogue, laquelle devient alors un besoin biologique constant qui l'obsède au point de lui faire oublier ceux qu'il aime, sa famille et ses amis. Pour obtenir sa drogue, il néglige ses devoirs et ses responsabilités. Il se néglige enfin lui-même et ruine sa santé. Son corps physique, affaibli, devient vulnérable aux maladies. Le pire est qu'il perd tout souci de lui-même. Les drogues abîment le cerveau et endommagent le système nerveux ainsi que d'autres organes. Si un toxicomane engendre des enfants, ils présentent plus souvent que d'autres un handicap physique ou mental à la naissance. Parents, prenez bien soin de vos enfants, ne les laissez pas devenir les victimes de l'alcool ou de la drogue. Donnez leur l'éducation spirituelle nécessaire tant qu'ils sont encore jeunes. »

Humblement, une dévote s'adressa à Amma : « Amma, je t'ai apporté quelques *paripuvada* (une friandise à base de lentilles frites dans l'huile). Ce n'est pas très bon. En prendras-tu ? » Avec un sourire radieux, Amma répondit : « Certainement. Amma aime tout ce qui est offert avec dévotion. Même si c'est du poison, l'innocence du cœur le bonifiera et le purifiera. »

Toute joyeuse, la dévote tira de son sac un petit récipient en métal et le tendit à Amma qui en ôta le couvercle et goûta un *paripuvada*. Adressant un sourire lumineux à la dévote, Elle s'exclama : « Bon ! Tout à fait délicieux ! » Amma donna l'autre moitié à la dévote qui débordait de joie. Puis elle distribua de petits morceaux à la ronde. Une fois tout le monde servi, un dernier *paripuvada* restait dans la main d'Amma. Elle le brisa en deux et en donna encore une moitié à manger à la dévote, puis, lui confiant le reste, dit avec un sourire malicieux : « Fille, à ton tour de nourrir Amma maintenant. » S'asseyant devant la dévote, elle ouvrit la bouche. La femme semblait transportée dans un rêve ou dans quelque autre monde, si grands étaient l'étonnement et la joie qui éclairaient son visage. Tandis qu'elle déposait un morceau de beignet dans la bouche d'Amma, la dévote luttait pour maîtriser ses larmes. Elle s'effondra aussitôt après et sanglota comme un enfant.

A travers ses larmes, elle dit : « Pendant que je cuisinais, je chérissais le désir de te nourrir. Cette envie a resurgi avec force quand j'ai reçu ton *prasad* et t'ai vu le distribuer à tous. Amma, tu as exaucé le vœu de mon cœur. »

La femme ne pouvait retenir ses larmes. Tout en sanglotant, elle se mit à chanter *Ellam Ariyunna Ammayodu*.

> *Inutile de rien dire à la Mère omnisciente,*
> *Marchant à nos côtés,*
> *Elle voit tout, comprend tout ;*
> *L'Être Primordial*
> *Perçoit toutes les pensées du soi intérieur.*
> *Impossible à quiconque de rien faire*
> *Sans qu'Elle le sache.*
> *Le Seigneur primordial réside en tous.*
> *Adorons tous dans la joie*
> *L'Incarnation de la Vérité et de la Conscience.*

Les autres dévots reprirent le *bhajan* en chœur, tout en versant des larmes silencieuses, tant la scène les avait émus. Absorbée dans son monde intérieur, Amma avait fermé les yeux.

CHAPITRE 2

Excursion à Kanyakumari (Cap Comorin)

19 avril 1984

près les *bhajans* du soir, chacun se prépara à partir pour Kanyakumari, lieu sacré et centre de pèlerinage situé à l'extrême pointe sud de l'Inde, au confluent de trois mers : la Mer d'Arabie, l'Océan Indien et le Golfe du Bengale. Le célèbre temple de Dévi est dédié à la Déesse sous la forme de la Vierge éternelle et attire des milliers de pèlerins venus de toute l'Inde. Les dévots d'Amma avaient exprimé le vif désir de s'y rendre avec elle. Non qu'ils fussent si intéressés par le Cap, car sans la présence d'Amma, la plupart n'iraient pas de leur propre chef. Leur motif réel et caché était qu'ils pouvaient, lors de telles excursions, passer plus de temps auprès d'Amma. De plus, voyager avec Amma est toujours une expérience unique, un trésor que les dévots chérissent dans leur cœur à jamais.

On termina les préparatifs et plus de cinquante personnes se rassemblèrent, résidents de l'ashram et dévots mariés. Les dévots avaient loué un bus et fourni des récipients, des sacs de riz et autres ingrédients et objets nécessaires pour faire la cuisine. Il s'agissait d'éviter autant que possible d'avoir à manger dans des restaurants ou autres lieux publics.

Une fois la lagune franchie, les *brahmacharis*, avec l'aide des dévots, fixèrent les bagages sur le toit du bus. Lorsque tout le monde eut enfin pris place à l'intérieur, Amma dit soudain : « Écoutez, mes enfants, ceci n'est pas un pique-nique ou un voyage touristique. Considérez que cela fait partie de votre *sadhana* (pratique spirituelle). Des tentations peuvent surgir, mais gardez votre but toujours présent à l'esprit. Amma n'a quant à elle aucun intérêt particulier à effectuer ce déplacement. Elle n'a accepté de venir que pour la seule joie de ses enfants. Essayez de considérer ce voyage comme un effort pour vous rapprocher de votre propre Soi. Parlez moins. Tâchez de chanter votre *mantra* aussi souvent que possible et dès que vous avez un instant, pensez à Dieu ou à votre divinité d'élection. N'accordez aucune attention aux objets ou aux événements que vous pouvez voir d'un côté ou de l'autre de la route. Le mental est déjà rempli d'images, ne l'encombrez pas plus. Nous nous efforçons d'éliminer celles qui existent ; finissons-en avec elles et n'en rajoutons pas. Si vous devez parler, faites-le, mais doucement et avec mesure. Ne discutez pas de questions futiles. Notre temps est très précieux. Si vous perdez cent mille roupies (une *lakh*), Amma ne s'inquiétera pas ; mais si elle voit ses enfants gaspiller ne fût-ce qu'une seconde, Amma se sent triste et soucieuse. Le temps perdu ne se rattrape pas.

Au cours de ce voyage, beaucoup de vos *vasanas* vont se manifester. Soyez-en conscients et tâchez de contrôler vos pensées et vos sens. Mes enfants, lorsque vous êtes seuls, à l'écart des foules et sans contact avec autrui, vous n'êtes alors peut-être pas conscients des tendances latentes qui sommeillent en vous. Quand vous êtes seuls ou dans un entourage favorable, vous vous sentez plutôt en paix, heureux et contents. Mais si vous ne pouvez préserver cette paix et ce contentement au milieu de gens que vous n'aimez pas ou lorsqu'une tentation surgit, ils ne sont pas réels. Notre but est de les maintenir en toutes circonstances. Essayez donc, mes enfants, de contrôler votre mental au maximum. Au cours de ce voyage, pratiquez l'amour, la patience et la longanimité. Voilà pour vous une excellente occasion de mettre ces qualités en pratique. Vous serez peut-être en désaccord avec telle personne ou entrerez en discussion avec telle autre. Ne réagissez pas, conservez votre calme. Votre sérénité désarmera l'autre personne. Si vous avez des doléances, venez vous plaindre à Amma, mais ne vous mettez pas en colère, ne prononcez pas de paroles dures ou blessantes.

Si la colère monte en vous, ne l'exprimez pas sur le champ. Éloignez-vous, allez vous asseoir à l'écart. Contemplez et méditez. Vous découvrirez que la cause de votre colère ne réside pas dans l'autre personne, mais en vous. Ce n'est pas l'autre qui la provoque, mais votre passé. Le passé est votre livre de référence. La colère est en vous. Quelqu'un, par accident, a touché la colère en vous, et vous entrez en éruption.

La colère est comme une plaie infectée. Lorsque quelqu'un la touche, vous ressentez la douleur. Si la personne appuie, du pus et du sang en sortent, provoquant une souffrance plus grande encore. Votre colère est une blessure profonde et infectée. C'est une maladie qui doit être traitée. Elle requiert votre compassion, votre attention aimante. Donc, lorsque quelqu'un se met en colère, rappelez-vous que cette personne est malade. N'aggravez pas sa maladie, ne faites pas sourdre le pus et le sang de sa blessure. Ne la faites pas souffrir plus encore en pressant et comprimant la plaie avec plus de force. Cela signifie qu'il ne faut pas répondre à la colère par la colère. En se comportant ainsi, on ne soigne pas la blessure, on ne fait que l'agrandir et la rendre plus profonde. Ce dont la personne en colère a besoin, c'est de sympathie. Ayez pitié d'elle et essayez de mettre un peu de baume sur la plaie de sa colère. Mes enfants, une fois encore, Amma veut vous rappeler que l'occasion vous est donnée d'agir ainsi. Amma sait très bien que les conflits et les discussions sont normaux au sein d'un groupe. Aucun d'entre vous n'est un Être réalisé, des désaccords peuvent donc surgir parmi vous. Mais efforcez-vous de pratiquer la patience et l'amour. »

Amma marqua un temps d'arrêt, puis ajouta : « Commençons maintenant notre voyage. »

Lorsque le conducteur démarra le moteur, les dévots s'écrièrent en chœur : « *Jai Bolo Satguru Mata Amritanandamayi* » (Victoire au Maître parfait Mata Amritanandamayi). La voix d'Amma résonna de nouveau : « Chantez un *bhajan* à la gloire de Ganesh. » Et ils entonnèrent *Gajanana*.

> *O Toi au visage d'éléphant*
> *O Fils de Parvati,*
> *Demeure de Compassion, Cause suprême,*
> *Toi qui détruis les obstacles*
> *Et que servent les êtres vertueux,*
> *Pure Conscience, Toi au teint bleu sombre*
> *Toi l'Éternel que rien n'afflige,*
> *Toi qui accordes de bons auspices*
> *Et protèges les désespérés,*
> *Toi qui illumines le Soi, Océan de Béatitude*
> *Qu'Indra lui-même adore.*

Il était onze heures du soir lorsque le bus s'ébranla lentement. Les dévots continuèrent à chanter. Tous étaient heureux et enthousiastes. Anticipant ce qui les attendait, ils semblaient déjà nager dans la béatitude. Les instructions données par Amma avaient insufflé dans le cœur des dévots l'esprit et l'énergie d'un vrai pèlerinage. Chacun brûlait de participer à un merveilleux voyage spirituel.

Pour la plupart des gens, un pique-nique est l'occasion d'oublier leurs occupations quotidiennes et de jouir à volonté des plaisirs de la vie. En de telles circonstances, les gens ordinaires mangent, boivent et satisfont leurs désirs, essayant ainsi d'être heureux. Ils veulent tout oublier : soucis, tensions, surmenage. Pour y parvenir, ils dépendent d'objets dont ils espèrent retirer du plaisir. Ils en retirent certes quelque joie et réussissent un bref moment à oublier leurs tracas. Mais dès qu'ils reprennent le cours de leur vie quotidienne, ils se trouvent de nouveau plongés dans les tourments et les difficultés. De plus, ils ont par leurs excès dissipé leur énergie et sont incapables d'agir avec efficacité. Pris dans un cercle vicieux, leur situation s'aggrave et ils courent au désastre.

Ce voyage avait bien l'apparence d'un pique-nique, mais c'était un pique-nique spirituel, sous la conduite et l'autorité d'un Maître parfait, qui connaissait le Soi. Avec un tel chef, il n'est pas vraiment nécessaire de choisir un lieu idyllique pour le pique-nique, car un *Mahatma* peut créer des vagues d'énergie spirituelle, immergeant les participants dans la béatitude qui sourd de l'intérieur. Le Nom du Seigneur était la nourriture consommée à ce pique-nique. Lors d'un pique-nique ordinaire, les gens recherchent le plaisir dans des objets extérieurs, épuisant ainsi leur énergie dans la quête du bonheur et de la jouissance. Mais le chercheur spirituel conserve son énergie en se tournant vers son propre Soi, source de toute joie. Tandis que les gens du monde descendent la pente jusqu'à ce qu'ils s'effondrent et s'enlisent dans les sables mouvants d'une vie absurde, les êtres religieux saisissent l'occasion de s'élever pour accéder enfin à l'état de Béatitude et d'Immortalité.

La vie est un pique-nique. Nous avons le choix entre deux endroits différents pour ce pique-nique. L'un des sites est beau et attrayant pour les sens qui perçoivent le monde extérieur, mais dans notre mental règne alors une immense confusion. L'autre est d'apparence moins séduisante, moins attirante, mais il recèle pour notre être profond une béatitude et une paix infinies. Nous sommes libres de choisir. Les gens ordinaires vivant dans le monde et ceux qui optent pour une vie spirituelle cherchent tous le bonheur. A nous de décider si nous voulons jouir d'un bonheur éphémère qui nous conduira vers une souffrance sans fin, ou si nous préférons supporter pour un temps des épreuves qui nous permettront d'accéder à la béatitude éternelle. L'un des lieux se trouve à l'intérieur, l'autre est le monde extérieur. L'un est le chemin vers la béatitude éternelle, l'autre le chemin vers des joies éphémères.

Les dévots chantaient et frappaient dans leurs mains. Le ciel nocturne était tapissé de nuages. L'obscurité évoquait le teint bleu sombre de Mère Kali. Le vent dispersa les nuées et la lune lança un coup d'œil furtif hors de son voile de brume.

Les dévots se turent lorsqu'Amma ordonna : « Comptez-vous. » Un résident s'approcha d'elle et dit : « Amma, nous avons une liste des noms de tous les participants. » « D'accord, alors appelez chaque personne par son nom et que chacun réponde par « *Om Namah Shivaya* » dit Amma.

Le *brahmachari* se mit donc à faire l'appel et les dévots répondirent comme Amma l'avait indiqué. Elle rit à ce spectacle qui l'amusait apparemment beaucoup et remarqua : « C'est comme à l'école ! »

Une fois l'appel terminé, Amma se mit à chanter *Maname Nara Jivita Makum*.

*O mon mental, cette naissance humaine
Est comme un champ :
S'il n'est pas cultivé comme il faut,
Il devient sec et désert.*

*Vous ne savez ni comment semer les graines,
Ni comment les faire pousser,
Et vous n'avez pas même le désir d'apprendre.*

*En ôtant les mauvaises herbes,
En mettant de l'engrais,
En donnant les soins nécessaires,
Vous pourriez obtenir une bonne récolte.*

Pendant le chant, les nuages se dissipèrent lentement. La terre et le ciel resplendissaient sous l'éclat de la lune. Absorbée dans un état de conscience intérieur, Amma continua à chanter, tout en fixant du regard le ciel argenté *Radha Ramana*.

> *O Bien-aimé de Radha,*
> *Toi qui détruis le malheur,*
> *Support de toute chose,*
> *N'est-ce pas Toi, O Incarnation de la Conscience,*
> *Qui T'es emparé de mon mental ?*

20 avril 1984

Le matin suivant, il était environ cinq heures lorsque le bus transportant Amma et ses enfants atteignit Kanyakumari. Ils se rendirent aussitôt dans un petit ashram. Le *swami* qui en était l'âme éprouvait un profond respect pour Amma et fut enchanté de la voir. Tous purent se reposer après une nuit de voyage ininterrompu. A six heures du matin, ils allèrent dans un autre centre spirituel et louèrent des chambres. Une demi-heure plus tard, tous accompagnèrent Amma pour assister au lever du soleil. Lentement, le soleil émergea des eaux ; Amma était debout sur un rocher, face à l'est. Les rayons dorés du soleil se mêlaient à la lueur rougeoyante du ciel et cette lumière envahit peu à peu tout l'horizon, se reflétant dans l'océan. Immobile sur le rocher, telle une statue, Amma fixait le soleil, contemplant sa gloire et sa splendeur. Son visage resplendissait d'un radieux sourire. Les bras tendus vers le ciel, elle chanta *Vandikyunnen*.

> *Afin que tu viennes danser en moi,*
> *O Mère adorable,*
> *Pour que Tu viennes danser en moi,*
> *Je me prosterne et m'abandonne à Toi.*

Tu résides en chaque âme
En tant que Force de Vie
Si Tu devais partir, tout s'arrêterait.

O Energie Universelle, Soi de Parfaite Béatitude,
Viens, viens, O Lumière Suprême,
Reste et jamais ne m'abandonne.

O Toi, Atome des atomes,
Qui imprègnes tout l'Univers
Toi qui résides dans le Lotus aux Mille Pétales
Viens, viens.

Elle a l'éclat de millions de soleils
Et demeure au cœur de moi-même
Mère est mon unique espoir de me fondre en Elle.

Les dévots firent écho au chant d'Amma. Puis chacun se dirigea lentement vers sa chambre, avec le sentiment d'avoir un moment baigné dans la gloire éternelle de la Lumière suprême. La vision du soleil levant illuminant l'horizon, le doux clapotis des vagues et la divine impression créée par la présence d'Amma et par son chant, toutes ces sensations étaient préservées dans les cœurs comme un trésor. Le charme et la beauté de tels instants sont indicibles.

Le prasad du Guru

Amma et le groupe se rendirent plus tard dans la ville de Kanyakumari pour visiter le temple consacré à *Dévi*. Sur la rive bordant le côté sud du temple vivait Mayi Amma, une *avadhuta* (être établi dans la béatitude et qui se situe au-delà des règles et des coutumes sociales).

Quelques années auparavant, lors de la première visite d'Amma, un dévot qui l'accompagnait avait eu une magnifique expérience avec cette *avadhuta*. Celle-ci vivait avec ses chiens et nul ne savait grand chose à son sujet. On la disait âgée de plus de cent cinquante ans. Elle parlait très rarement, et s'il lui arrivait de prononcer quelques paroles, elles étaient à peine audibles. C'était un personnage vraiment incompréhensible.

La veille de cette première visite à Kanyakumari, ce dévot était venu à l'ashram et se trouvait auprès d'Amma alors qu'elle déjeunait. Quelques *brahmacharis* étaient présents et, ainsi qu'elle avait coutume de le faire à cette époque, Amma nourrit tous ceux qui l'entouraient avant de manger elle même. Elle offrit une boulette de riz à chacun, y compris au dévot, un végétarien très strict. L'ashram étant situé au milieu d'un village de pêcheurs dont les habitants consommaient en général du poisson, l'homme hésita à prendre le *prasad,* craignant qu'il y eût du poisson dans le riz. La nourriture préparée à l'ashram étant végétarienne, il n'y en avait pas. Amma n'insista pas ; il ne prit donc pas le *prasad*.

Le jour suivant, le dévot était de ceux qui accompagnaient Amma lors de la visite à Mayi Amma. Celle-ci déjeunait et distribua elle aussi du *prasad* à la ronde. Lorsque ce fut le tour du dévot en question, Mayi Amma mit de côté le riz et les légumes qu'elle distribuait, ôta le couvercle d'un autre plat, prit un gros morceau de poisson frit et le lui fourra dans la bouche. Voilà qui était certes inattendu ! Personne n'aurait même soupçonné que dans le *biksha* (aumônes) qu'elle recevait, il se trouvait du poisson ! Excepté le dévot qui, la veille, avait refusé le *prasad* d'Amma, personne n'avait reçu de poisson. Tous les autres avaient eu du riz mélangé avec des légumes. Le dévot pâlit et s'assit, le poisson entre les dents. Tout le monde éclata de rire. Il ne pouvait ni avaler, ni recracher la nourriture. Il était pris dans un dilemme : bien qu'il fût végétarien, ce poisson était du *prasad* et donc sacré. À la fin, il lui fallut bien l'avaler, ce qu'il fit en fermant résolument les yeux.

Il confessa plus tard : « Dieu m'a ainsi puni d'avoir douté d'Amma, repoussant le *prasad* qu'elle m'offrait. Ce fut une bonne leçon. »

Il est intéressant de relater à cette occasion un autre incident survenu à quelqu'un ayant refusé le *prasad* d'Amma. Il se produisit en 1979, à une époque où les dévots du voisinage avaient l'habitude d'apporter de la nourriture pour Amma. Celle-ci ne se préoccupait jamais de la nature de leur offrande et ils apportaient parfois du poisson pour accompagner le riz. Amma savait bien que le poisson était pour les villageois à la fois un aliment de base et un de leurs mets favoris. Elle dit à ce propos : « Tout en cuisinant, les dévotes chantent sans cesse leur *mantra*. Ces enfants apportent leur offrande avec un fort *sankalpa* et une grande dévotion. *(Sankalpa : Le pouvoir créateur de la pensée et de la volonté manifesté en tant que sentiments, prières, attitudes et résolutions.)* Comment Amma pourrait-elle la refuser, quand leur dévotion et leur *sankalpa* sont si purs et innocents ? » Bien que tous les résidents de l'ashram fussent purement végétariens, Amma acceptait donc avec amour le met préféré des villageois.

Le second incident survint à une dévote venue pour le *darshan* d'Amma. Elle était assise à côté d'Amma, lorsqu'une voisine apporta une *biksha* pour Amma. Un plat de poisson accompagnait le riz. Comme à son habitude, Amma offrit une boulette de riz et de *curry* à la femme assise près d'elle. Celle-ci prit le *prasad*, mais ne le mangea pas. Après son départ, Amma, devant quelques autres dévots, fit le commentaire suivant : « Quelle pitié ! Cette fille n'a pas mangé le riz ! »

Lorsque la femme rentra chez elle, elle tomba malade et se mit à vomir tout ce qu'elle mangeait ou buvait. Son état s'aggravait de jour en jour. Elle ne pouvait rien manger et s'affaiblissait. Elle essaya différents traitements, mais aucun ne la soulagea. Une semaine entière s'écoula ainsi ; c'est alors qu'elle eut la révélation soudaine de la cause de ses vomissements: son refus de manger le *prasad* d'Amma. Elle retourna aussitôt à l'ashram; au moment précis où elle pénétrait dans la hutte, Amma adressait à une autre personne les paroles mêmes qu'elle avait besoin d'entendre: «Le *Guru* est Dieu. Le moindre don du *Guru* doit être accepté avec la plus profonde révérence et la plus grande dévotion. Même s'il s'agit d'un objet en apparence insignifiant, par exemple une pierre ou un brin d'herbe, il faut le recevoir comme le plus précieux des trésors. Il ne faut jamais refuser le *prasad* du *Guru*, quel qu'il soit. Les êtres humains ordinaires ne peuvent percevoir avec quel *sankalpa* le *Guru* donne le *prasad*. Les *Satgurus* savent ce qu'il faut accorder et à quel moment. Acceptez donc tout ce qu'ils vous offrent. Ne repoussez jamais le *prasad* du *Guru*.»

La femme fut bouleversée par ces paroles. Elle n'eut plus le moindre doute sur l'origine de sa maladie. Elle se jeta aux pieds d'Amma et demanda pardon pour son comportement dicté par l'ignorance. Amma la consola et lui mit dans la bouche un petit morceau de banane qu'elle mangea. Les vomissements cessèrent ensuite complètement. Il lui avait fallu toute une semaine pour comprendre la cause de ses ennuis, mais la leçon avait été ainsi dûment apprise. Il est bon de se rappeler de tels incidents, car ils illustrent la façon dont nous devons nous comporter en présence d'un Maître parfait.

Après avoir passé la journée à visiter le temple et différentes parties de la côte autour de Kanyakumari, Amma retourna dans la soirée à l'*ashram*, acceptant l'invitation que le *swami* lui avait faite dans la matinée. A cinq heures, avant le début des *bhajans*, le *swami* prononça quelques paroles au sujet d'Amma. Il dit: «De nos jours encore, il existe dans ce pays des *jivanmuktas* (Êtres Réalisés) et des *avatars* (Incarnations Divines). Amma est une de ces Incarnations divines, mais les gens n'ont pas les yeux pour le voir. Ceux qui n'ont pas hérité de leurs naissances antérieures la capacité de reconnaître les *jivanmuktas* et les *avatars* les dénigrent, empêchant ainsi d'autres personnes de connaître et d'adorer ces grandes âmes. C'est une situation déplorable. »

Les *bhajans* durèrent environ une heure. L'un des chants choisis par Amma fut : *Amme Yennu Loru.*

> *Pourquoi mes cheveux se dressent-ils sur ma tête*
> *Lorsque je prononce le mot Amma ?*
> *Quand je pense à Mère, ma Mère,*
> *Pourquoi oubliai-je tout au monde ?*
>
> *La soif et la faim se sont évanouies,*
> *J'ai même oublié mon bain quotidien,*
> *J'ai perdu mémoire du jour ou de la date,*
> *J'ai tout oublié en pensant à Mère.*
>
> *À quoi mon mental aspire-t-il ?*
> *Pourquoi mon corps tremble-t-il*
> *Lorsque je contemple la mer bleue,*
> *Le ciel azuré et les blancs nuages ?*
> *La merveilleuse forme de Mère*
> *Est un réconfort pour le mental*
> *En proie à la souffrance ;*
> *Ma seule pensée est : « Quand La reverrai-je ?*
> *Quand Mère viendra-t-Elle à moi ? »*

Après les *bhajans*, le groupe retourna au centre où les chambres avaient été retenues. Amma vint, elle aussi, mais resta dehors ; après l'extase qu'elle avait éprouvée en chantant, elle était encore transportée de béatitude et ne voulait personne autour d'elle à ce moment là. Seule, elle s'éloigna quelque peu du bâtiment et s'assit sous un margousier. À dix heures, le centre et ses environs étaient silencieux, bien que remplis de visiteurs ; une demi-heure s'écoula. Tous attendaient dehors, espérant voir Amma une fois encore avant d'aller se coucher. Comme en réponse à leur désir et à leur prière, la voix d'Amma émergea des ténèbres : « Gayatri-*mol* ! » (*Mol signifie « fille » en malayalam, la langue d'Amma. Gayatri s'occupe de son service personnel depuis son arrivée à l'ashram en 1980.*) L'espoir illumina soudain les visages ; tous guettaient la voix d'Amma. « Appelle tous les enfants. » Ces paroles suffirent. Gayatri n'eut pas à les informer, car le groupe entier s'élança vers Amma. Chacun voulait s'asseoir aussi près que possible. Se bousculant, ils essayaient de se rapprocher d'elle au maximum. Lorsque tous furent enfin assis, le silence s'installa, rompu seulement par la voix d'Amma. « Mes enfants, si certains parmi vous sont trop fatigués ou bien ont sommeil, ne vous surmenez pas. Ne vous sentez pas obligés de rester assis ici parce qu'Amma vous a appelés. Amma voulait simplement voir tous ses enfants. »

Mais personne ne voulait aller se coucher, car leurs cœurs aspiraient à passer le plus de temps possible auprès d'Amma.

La nourriture subtile du Guru

L'un des dévots remarqua : « Nous sommes des enfants affamés, Amma, donne-nous à manger. Comment peux-tu nous demander d'aller au lit, alors que nous avons tant besoin de nourriture ? Nous ne pouvons pas dormir, tandis qu'ici tu sers à manger. »

Amma répondit : « Il s'agit là d'un aliment subtil. Pour le goûter, il faut une langue subtile. Mes enfants, en réalité, c'est le *Guru* qui est votre nourriture. Un vrai disciple devrait essayer de le dévorer. Le *Guru* attend le moment où le disciple pourra l'avaler. Mais la plupart des disciples en sont incapables car ils n'ont pas la subtilité requise ; ils ne connaissent que le corps grossier du *Guru*. »

« Amma, » demanda l'un des dévots « Qu'entends-tu par « nourriture subtile » ? Et que signifie « manger le *Guru* ? »

La réponse vint : « Il ne s'agit certes pas de le mordre et de le dévorer ! »

Tous, y compris Amma, éclatèrent de rire. Le rire calmé, Amma reprit : « La forme réelle du Guru se situe bien au-delà du plan physique de l'existence. Elle transcende même la *Trimurti* (la Trinité : *Brahma*, le Créateur ; *Vishnou*, le Préservateur ; *Maheshvara*, le Destructeur). Elle est le Principe suprême lui-même. Il faut s'efforcer, à travers la forme physique du *Guru*, de voir sa forme intérieure, la forme subtile. Connaître et réaliser cette nature subtile du Guru requiert un mental subtil. Il faut travailler à rendre le mental subtil grâce à la *sadhana*. Cette nourriture ne peut être absorbée par la bouche. On s'en imprègne par le cœur. S'imprégner des principes supérieurs selon lesquels le *Guru* vit, c'est cela, manger le *Guru*. Si vous ne voyez que la forme physique du *Guru*, sans essayer de comprendre sa nature intérieure, vous finirez toujours par être en danger.

Pour illustrer ce point, Amma va vous raconter une histoire.

Il était une fois un Maître qui avait deux disciples, qu'opposait une permanente rivalité. Un jour, alors que le *Guru* se reposait, il les appela tous les deux pour lui masser les jambes. Le *Guru* était allongé et les deux disciples s'assirent auprès de lui, un de chaque côté. Le premier disciple dit : « Écoute, la jambe droite est pour moi, à toi la jambe gauche, d'accord ? » Le second disciple répondit : « D'accord. Et n'empiète pas sur mon territoire. Si c'est moi qui prend soin de la jambe gauche, ne viens pas t'immiscer. » Le premier répliqua : « Moi et ma jambe droite n'interféreront pas avec toi et ta jambe gauche. » Et ils se mirent à masser. Le pauvre *Guru* n'était pas au courant du partage. Il s'endormit, et en changeant de position, posa inconsciemment sa jambe droite sur sa jambe gauche. Ce fut assez pour provoquer la rage du second disciple. Furieux, il se leva et interpella le premier disciple. « Tu as rompu notre accord. Ôte ta jambe droite de ma jambe gauche, sinon tu vas voir de quel bois je me chauffe!» À ces mots le premier disciple se leva lui aussi et se mit à crier: «Ferme la, espèce de fanfaron! Allez, montre donc un peu ce que tu peux faire à ma jambe droite, vas-y si tu oses!» Chacun des deux empoigna un long bâton. Le deuxième disciple s'apprêtait à casser la jambe droite, tandis que le premier était résolu à se venger en brisant la jambe gauche. La dispute entre les deux disciples réveilla le *Guru* qui fut tout surpris de les voir debouts, se lançant des regards furibonds tandis qu'ils brandissaient des bâtons. Il s'exclama: «Qu'est-ce là? Que faites vous donc tous les deux?» Les disciples rétorquèrent froidement: «Rendormez-vous. Ce n'est pas votre affaire. Nous allons régler la question.»

Voilà ce qui arrive lorsqu'on n'essaye pas de voir au-delà du *Guru* physique. Il faut à tout prix s'efforcer de saisir la nature réelle du *Guru*. Cette nature véritable est au-delà de sa forme physique. Percevoir la nature essentielle du *Guru* requiert un mental subtil, assez subtil pour percer à jour le *Guru*. Sinon, cela peut aboutir à un incident semblable à celui des deux disciples s'apprêtant à briser les jambes du *Guru*. C'est seulement par la concentration que le mental peut devenir subtil. Cela se produit lorsque le mental est parfaitement concentré sur le Principe suprême, lorsque toutes les vagues de pensées ont pris fin. Dans cet état, le mental devient aussi vaste et infini que le ciel sans nuage.

Le *Guru* est le Créateur, le Préservateur, le Destructeur, et il est en même temps au-delà des trois. Le *Guru* est le Principe suprême manifesté sous la forme de Celui qui apporte la lumière au disciple. En semant la graine de la spiritualité chez le disciple, le *Guru* le réveille du sommeil de l'ignorance. Extérieurement, nous sommes bien éveillés, c'est à dire que dans notre état ordinaire nous sommes éveillés au monde des objets. Nous sommes bien éveillés au monde matériel de la pluralité et profondément endormis au monde réel de la Conscience. De ce point de vue, on peut s'étonner : « Comment puis-je me réveiller une seconde fois ? » Seul l'éveil intérieur est le réveil authentique. Bien que nous nous éveillions chaque matin au monde extérieur de la matière, à l'intérieur, nous sommes profondément endormis. Nous sommes endormis et non éveillés à la Réalité du Soi intérieur. Le *Guru* fait comprendre au disciple qu'il est endormi et plongé dans l'ignorance, il lui en fait prendre conscience. Il est nécessaire de connaître l'existence d'un problème pour y remédier. Le *Guru* permet au disciple de se rendre compte de son ignorance. Une fois cette tâche accomplie, le *Guru* fait travailler le disciple dans le cadre de sa pratique spirituelle, afin de détruire cette ignorance. Plus précisément, il réveille le disciple de son sommeil, lui fait percevoir qu'au tréfonds de lui-même, à l'intérieur, il est profondément endormi, et en le soumettant à un entraînement spirituel rigoureux, il éveille l'énergie spirituelle en lui. Travaillant main dans la main avec le disciple, le *Guru* brise la coquille de son ego. Le *Guru* devient ainsi le destructeur, le destructeur de l'ego.

Un grand Maître est l'incarnation du principe « plus subtil que le plus subtil ». *(Anoraniyan Mahatomahiyan en sanscrit, qui signifie : « plus subtil que le plus subtil, plus grand que le plus grand »)* C'est seulement quand le disciple devient aussi subtil que le *Guru* qu'il peut réaliser son unité avec un Maître parfait.

Amma marqua une pause. Assis sous le margousier, tous distinguaient clairement son visage. La lune brillait au firmament et son éclat caressait la terre. Rehaussant la beauté de cette nuit, l'astre lunaire évoquait Amma, embellissant les cœurs humains. Dans le silence qui régnait, chacun semblait méditer autant sur la forme d'Amma que sur ses paroles. Quelqu'un commenta : « Amma, tu es ce *Guru*, tu es ce principe subtil. »

Amma n'y prêta aucune attention. Assise, elle contemplait la lune. Un autre dévot lui rappela qu'elle n'avait pas expliqué l'expression « manger le Guru ». Mais elle ne répondit pas, continuant à regarder la lune. Elle était en extase, car son regard était fixe, immobile. Les dévots se turent, comprenant qu'Amma était absorbée dans un autre monde. Il lui fallut quelques minutes pour revenir à notre plan de conscience.

Elle poursuivit alors : «Manger le *Guru*» signifie se fondre totalement en lui. Il faut se dissoudre. Le «je» ou ego doit se dissoudre et disparaître. La disparition de votre petit moi et l'identification parfaite avec le Soi intérieur du *Guru*, voilà ce que signifie «manger». C'est l'Unité absolue. Dans un oubli total de vous-même, votre être tout entier devrait s'immerger dans son Être pur et s'y fondre. C'est cela, «manger le *Guru*». Ce n'est possible que par amour, avec le cœur et non avec la tête. L'Amour peut facilement consommer le *Guru*. L'Amour peut aisément consumer votre ego. Une fois que l'ego a été entièrement consumé par l'Amour, le *Guru* entre tout simplement en vous ou vous pouvez entrer en lui. Les deux sont un, car il n'y a plus rien alors pour faire obstacle, pour arrêter le flot d'amour. Il coule dans les deux sens, il est un. L'amour du *Guru* s'écoule déjà constamment, il s'écoule et déborde. Et grâce à l'amour, vous coulez en lui.

Dans l'amour pur et innocent, l'amoureux/se est toujours affamé/e. Il/Elle veut dévorer sa/son bien-aimée/é. Le pur amour recèle une faim insatiable. Même dans l'amour humain on peut observer et éprouver cette faim intense. Mais dans l'amour spirituel, elle est portée à son sommet. Cet apogée est le point extrême, la limite ultime et sans limite, car cet amour embrasse tout. Chez un chercheur véritable, cet amour prend la dimension d'un incendie de forêt, il est même encore plus vorace, plus dévastateur. Dans cette fournaise, il se consume, et alors se produit la fusion complète.

Que se passe-t-il lorsque vous ingurgitez de la nourriture ? Votre corps l'assimile grâce au processus digestif. La nourriture devient vous-même, votre corps, votre mental et votre intellect.

Le *Guru* est votre nourriture spirituelle. Mangez-le, si vous le pouvez. Imprégnez-vous de lui. Laissez sa lumière et son amour emplir votre corps, votre mental et votre intellect. Vous deviendrez amour. Le *Guru* attend d'être consommé. Si vous avez faim, avalez-le. Sinon, jeûnez pour aiguiser votre appétit. »

Surpris par la métaphore, un dévot s'exclama : «jeûnez! Tu ne veux pas dire abandonner la nourriture, n'est-ce pas? Peux-tu, s'il te plaît, éclaircir ce point? »

« Fils, tu as raison », dit Amma, « Amma ne parle pas de jeûne physique. Faites jeûner le mental. Cessez de le nourrir de pensées. Nous continuons à nourrir le mental avec les désirs et les pensées. C'est devenu une habitude et le mental est maintenant persuadé qu'il s'agit là de la meilleure nourriture possible. Cette habitude doit être supprimée. Le mental devrait savoir que cette nourriture nous donnera demain « mal au ventre », si ce n'est aujourd'hui, que les pensées et les désirs sont des aliments nocifs et qu'il existe des mets beaucoup plus savoureux et sains. Ces mets délicieux et salutaires sont les différentes pratiques spirituelles.

Une fois que vous y avez pris goût, vous commencez à nourrir votre mental régulièrement avec le Nom divin, *japa* (la récitation du *mantra*), *dhyana* (la méditation) et autres pratiques spirituelles. Votre faim de cette nourriture spirituelle grandit peu à peu, jusqu'à devenir un appétit féroce. Vous éprouvez le désir d'avaler Dieu. Mais pour y parvenir, faites jeûner le mental. Cessez de le nourrir avec des pensées et des désirs non spirituels. »

Amma s'arrêta. Un bref silence suivit, puis elle demanda à Balou de chanter un *kirtan* (chant dévotionnel) : *Katutta Soka-mam.*

> *O Mère, ne me laisse pas tomber*
> *Dans le puits sombre et profond du chagrin.*
> *Je ne suis pas un érudit,*
> *Et ne suis pas non plus né sous une bonne étoile.*

Cependant, avec intensité,
Mes pensées sont fixées sur Toi.
O Mère, ne T'éloigne pas,
Après m'avoir simplement adressé un sourire.

Ayant renoncé à toutes les autres joies,
Sans cesse j'ai en mémoire ta Pureté
Et je chante tes Noms transcendants.

O Toi dont la nature est Grâce éternelle,
« Le but de cette naissance est d'épuiser
Toutes les erreurs des naissances passées. »

C'est dans le souvenir de Tes paroles
Que je puise réconfort.
O Incarnation de la Compassion,

Délivre-moi de mon ignorance.
Accorde-moi l'intelligence pure.
Au milieu des plaisirs du monde,
Sans cesse, mon regard est fixé surToi,
Et cependant je suis malheureux.

O Souveraine de tous les mondes,
Toi qui élèves les âmes
Allume la lampe d'une vision égale
Dans mon soi intérieur.

Il était près de onze heures. Amma dit : « Les enfants, allez tous vous coucher maintenant. » Après s'être prosternés devant Amma, tous se levèrent et allèrent à leurs chambres. Amma demeura assise un moment encore sous le margousier *(Azadirachta indica ou Neem)*. Elle mit la tête sur les genoux de Gayatri et resta allongée, silencieuse. Il n'était pas tout à fait minuit lorsqu'elle regagna finalement sa chambre.

Une fois dans leur chambre, quelques *brahmacharis* et dévots laïques, au lieu de se coucher, discutèrent des propos échangés avec Amma. La conversation tardive dégénéra rapidement en dispute, car chacun possédait sa propre interprétation de ses paroles de sagesse. La discussion, vive, battait son plein, lorsque quelqu'un frappa à la porte. Tous se demandaient qui pouvait bien frapper à une heure aussi avancée, car il était déjà une heure trente du matin. Ils pensèrent que c'était peut-être le concierge ou un gardien. Présumant qu'il s'agissait du veilleur de nuit, ils ouvrirent la porte. Quelle ne fut pas leur surprise de voir devant eux Amma ! Amma arborait une expression très sérieuse.

Quelques minutes s'écoulèrent avant qu'elle ne rompe le silence. « Avez-vous donc oublié si vite les recommandations faites par Amma avant le départ ? Il est une heure trente du matin ; vous savez qu'il est déplacé de parler aussi fort à une heure pareille. Vous n'êtes pas seuls ici, figurez-vous. Il y a beaucoup, beaucoup d'autres personnes. Pourquoi troublez-vous leur sommeil en faisant un tel bruit ? Il n'y a aucun mal à échanger vos idées concernant le *satsang* (conversation spirituelle). Mais il est mauvais, très mauvais, d'entamer une dispute à ce sujet et de prétendre avec obstination que votre impression est la seule interprétation correcte. En agissant ainsi, vous cultivez l'étroitesse d'esprit. Il y a une différence entre échanger des idées et disputer. Au cours d'un échange, les deux parties écoutent et parlent, donnent et acceptent. Cela contribue à élargir votre esprit et vous aide à croître spirituellement. Il n'y a donc aucun mal à cela. Mais lors d'une dispute, vous parlez, vous n'écoutez pas. Vous exposez vos idées, mais n'acceptez pas celles des autres, même s'ils expriment une idée valable. En agissant de la sorte, vous vous fermez et vous inscrivez dans d'étroites limites. Cette attitude est dangereuse.

Qui plus est, les paroles d'Amma sont un sujet de contemplation, non de dispute. Elles doivent être mises en pratique, non soumises à l'analyse. Elles ne sont pas destinées à être disséquées et hachées menu par votre intellect. » Sur ces mots, Amma quitta la pièce. Les dévots et les *brahmacharis* regrettaient profondément leur erreur. Sans rien ajouter, ils éteignirent la lumière et se mirent au lit. L'incident les avait rendus un peu tristes. Quelques minutes plus tard, de nouveau, on frappa à la porte. Presque de concert, ils sautèrent hors de leur lit et en une fraction de seconde, la lumière fut allumée. Ouvrant la porte, ils virent Amma, un sourire aux lèvres cette fois. Elle dit : « Amma ne pouvait pas rester dans sa chambre après avoir réprimandé ses enfants. Elle était agitée. Mes enfants étiez-vous tristes ? »

Ils répondirent à l'unisson : « Non, Amma, pas du tout. » Un des dévots ajouta : « Nous avons pris conscience de notre erreur. Nous n'aurions pas dû faire cela. Amma, nous ne sommes tous que des enfants ignorants, tellement ignorants ! » Et il se mit à pleurer. Avec beaucoup d'affection, Amma le consola, les consola tous. Elle divisa le plantain qu'elle tenait en petit morceaux et les distribua, mettant un morceau dans la bouche de chacun. De nouveau, elle prononça quelques paroles de réconfort. « Mes enfants, ne soyez pas tristes. Amma ne peut agir que pour votre bien, pour vous aider à croître spirituellement. Elle ne peut se comporter autrement. Avec ses enfants Amma sent qu'elle a cette liberté. Elle ne peut donc se retenir de vous corriger lorsque vous commettez des erreurs, car elle pense que vous comprendrez. Amma vous considère comme siens. Mes enfants, efforcez-vous vous aussi d'éprouver le sentiment qu'Amma est vôtre. Il n'y aura plus alors dans votre esprit ni tristesse, ni agitation. »

Ses paroles exprimaient tant de sollicitude et d'amour que les dévots et les *brahmacharis* ne purent retenir leurs larmes. Cette nuit-là, chacun pleura en secret dans son lit, chérissant en son cœur l'amour innocent d'Amma pour ses enfants. Tous sentaient autour d'eux les bras d'Amma, les berçant doucement pour les endormir.

21 avril 1984

Le matin suivant à sept heures, le groupe partit pour Maroutva-mala, une colline sacrée. Cette petite montagne, appelée aussi Colline aux Simples, est réputée pour les plantes ayourvédiques qui y poussent. Les anciennes *Puranas* (épopées) racontent qu'Hanuman, le grand dévot et serviteur de Sri Rama, fut chargé d'aller quérir une herbe divine, seule capable de guérir Lakshmana, le frère de Rama, blessé lors de la bataille de Sri Lanka (Ceylan). Ravana avait enlevé Sita, l'épouse de Rama, et l'enjeu de la bataille était de la délivrer . Blessé par un des javelots de Ravana, Lakshmana était dans le coma. Seule une herbe du Mont Kailash pouvait le ranimer. Plutôt que de perdre du temps à chercher l'herbe en question, Hanuman arracha tout un pan de la montagne et prit son vol pour Sri Lanka. Lorqu'il doubla la pointe de l'Inde, un morceau de montagne tomba près de Kanyakumari, formant ainsi cette colline sacrée, Maroutvamala. De nombreux chercheurs spirituels y viennent au cours de leur pèlerinage ; ils gravissent la colline pour apporter des offrandes au sanctuaire d'Hanuman, et l'on peut voir des *sadhaks* (aspirants spirituels) pratiquer leur *tapas* (ascèse) dans de petites grottes qui parsèment la colline.

Nayanar Swami

Non loin de la grand route, là où commençait le chemin vers la colline de Maroutvamala, il y avait une petite maison où vécut longtemps un autre *avadhuta*, un vieil homme celui-là. Il s'appelait Nayanar Swami. Amma l'avait rencontré lors de sa première visite à Kanyakumari, trois ans auparavant.

Nayanar Swami avait passé sa vie dans une pièce minuscule, située dans la maison d'une famille tamoule de basse caste. La pièce sombre dont on raconte qu'il ne sortit jamais était remplie de sacs et de morceaux de bois, ainsi que d'objets en apparence inutiles, dont il se servait pour fabriquer des statues de dieux et de déesses. C'était un personnage très étrange, dont la plupart des gens ne pouvaient comprendre le comportement. On lui attribuait cependant de grands pouvoirs spirituels.

Un an avant le second passage d'Amma, Nayanar Swami avait quitté son corps. Au retour de sa visite à Nayanar Swami en 1981, elle avait prédit que celui-ci quitterait son corps deux ans plus tard.

Quelques événements intéressants se produisirent lors de la rencontre entre Amma et cet *avadhuta*. Amma, accompagnée d'un groupe d'environ vingt dévots, rentrait à Vallikavou après avoir passé trois jours à Kanyakumari. Ces trois journées avaient été consacrées à des *satsangs*, à chanter des *bhajans* et à méditer sur les rochers bordant la côte ou bien dans le temple de Dévi, proche de l'océan. Ils voyageaient dans un véhicule de location et se dirigeaient vers le nord. À peine avaient-ils parcouru dix kilomètres que tout à coup un vieil homme à l'allure étrange bondit devant le bus, gesticulant comme pour lui faire signe de stopper.

«Arrêtez le bus! C'est Nayanar Swami!» s'écria Amma.

Le véhicule s'arrêta et chacun se leva de son siège. Voyant le *swami* entrer dans une petite maison, Amma et ses dévots le suivirent. Amma s'assit en face de Nayanar Swami et tous formèrent un cercle autour d'eux. Le *swami avadhuta* était très excité. Il marmonna quelques mots en hindi, puis, montrant du doigt Amma, il s'exclama: «Kali! Kali! L'Immortelle!» Comme il ne cessait de crier ces mots, le *bhava* (attitude) d'Amma changea tout à coup.

Sa langue pendait; les yeux exorbités, elle émettait un son particulier semblable à celui de la lettre-racine «*Hrim*» psalmodiée sans interruption. Manifestant ces signes, Amma lévitait. Elle ne touchait absolument pas le sol ! Les doigts de ses deux mains formaient des *mudras* divins (gestes yogiques). Amma était le portrait de l'aspect cruel de Mère Kali et le *swami* semblait très excité, absolument ravi. Les *brahmacharis* et les dévots entamèrent un *kirtan* (chant dévotionnel). Tous étaient un peu effrayés de la transformation soudaine du *bhava* (attitude divine) d'Amma. Quelques femmes se mirent même à pleurer.

Amma revint enfin au plan de la conscience physique et à son être habituel. Le *swami* se calma lui aussi. À ce moment-là, un des dévots d'Amma tendit la main vers lui et l'implora : « *Swami*, m'accorderas-tu *brahmatvam* (l'état de *brahman*) ? » Nayanar Swami tourna de force la main du dévot vers Amma et dit en hindi : « Demande-le lui. C'est à elle qu'il faut le demander. »

Lorsque les *brahmacharis*, désireux de savoir pourquoi elle avait ainsi manifesté ce *bhava* en présence du *swami*, interrogèrent ensuite Amma, elle répondit : « Il désirait le voir ». Ils ne comprirent pas ce qu'elle entendait par-là.

Maintenant, trois ans plus tard, alors qu'Amma et le groupe descendaient du bus pour gravir la colline, ils furent salués par les habitants du lieu. En apercevant Amma et ses dévots, la famille avec laquelle Nayanar Swami avait vécu accourut et se prosterna devant elle. Ils exprimèrent le souhait d'avoir une photo d'Amma et l'adresse de l'ashram en disant : « Il y a trois ans, une fois que vous avez eu quitté la maison après avoir rendu visite au *swami*, il nous interpella : « Savez-vous qui c'était ? Elle est Kali, Bhadra-kali ! » Ils nous racontèrent encore que lorsque le bus avait démarré, le *swami* était de nouveau sorti de la maison et l'avait suivi du regard jusqu'à ce qu'il disparût à l'horizon. Ils ajoutèrent que le *swami* n'était jamais sorti de sa pièce, ni auparavant, ni ensuite, excepté lors de ces deux occasions, c'est à dire lorsqu'il bondit devant le bus pour l'arrêter et lorsqu'il sortit pour regarder partir

Amma. Un des dévots donna une photo d'Amma à la maîtresse de maison ainsi que l'adresse de l'ashram, ce qui réjouit beaucoup la famille. Amma et son groupe prirent congé et commencèrent l'ascension de la colline.

Le site de Maroutvamala était d'une grande beauté. L'ombrage des frondaisons, les rochers et les grottes en faisaient un endroit idéal pour une vie dédiée à l'ascétisme et à la contemplation. Tous, y compris les anciens du groupe qui avaient suivi le bus en voiture, gravirent la colline avec grand enthousiasme. Ils étaient si heureux de faire ce pèlerinage avec Amma qu'ils n'éprouvaient ni fatigue, ni lassitude. Amma se retournait parfois pour demander aux plus âgés : « Êtes-vous fatigués ? Dans ce cas, asseyez-vous et reposez-vous un moment. » Ils répondaient toujours : « Non, nous ne sommes pas fatigués. Comment pourrions-nous ressentir la fatigue, quand Amma est avec nous ? » Il était vraiment étonnant d'observer avec quelle agilité les personnes âgées grimpaient, le sentier étant par endroit très escarpé.

Tout en marchant, Amma se mit à chanter. Remplis de béatitude, tous reprirent les chants en chœur. Amma chantait et tendait les bras, transportée d'extase.

Un des dévots portait sur la tête une boîte remplie de chips de bananes. Il la posa devant Amma, qui distribua la nourriture à la ronde.

Puis Eele chanta de nouveau *Hariyude Kalil*

Nul ne peut éteindre le feu
Du chagrin de la transmigration
Sans se jeter aux Pieds du Seigneur.
Nul ne peut obtenir la Béatitude de la Libération,
S'il ne se prosterne à jamais devant le Guru.

Nul ne peut atteindre le Seigneur
S'il ne s'absorbe dans la répétition de Son Nom.

Nul ne peut accéder à l'état de Libération
Sans s'immerger dans la douceur de la dévotion.

Celui qui ne médite pas, ne pratique pas le japa
Ou autres exercices spirituels,
Ne pourra goûter au nectar de la Béatitude.
Sans vertu ni compassion,
Nul ne peut accomplir de bonnes actions.

Dieu seul est l'Ami du dévot en ce monde
Et le Protecteur des désespérés.
Quand Il est avec nous,
Comment le soutien nous manquerait-il?

L'humilité

Parvenus à un endroit de la colline où se dressait un magnifique temple, tous s'arrêtèrent le temps d'une courte pause. Deux moines qui vivaient là vinrent se prosterner devant Amma. Ils avaient entendu parler d'elle et souhaitaient la rencontrer, expliquèrent-ils. Elle leur parla quelques minutes et, quand ils partirent, dit: «L'un d'eux est un bon *sadhak*. Amma l'a su aussitôt à son regard. Il est de plus très humble.» Rappelant aux dévots l'importance de l'humilité dans la vie spirituelle, Elle ajouta: «L'humilité se développe au fur et à mesure que l'on progresse dans la *sadhana*. L'humilité signifie voir Dieu en tout ou bien percevoir son propre Soi où que l'on porte le regard. L'humilité signifie consentir à la Volonté du Suprême. Elle est abandon de soi, abandon de notre volonté à la Volonté de Dieu. Une fois cela accompli, nous ne pouvons qu'être humbles, car nous voyons alors que tout ce qui arrive dans notre vie, agréable ou désagréable, est Sa Volonté. Dans cet état, toute réaction disparaît. Il n'y a plus de réaction, rien qu'une acceptation parfaite. L'humilité peut donc aussi être interprétée comme une acceptation totale.»

Amma se leva en disant: «Continuons notre ascension.» Tout en marchant, Amma conduisit le chant *Shyam Radhe*. Les dévots répondaient joyeusement «Radhe, Radhe», parfois Amma changeait et chantait «Radhe, Radhe» le groupe répondant alors «Shyam, Radhe».

Bien que la journée fût chaude, la brise tempérait l'intensité de la chaleur. Amma continua à chanter «Shyam, Radhe», puis s'arrêta tout à coup, immobile. Elle était en *samadhi* (absorption dans le Soi ou Dieu). Les deux mains levées, formant un *mudra* divin, Amma restait figée, en extase. Ses yeux étaient mi-clos, un merveilleux sourire illuminait son visage. Quelques minutes s'écoulèrent. Amma revint peu à peu à la conscience ordinaire, mais demeura encore un moment immobile avant de reprendre sa marche. Le silence régnait. Nul ne disait mot.

Ce fut Amma qui rompit le silence. «Mes enfants, n'oubliez pas de chanter votre *mantra*. On peut comparer la période de la *sadhana* à une escalade en haute montagne; elle requiert beaucoup de force et d'énergie. Les alpinistes utilisent des cordes pour grimper. Pour vous, la seule corde est le *japa*. Tâchez donc, mes enfants, de répéter votre *mantra* sans arrêt. Une fois le sommet atteint, vous pourrez vous détendre et vous reposer à jamais.»

Le soleil dardait des rayons de plus en plus chauds. Quelqu'un essaya de tenir un parapluie pour protéger Amma, mais elle refusa: «Non, non, Amma n'a pas besoin d'un parapluie. Comment pourrait-elle s'abriter alors que ses enfants marchent au soleil? De plus, elle y est habituée. Pluie ou soleil, Amma passait ses jours et ses nuits dehors, en plein air. Père Sugunanandan et Mère Damayanti étaient si inquiets de la voir vivre ainsi qu'ils construisaient des abris pour la protéger des intempéries. Mais jamais elle n'y demeurait. Amma était fermement déterminée à transcender à la fois la chaleur et le froid en les endurant. Celui qui vit dans le souvenir constant de Dieu n'est pas affecté par le feu des obstacles. »

Le groupe poursuivant son ascension, Amma remarqua quelques personnes se reposant à l'ombre des arbres. D'autres paroles de Sagesse jaillirent : « Le temps venu, même les feuilles de ces arbres qui dispensent de l'ombre tomberont et vous qui jouissez de leur abri devrez à nouveau suer et peiner sous l'ardeur du soleil. »

Ces propos signifiaient que seul Dieu donne une ombre éternelle et qu'aucun lieu au monde ne peut être un refuge permanent. Un jour ou l'autre, ces abris temporaires disparaissent, nous plongeant de nouveau dans un abîme de chagrin.

Amma reprit : « Parmi les millions qui ont essayé d'atteindre le but, seule une poignée, une petite poignée y est parvenu. Vous ne pourrez certes pas toucher au but si vous l'oubliez en restant assis à l'ombre au bord du chemin.

Certains *sadhaks* viennent voir Amma et lui demandent le jour, la date, voire l'heure de leur réalisation. Pauvres gens, ils ne comprennent pas qu'en nourrissant et en ruminant de telles pensées, ils s'écartent du but. Mes enfants, il existe des bus express et des omnibus. Un bus express, une fois qu'il a démarré, ne s'arrête plus jusqu'à ce qu'il atteigne sa destination. Il est facile de prévoir que l'express arrivera à l'heure. Mais l'omnibus stoppe à chaque carrefour pour y prendre des voyageurs et il est impossible de connaître l'heure exacte de son arrivée. Certains *sadhaks* possèdent une telle détermination et *lakshya bodha* (volonté d'atteindre le but) qu'ils ne s'arrêtent pas avant d'être arrivés. De tels *sadhaks* sont comme des bus express et un *Satguru* peut facilement prédire quand ils parviendront au but. Mais la plupart des *sadhaks* ressemblent à des omnibus. Ils manquent de détermination et de *lakshya bodha* ; il est donc difficile de dire quand ils atteindront leur objectif. On peut les comparer à ceux qui s'asseyent « à l'ombre », oublieux de leur dessein. »

Un dévot remarqua : «Amma, tu es toujours assise, n'est-ce pas ? C'est nous qui marchons, n'est-il pas vrai ? »

« Si Amma s'assied, tout le monde fera de même et il n'y aura alors pas d'ascension. » La réplique d'Amma avait fusé aussitôt.

Chacun comprit ces paroles comme une allégorie : si Dieu cesse d'agir, la roue de la création s'immobilisera.

Quelques *sannyasis* (ascètes ayant renoncé à tout lien avec le monde ; ordre traditionnel hindou) étaient assis de part et d'autre du chemin. Amma invita les dévots laïques à leur faire l'aumône, expliquant : « Pour soutenir leur corps, ces *sannyasis* ont besoin de nourriture. En leur donnant l'aumône, les laïques obtiennent des mérites qui leur sont indispensables pour mener une vie heureuse dans le monde. Donner l'aumône à qui de droit est une façon d'acquérir des mérites.

Mais un véritable chercheur spirituel s'efforce de transcender à la fois les mérites et leur opposé ; il ne se préoccupe donc pas de ses gains ni de ses pertes. »

Amma et son groupe atteignirent enfin le sommet, appelé Pillattadam. Le site était particulièrement beau. De là, le regard embrassait tous les environs. Un rocher formait le toit d'un abri naturel et plusieurs grandes pierres plates offraient de confortables sièges. Une grotte située juste au-dessous était occupée par un *sannyasi*. Tous s'assirent sur les rochers ; un long moment, Amma fixa intensément l'horizon, vers l'est. L'atmosphère était paisible et sereine, le lieu désert et isolé. Un vent d'ouest soufflait avec force, mais il se calma peu à peu. Amma semblait absorbée dans son monde et tous gardaient le silence. Un moment s'écoula ainsi, puis Amma se mit à chanter *Kodanukodi*.

O Vérité Éternelle, l'humanité Te cherche
Depuis des millions d'années.

Ayant renoncé à tout, les anciens Sages se sont adonnés
À d'interminables austérités,
Méditant afin de se laisser emporter
Par le courant divin de Ton Amour.

Inaccessible à tous, Ta flamme infinie,
Dont l'éclat est semblable à celui du soleil,
Reste immobile sans même danser
Au milieu du cyclone le plus furieux.

Amma demanda ensuite à Balou de chanter. Il choisit un *bhajan* qu'il avait composé alors qu'il était contraint de rester séparé d'Amma pour quelques semaines : *Sokmentinu Sandhye.*

O Crépuscule, pourquoi es-tu triste ?
Erres-tu toi aussi sur les rivages des souvenirs passés ?
O Couchant rougeoyant, es-tu toi aussi
Dévoré par le feu du chagrin ?

O Crépuscule, as-tu une Mère comme la mienne ?
Ou bien as-tu aperçu ma Mère ?
Son éclat est celui de la pleine lune,
Irradiant la beauté et la fraîcheur de la Pureté.

O Crépuscule, si tu La vois, transmets- Lui
Le message de ce fils désemparé,
Que le profond chagrin de la séparation
Rend muet.

O Crépuscule, je t'en prie,
Dépose ces pétales à Ses pieds
Et mon humble salut à genoux.
À ton retour, je te confierai
Les histoires à fendre l'âme

De mes jours passés.

D'autres chants suivirent, puis Amma enjoignit à tous de fermer les yeux et de méditer. Elle ferma elle aussi les yeux et se concentra profondément. Parmi les dévots, beaucoup préféraient rester assis à contempler Amma, la plupart l'ayant choisie comme Divinité d'élection. Pour obéir à Amma, chacun tourna cependant son regard vers l'intérieur.

Vers treize heures trente, après avoir passé environ une heure au sommet de la colline, on amorça la descente. Peu de paroles furent échangées, mais le son des *bhajans* remplissait l'atmosphère. Amma chanta surtout des *namavalis* (chants simples, constitués de la litanie des Noms divins). Tous la suivirent en frappant joyeusement des mains et en goûtant le nectar des chants dévotionnels.

La souffrance des pauvres

Parvenue au bas de la colline, Amma s'approcha de quelques huttes où des familles tamoules vivaient dans une extrême pauvreté. Elle consacra un peu de temps à chacune. Avec amour, elle s'enquit de la manière dont ils gagnaient leur vie, leur demanda s'ils recevaient ou non une aide du gouvernement et posa des questions spécifiques concernant leurs autres problèmes. Amma semblait très émue et manifestait beaucoup d'amour, beaucoup de compassion envers ces gens, étreignant et embrassant chacun d'eux. De ses propres mains, elle distribua quelques bonbons et autres aliments.

En partant, Amma dit: «Pauvres enfants! En voyant leur souffrance, le cœur d'Amma saigne profondément. Qui s'occupera d'eux? Les gens parlent beaucoup d'aider les pauvres, mais personne ne semble agir. Mes enfants, notre souffrance n'est rien, comparée à celle de ces gens. Dieu nous a pourvus de nourriture, de vêtements et d'un toit. Mais ces enfants-là n'ont rien. Utilisons les dons de Dieu avec le plus grand discernement. Nous ne devons pas Le gruger en les utilisant à mauvais escient. Ces enfants ont sans doute mésusé de semblables dons lors de naissances antérieures et c'est pourquoi ils souffrent maintenant. Mais il est de notre devoir d'éprouver de la compassion à leur égard. En réalité, Dieu a créé le riche pour aider le pauvre, le bien-portant pour aider le malade et les humains normaux pour aider et servir les handicapés physiques et mentaux. »

Un dévot posa la question suivante : « Amma, pourquoi Dieu ne Se manifeste-t-Il pas lorsque des gens souffrent ainsi ? Ne peut-Il rien faire ? »

« Si, mon fils, Il a agi » fut la réponse d'Amma, « Il nous a créés, espérant que nous leur viendrions en aide. Nous devrions penser à eux, nous devrions nous efforcer de ressentir leur souffrance. Pour cela, essayons de nous mettre à leur place. Nous n'avons jamais souffert et ignorons donc ce qu'est la souffrance. Nous considérons nos soucis personnels comme graves et importants. Mais, mes enfants, il y a des affaires bien plus importantes en ce monde, des difficultés bien plus graves à résoudre. Nous ne songeons qu'à nos préoccupations personnelles. Nous ne prenons pas en considération les ennuis des autres et n'éprouvons à leur égard aucune compassion. C'est cela notre problème essentiel. Seule une personne qui a réellement souffert peut comprendre la souffrance d'autrui. Jamais nous n'avons plongé au fond de l'océan pour y pêcher des perles. Nous ignorons la difficulté de l'entreprise, car nous avons l'habitude d'acheter les perles dans les magasins. Nous ne soupçonnons donc pas l'effort immense qui se cache derrière la perle. »

Le groupe était arrivé au bus. Amma monta la première et les autres suivirent. Une fois que tous furent assis, elle continua : « Il existe deux motifs pour lesquels les êtres humains se réjouissent ou s'attristent. Ils jubilent lorsque leur ennemi ou une personne qu'ils n'aiment pas est malheureuse ou souffre. Mais ils sont tristes d'entendre qu'elle prend du bon temps ou mène une vie heureuse. Amma va vous raconter une anecdote.

Deux voisins vivaient dans l'inimitié. L'un d'eux acheta un jour du bois pour effectuer quelques réparations dans sa maison. Une fois rentré chez lui, il s'aperçut hélas, que les deux morceaux de bois qu'il avait achetés étaient pourris à l'intérieur et il s'attrista d'avoir perdu cet argent. Il quitta la maison d'humeur morose, mais revint tout réjoui. Il riait. Sa femme, piquée de curiosité, l'interrogea : « Pourquoi ris-tu ainsi ? Que se passe-t-il ? » Il répondit : « Comment pourrais-je m'empêcher de rire ? En achetant les deux morceaux de bois pourri, nous n'avons pas subi une grave perte financière. Mais notre voisin a essuyé une perte énorme. Il a acheté dans la même boutique vingt morceaux de ce bois, et tous s'avérèrent inutilisables ! »

Tout le monde dans le bus éclata de rire.

« Mes enfants, telle est notre attitude. » dit Amma, une fois les rires calmés. « Notre cœur ne ressent pas la souffrance d'autrui. Nous nous réjouissons lorsque nos voisins s'affligent et nous sommes tristes lorsqu'ils sont heureux. Mais un *Mahatma* reflète aussi bien la joie que la tristesse d'autrui et l'exprime avec sincérité. Telle est la différence entre un simple mortel et un *Mahatma*. Son cœur éprouve la peine et la souffrance d'autrui. Leur souffrance est Sa souffrance et leur joie est Sa joie. Mais les humains ordinaires sont totalement égocentriques. Mes enfants, tâchez d'entendre les pleurs et de connaître la douleur d'autrui. »

Le bus s'arrêta juste devant la porte du centre qui hébergeait le groupe. Il était près de quinze heures. Amma gagna aussitôt sa chambre, les autres déjeunèrent avant d'aller se reposer. Deux heures plus tard tout le monde, Amma en tête, était de nouveau rassemblé pour une promenade jusqu'à la côte.

Parmi les dévots se trouvait un érudit âgé de quatre-vingt-cinq ans, une autorité en matière de grammaire sanscrite et de logique. Il parlait sans arrêt, introduisant un sujet, puis demandant aux autres de lui poser des questions. Il était très agité et souhaitait visiblement montrer l'ampleur de son savoir. Il débattait, argumentait et disputait. Comme on approchait du rivage, Amma l'appela : « *Pandit-mon !* (fils érudit !) » S'il paradait devant les autres, ce vieillard lettré se comportait avec Amma comme un enfant de trois ans. Sa dévotion envers elle était ferme et très solide. Son âge n'affectait en rien sa santé. Il pratiquait le *hatha yoga* depuis de très nombreuses années et s'avérait donc très robuste, enjoué et vigoureux.

Dès qu'il entendit l'appel d'Amma, le *pandit* accourut. Elle le regarda et lui lança un regard malicieux, car elle avait écouté toutes ses paroles. D'une main, elle lui saisit les poignets et de l'autre, elle s'amusa à tambouriner sur le sommet de son crâne chauve comme s'il se fût agi d'un *tabla*. « Fils, » remarqua Amma, « tu as gaspillé quatre-vingts longues années avec ton sanscrit et ta logique. Après tant d'années d'études, tu devrais essayer de passer de la tête au cœur. Il est trop tard pour que tu puisses le faire seul, c'est pourquoi Amma essaye de te réaccorder, du moins intellectuellement, en pianotant sur ta tête. »

Tout le groupe éclata de rire, excepté le pandit qui pâlit et dit : « Amma, pardonne mon ignorance. » Il semblait un peu désemparé. Les paroles d'Amma l'avaient visiblement amené à réfléchir sur sa vie.

Un quart d'heure de marche, et ils atteignirent le rivage ; Amma demeura un long moment immobile, contemplant la vaste étendue de la mer. Puis elle enjoignit à tous de s'asseoir et de méditer. Elle donna auparavant les instructions suivantes : « Visualisez sur l'océan une fleur de lotus pleinement éclose et imaginez votre divinité d'élection assise sur la fleur. Essayez d'imaginer qu'elle vous regarde, vous sourit, vous appelle et vous bénit. Efforcez-vous de voir distinctement chaque détail de la forme de votre bien-aimé(e) : les yeux, les sourcils, le nez, les lèvres, les joues, le front, les cheveux, la couronne, tout. Si cet exercice ne vous plaît pas, vous pouvez simplement vous concentrer sur le bruit des vagues de l'océan. »

Ayant proposé ces deux formes de méditation, Amma elle-même se mit à méditer. Assis face à l'océan, tous méditaient avec elle, au rythme de l'éternel mugissement des vagues venues mourir sur le rivage. La lumière vespérale déclina, l'éclat du crépuscule laissant place au couchant, et les mouettes, annonçant la fin du jour, lancèrent un dernier cri.

La sadhana, l'abandon de soi et l'amour

À leur retour du littoral, Amma et ses enfants chantèrent des *bhajans* dans une salle située à l'endroit même où ils séjournaient. Une foule assez importante était venue écouter Amma et recevoir sa bénédiction. Vers neuf heures, les *bhajans* et le *darshan* étaient terminés et Amma regagna sa chambre.

Quelques *sadhaks* très sincères et une poignée de dévots, désirant une audience privée avec Amma, vinrent la voir.

Elle était assise sur la terrasse de sa chambre et les invita à prendre place face à elle. Ils se prosternèrent et s'assirent. Au bout de quelques minutes de conversation superficielle, un *sadhak* posa la question suivante : «Amma, comment devrions-nous pratiquer notre *sadhana* ?» Amma répondit : «Mes enfants, vous pouvez choisir la voie qui vous plaît. Fils, on ne peut indiquer un chemin unique pour tous. La *sadhana* doit être prescrite en fonction des goûts personnels de chacun. Cela revient à établir des ordonnances différentes pour des personnes atteintes de diverses maladies. Le même remède ne peut convenir à tous. Le médicament ainsi que la posologie varient en fonction de la maladie du patient. La même règle s'applique à notre *sadhana*. Chaque individu est unique et les instructions données doivent l'aider personnellement à progresser dans la voie spirituelle. Les pratiques spirituelles sont un remède qui peut guérir toutes les maladies provoquées par *bhava roga* (la maladie de la naissance et de la mort). Mais si la prescription est erronée, comme tout traitement non adapté au patient, elle peut s'avérer nuisible.

Lakshya bodha et l'effort personnel associé à la patience sont indispensables. Au début, on peut méditer sur l'aspect personnel de Dieu. Il faut ensuite aller au-delà de la forme. Pour y parvenir, il ne suffit pas de lire et d'étudier les Écritures. Il faut également réfléchir : « Quel est le but de ma lecture ? Quel est le véritable objectif de ma vie et que dois-je faire pour l'atteindre ? » Quoi que vous fassiez, tâchez de garder votre mental fixé sur Dieu. Demeurer calme, même lorsque quelqu'un nous réprimande, exige que notre mental soit parvenu à maturité.

Les dispositions naturelles héritées de la naissance antérieure déterminent la voie à emprunter. Cette naissance est la suite de la précédente. Quel que soit votre chemin, le mental doit éprouver envers lui une attirance spontanée. L'amour est indispensable. Une autre façon de trouver votre voie consiste à approcher un Maître parfait.

Au sujet de la *sadhana,* l'essentiel à se rappeler est d'en conserver l'esprit et de poursuivre sa pratique jusqu'à ce que l'on soit parvenu au but. Il s'agit toujours au départ d'un effort conscient. Vous devez y songer sans cesse et tenter de pratiquer sans faillir. À présent *maya* (l'illusion, le pouvoir d'illusion) est beaucoup plus puissante en nous que Dieu. Cela signifie que nos défauts ont plus de force que nos qualités. En conséquence, les chances pour que nous perdions notre enthousiasme et abandonnions ou réduisions notre pratique l'emportent de beaucoup sur celles de nous voir persévérer. Il nous faut donc délibérément continuer notre *sadhana*, fournissant tous les efforts dont nous sommes capables, jusqu'à ce que la pratique devienne spontanée.»

Quelqu'un d'autre demanda: «Comment peut-on parvenir à un total abandon de soi?»

«*Saranagati* (le complet abandon de soi) ne peut être enseigné verbalement» expliqua Amma. «Il s'éveillera en vous si vous cultivez l'amour et la foi. L'amour pur et innocent envers Dieu est notre seul besoin réel. Le mental devrait brûler de s'unir à Dieu. Pas plus que l'amour, l'abandon de soi ne s'étudie ni ne s'apprend dans les livres, auprès d'un professeur ou à l'université. L'abandon de soi naît au fur et à mesure que l'amour grandit. En réalité, les deux croissent de concert. Plus vous aimez une personne, plus vous vous abandonnez à elle. C'est ce qui se produit même dans une histoire d'amour ordinaire entre un homme et une femme. À mesure que l'amour tend vers la plénitude, chacun des amants s'abandonne aux désirs de l'autre.

Les goûts du bien-aimé deviennent ceux de l'aimée et vice-versa. L'abandon de soi n'est rien d'autre que l'abandon de son individualité, de ses goûts et de ses dégoûts, pour un but plus élevé. Même dans l'amour ordinaire, les deux amants renoncent à leurs goûts et à leurs dégoûts, qui constituent leur personnalité, par égard pour leur amour.

Dans la vie spirituelle, le chercheur dépose tout ce qu'il possède aux pieds du Principe suprême, de Dieu. Tout ce que nous pouvons revendiquer comme nôtre, c'est-à-dire nos attachements et nos répugnances, est le produit de notre ego. On peut aussi les appeler *vasanas* ou tendances accumulées. Les objets que nous clamons nôtres ne nous appartiennent en réalité pas, car nous n'en avons pas le contrôle. Réputation, célébrité, position sociale, maison, femme, enfants... Rien de tout cela ne nous accompagnera pour l'éternité. Il se peut que nous en jouissions maintenant, mais qui sait ce qui peut advenir dans un instant?

Il en va autrement des tendances accumulées, de l'ego. L'ego est à nous. Il nous appartient. Nul autre ne peut le revendiquer. Le véritable abandon de soi signifie donc renoncer à l'ego, le déposer aux pieds du Soi Suprême. »

Cette réponse appela une autre question : « Amma, tu as dit que l'on ne pouvait apprendre l'amour ni à l'université ni par la lecture. Mais lire ou entendre des paroles au sujet de l'Amour divin exalte pourtant notre ferveur. »

« C'est exact, » répondit Amma, « mais si tu observes bien, tu remarqueras que les personnes qui éprouvent un tel enthousiasme après la lecture ou l'audition de discours touchant à l'Amour divin oublient bien vite ce sentiment, et, si on les provoque, ressentent facilement l'opposé. Êtes-vous capables de plonger profondément dans ce sentiment d'Amour divin ? Êtes-vous capables de maintenir cet enthousiasme dans votre cœur ? Si tel est le cas, alors ta remarque est juste. Mais la plupart du temps, il en va tout autrement. Les gens sont enthousiasmés par une lecture, puis ils oublient. Amma ne veut pas dire qu'il est futile d'écouter ou de lire des propos au sujet de l'Amour divin. Non. Voici ce qu'elle entend : par la lecture nous obtenons une compréhension intellectuelle de l'Amour, mais l'amour n'est pas une faculté de l'intellect ; l'Amour n'a pas pour compagne la logique, mais la foi. L'Amour est religion ; la logique est science. L'Amour unit et joint ; la logique dissèque et divise. L'Amour est unité, la logique est la multiplicité. L'Amour est profond ; la logique est superficielle. La logique peut être enseignée parce qu'elle s'adresse à la tête, mais l'amour ne peut être enseigné, car il s'agit du langage du cœur. Ce langage ne peut être exprimé par des paroles. C'est un sentiment spontané. Les données intellectuelles peuvent être rendues verbalement, mais les sentiments du cœur transcendent le carcan des mots.

Demandez à un amoureux : « À quel point aimes-tu ta bien-aimée ? » Il répondra : « O je l'aime tant ! » ou bien il dira : « Je l'aime de tout mon cœur et de toute mon âme ! » Quel sentiment retirez-vous de cette déclaration ? Aucun. »

Une autre question suivit : « Amma, de quelle façon pouvons-nous alors cultiver l'amour ? »

Amma répondit : « Mon fils, pour développer l'amour latent en nous, il faut choisir un lieu qui s'y prête. Le meilleur moyen est de vivre en présence d'un Maître parfait. Le *Guru* vous aide en créant des circonstances qui remplissent votre cœur d'amour. Il ne s'agit pas seulement de circonstances extérieures, mais aussi de circonstances intérieures. Le *Guru* crée les deux. Il travaille directement sur les *vasanas* du disciple, qui constituent le principal obstacle sur la voie de l'amour. Par les situations qu'Il crée, le *Guru* attire tout d'abord le disciple et le lie à lui. Lorsque le *Guru* voit que le disciple lui est totalement attaché, l'étape suivante consiste à éliminer l'ego. Pour cela, le *Guru*, de nouveau, fait surgir des situations et travaille à la fois sur l'ego visible et sur l'ego subtil. Une fois l'ego disparu, vous êtes vide. Débarrassé de tout ce qui vous encombrait, vous pouvez alors vous laisser remplir par l'amour. Les deux actions sont simultanées : l'ancien laisse la place au nouveau.

Les circonstances créées par le *Guru* possèdent un tel charme, elles sont si précieuses et enchanteresses que le disciple se met à chérir chaque moment passé auprès du *Guru* et à le garder en mémoire. Il aime le *Guru* avec son corps, son mental et son intellect. L'amour du disciple englobe la forme physique aussi bien que spirituelle du *Guru*. Lorsque le disciple découvre enfin que son *Guru* est la conscience même qui brille en et à travers tous les objets, son amour embrasse tout l'univers.

Les paroles et les actes du *Guru* sont beaux. Le *Guru* crée grâce à eux des moments et des événements inoubliables dans la vie du disciple. Son désir d'aimer le *Guru* et d'en être aimé devient une flamme dévorante. Avec le temps, le *Guru* remplace peu à peu l'ardent désir du disciple d'être aimé de lui par celui de le servir avec amour. Afin de faire comprendre au disciple que le *Guru* n'est pas le corps, mais le soi omniprésent, le *Guru* crée de nouveau des circonstances qui permettent au disciple de le voir en tout et de le servir par chacun de ses actes. Pour que cet amour s'épanouisse, le disciple doit vider son mental de tout désir. C'est pourquoi les Maîtres parfaits insistent toujours sur l'importance de la *sadhana*. »

Dans son émotion, un des *brahmacharis* présents s'exclama : « Mais c'est exactement la façon dont Amma agit avec nous ! » L'innocence et la spontanéité de la remarque du jeune homme ravirent tous les autres, qui le regardèrent en souriant. Amma fit le commentaire suivant : « Vous savez, ces enfants sont vraiment atteints d'Amma *bhrant* (folie d'Amma), depuis qu'ils l'ont rencontrée. Mais Amma se demande toujours pourquoi ces enfants sont si entichés de « cette folle de Kali ».

Un dévot répondit : « Amma, c'est cette folie qui nous attire et nous lie à toi ! »

Il était près d'une heure trente du matin et Amma Se leva. Tous se prosternèrent devant elle. Après avoir manifesté son amour et son affection aux *sadhaks* et aux visiteurs, Elle Se dirigea, seule, vers le margousier.

Venant de cette direction, on entendit ensuite la voix d'Amma qui chantait : *Ennude Jivita.*

> *O Mère, mon bateau sombre*
> *Dans l'océan du monde.*
> *L'ouragan de l'illusion*
> *Fait rage de toutes parts.*

Mon timonier, le mental, est maladroit,
Mes six rameurs, les passions, sont rebelles.

J'ai levé l'ancre par un vent sans merci
Et maintenant mon bateau coule.
Le gouvernail de la dévotion est cassé.

Le voile de la foi est en lambeaux.
Mon bateau fait eau de toutes parts.
Dis-moi, que dois-je faire ?
Avec mes faibles yeux,
Je ne vois plus hélas, que les ténèbres.
Ballotté par les vagues, O Mère,
Je m'agripperai au radeau de Ton Nom.

Amma semblait aller et venir tout en chantant. La nuit était fraîche, Sa voix mélodieuse et captivante emplissait l'atmosphère. Plusieurs personnes séjournant dans le centre sortirent de leur chambre pour voir qui chantait. Elles restèrent sur la terrasse de leur chambre à écouter le chant émouvant d'Amma. La chanson finie, il y eut un silence, mais la vibration spirituelle qu'elle avait créée était si puissante, que nul ne s'aperçut vraiment que le chant avait cessé, tous étant encore ravis sous l'effet de son charme.

Puis Amma s'éleva vers les sommets de la béatitude spirituelle. De la terrasse, les dévots et les *brahmacharis* pouvaient entendre Amma rire. Elle semblait si loin des sensations humaines que les seuls sons qu'elle pouvait émettre étaient ces doux rires. La béatitude incontrôlable dont elle débordait provoqua automatiquement l'arrêt du chant, alors qu'elle n'en était qu'à la moitié. Amma était seule sous le margousier, à l'exception de Gayatri et de Kunjumol, chargées de tout le service personnel d'Amma, spécialement dans des moments comme celui-là, où elle oubliait complètement son corps. Comme sous l'effet de l'ivresse, Amma errait à pas chancelants. Gayatri et Kunjumol la suivaient de près pour l'empêcher de tomber ou de trébucher.

Une demi-heure s'écoula ainsi. Amma regagna alors sa chambre, Gayatri et Kunjumol lui tenant les mains et la guidant. Les *brahmacharis* et les dévots se retirèrent bientôt eux aussi dans leurs chambres ; ainsi se termina le dernier jour de la visite à Kanyakumari. Le jour suivant, tout le groupe retourna à l'ashram, chantant des *bhajans* durant le voyage. Ils arrivèrent vers deux heures de l'après-midi.

CHAPITRE 3

Travailler en louant Dieu

25 avril 1984

Ce jour-là, dès neuf heures du matin, tous les résidents de l'ashram ainsi que quelques visiteurs étaient occupés à nettoyer l'ashram. Il va sans dire qu'Amma était présente. Comme tout un chacun, elle charriait du sable et des briques, balayait, ramassait les ordures et nettoyait les égouts bouchés. Quel que soit le travail qu'effectuaient ses enfants, Amma y participait. Sa présence insufflait à tous vigueur et enthousiasme.

Quelques personnes ayant commencé à bavarder, Amma les mit en garde : «Ne parlez pas. Ceci n'est pas un labeur corporel, mais un travail spirituel, un travail qui vous a été confié par Dieu. Bien que vous ne touchiez aucun salaire en monnaie sonnante et trébuchante, Il vous paie sous la forme de Sa Grâce. Mais pour en profiter, il faut se souvenir de Lui tout en travaillant. Ce vieil homme est avare. Il ne donne rien aux paresseux. Il est très égoïste et ne pensera pas à qui ne pense pas à Lui. Vous devez Lui être agréable, Le louer et L'adorer. Il aime beaucoup les louanges. Il ne Se réveillera pas si vous ne Le louez pas. Mais les louanges qu'Il goûte ne sont pas les louanges ordinaires. Elles n'ont rien à voir avec les compliments que vous pouvez échanger avec autrui. Lorsque vous faites l'éloge de quelqu'un, vous désirez en être aimé, votre ego est donc impliqué. Et lorsque quelqu'un fait votre éloge, votre ego se gonfle. Lorsque votre ego se manifeste, vous vous éloignez de Dieu ; la distance entre vous et Lui augmente. Mais en chantant

Sa gloire, vous vous rapprochez de Lui, de votre propre Soi. En louant Dieu, vous devenez innocent et pur, car en Le glorifiant, vous glorifiez en vérité non une autre personne, mais votre propre Soi réel. Il n'y a aucune autre personne que l'on puisse glorifier. Il n'accepte ni ne rejette vos louanges, car il n'y a personne pour les accepter ou les rejeter. Dans cet État au-delà des noms et des formes, seul le Soi absolu existe. La forme et les louanges sont pour votre propre bénéfice, car en chantant ou en psalmodiant la gloire de Dieu, vous glorifiez le Soi ou l'Atman, qui n'est pas différent de votre propre Nature réelle. Pour oublier le « sens de l'action » et transcender l'attitude « Je fais le travail et je veux en obtenir le fruit » il faut élever son mental jusqu'à ce Principe suprême. Ne parlez pas en travaillant. Parler ne nous aide pas à penser à Dieu et de plus nous ne pourrons ainsi exécuter le travail correctement. Parler est une perte de temps et d'énergie inutile. Au lieu de parler, chantez le Nom divin. Vous parviendrez ainsi à arrêter l'incessant bavardage intérieur. Glorifier ou louer le Seigneur est en fait le processus par lequel vous éveillez votre propre Soi intérieur.

Encore une fois : lorsque vous complimentez quelqu'un ou vice versa, votre ego ou le sien augmente. Mais lorsque vous louez Dieu, votre ego décroît jusqu'à ce qu'il n'y ait enfin plus d'ego du tout. Dieu étant au-delà de tout, rien ne Lui arrive. Il reste tel qu'Il est. »

Tandis qu'Amma prononçait ces paroles, tous s'arrêtèrent de travailler et, comme absorbés dans un rêve, s'approchèrent d'Amma. Amma continuait toutefois à balayer le sol. Alors que tous les dévots avaient oublié leur travail, Amma demeurait si concentrée sur sa tâche qu'elle ne remarquait même pas le rassemblement. Tout à coup, elle leva les yeux et voyant tout le monde inactif, s'exclama : « Hé ! Que faites-vous là ? Allez travailler, bande de paresseux ! »

Un dévot dit : « Amma, le nectar de tes paroles nous a rendus oisifs. »

Sans prêter grande attention à ce commentaire, Amma dit : « Allons, les enfants, chantons tout en travaillant. »

Et elle entama un chant *Thirukathakal Padam Nyan.*

Laisse-moi célébrer la gloire de Tes actes divins.
S'il Te plaît, accorde-moi une faveur :
Tandis que je chante Tes louanges,
Je T'en prie, viens dans mon cœur.

Déesse Durga, délivre-moi du mauvais sort,
O Kali, chaque jour j'implore une vision de Ta forme.

J'ignore comment méditer
Et il n'y a pas non plus d'harmonie dans ma musique.
Prends pitié de moi,
Permets-moi de m'absorber dans la béatitude,
O Essence des Védas.

Puis un autre : *Chitta Vrindavanam.*

Le son mélodieux de la flûte
S'élève du Vrindavan de mon mental.
O Divinité du temple de mon mental,
Qui séjournes sous la forme de la Conscience,
O Toi qui aimes le son de la flûte,
Seigneur du monde, Fils de Yadu.

Les paons du mental pur dansent pour l'éternité
Au service de cet Être,
En écoutant le son de la flûte merveilleuse,
Je suis entré en extase
Et je me suis plongé dans la profonde méditation
De Celui qui aime la flûte.

Tous les cœurs débordaient de joie. Oubliant le monde extérieur et s'oubliant eux-mêmes, les dévots travaillaient et chantaient la gloire de Dieu. Il était visible que leur esprit était pleinement concentré sur Amma, tandis qu'elle les entraînait dans le chant. Ceci était un exemple d'authentique *Karma Yoga*. Tous travaillaient sans rien attendre en retour, leur esprit constamment fixé sur le Divin.

Le chant terminé, Amma S'exclama *"Hari Bol!"* (plus ou moins équivalent à "Loué soit Dieu!"). L'instant d'après, lâchant son balai, elle partit en courant, s'écriant : « Mes enfants, continuez à travailler ! Amma sera bientôt de retour. »

Mais aussitôt qu'elle fut partie, les dévots se sentirent privés de toute leur vitalité et ne bougèrent plus. Comme si elle savait qu'ils avaient abandonné leur travail, Amma Se retourna au bout de quelques mètres en disant : « Ne vous inquiétez pas. Amma sera de retour dans quelques minutes. Mais nous devrions essayer de terminer ce travail avant le déjeuner. Oui, oui, continuez maintenant. »

Amma ayant promis de revenir bientôt, tous étaient heureux et reprirent leur travail avec le même enthousiasme qu'auparavant. Comme promis, Amma fut de retour au bout d'une demi-heure, portant d'une main un seau plein de café sucré et de l'autre un paquet de chips de bananes.

Elle déposa le tout auprès de ceux qui s'activaient et, ayant demandé des verres, elle appela tous ses enfants et se mit à les servir. Amma appelait chacun par son nom, interrogeant « Fils » ou « Fille, as-tu reçu le *prasad* ? » Un dévot lui demanda : « Amma, ne prends-tu rien ? » Elle répondit : « Amma est comblée lorsqu'elle voit ses enfants manger et boire. »

Il y avait encore un peu de travail à faire. Un petit tas de sable demeurait, qu'il fallait transporter pour combler une dépression du terrain. Amma se leva. Sans appeler personne, elle se dirigea

vers le tas de sable, portant une pelle et une cuvette en métal.
Voyant cela, les dévots et les *brahmacharis* bondirent aussitôt et
accoururent, disant : « Non, non, Amma. Nous allons le faire. »
Mais Amma n'y prit pas garde. Les ignorant, elle saisit la pelle
et remplit le récipient de sable. Puis, portant son fardeau sur la
tête, elle s'en alla vers le creux. Les dévots en firent autant, et en
quelques minutes, la tâche fut achevée. Amma regagna ensuite sa
chambre et les dévots purent aller se laver et se changer.

Amma redescendit vers trois heures de l'après-midi et s'assit
devant la salle de méditation. Les dévots et les *brahmacharis*
s'assemblèrent autour d'elle, mais comme il n'y avait pas assez de
place pour tous, Amma s'installa dans la hutte réservée au *darshan*. Voyant que quelques-uns des *brahmacharis* avaient occupé
les places les plus proches d'elle, Elle leur enjoignit : « Laissez les
enfants mariés s'asseoir ici. Allez vous mettre derrière. Vous vivez
ici et avez donc toujours la possibilité de voir Amma. Mais ces
enfants n'en ont l'occasion que de temps en temps. » Les *brahmacharis* obéirent aussitôt, laissant la place aux dévots.

Amma commença par recevoir ceux qui étaient venus à elle ce
jour-là. Elle demanda aux *brahmacharis* de chanter, tandis qu'elle
accueillait les dévots un par un pour le *darshan*. Ils chantèrent en
s'accompagnant à l'harmonium et aux *tablas*.

En entendant le chant, Amma entra en *samadhi* et le dévot
qui s'approchait d'elle pour le *darshan* fut prié de s'écarter. Il était
visible qu'Amma était dans un autre monde. Sa main droite formant un *mudra* divin était à demi levée, tandis que l'autre main
reposait sur sa poitrine. Son visage rayonnait, tandis qu'elle restait
figée comme une statue, lointaine et cependant mystérieusement
proche.

Un *brahmachari* chanta quelques *slokas* (strophes) extraits du
Dévi Mahatmyam, une œuvre en sanscrit glorifiant la Mère divine.

Devant Ambika, digne d'être adorée

74

Par tous les devas et les sages,
Dont l'énergie imprègne le monde entier,
Qui incarne la puissance de toutes les myriades de devas,
Nous nous prosternons avec dévotion.
Qu'Elle daigne nous accorder de bons auspices !

O Dévi, nous nous prosternons devant Toi
Qui apporte la bonne fortune
Dans la demeure des vertueux
Et la mauvaise dans celle des méchants.
Tu es l'intelligence dans le cœur des érudits,
La foi dans le cœur des justes
Et la modestie dans le cœur des nobles.
Daigne protéger l'univers !

Baignant dans la dévotion, submergés par l'énergie spirituelle d'Amma, les dévots étaient transportés d'émotion. Tous les regards contemplaient le radieux visage d'Amma. Au bout d'environ une demi-heure, Amma revint à notre plan de conscience, murmurant « Shiva, Shiva. » tout en décrivant un mouvement circulaire avec la main droite, un geste familier aux dévots et cependant inexplicable.

Une famille en détresse

Le *darshan* reprit et Amma continua à recevoir et à bénir chacun individuellement. Un groupe entra peu après dans la hutte. D'emblée, il était clair qu'il s'agissait d'une famille. Ignorant la personne dont c'était le tour, Amma appela cette famille pour le *darshan*. Tous paraissaient très tristes. L'une des deux filles fondit en larmes en approchant d'Amma. « Mon enfant, ma fille, ne pleure pas, » lui dit Amma, « ne t'afflige pas au sujet de ce qui est arrivé ; console-toi. Après tout, les flammes n'ont pas consumé toute la maison. Un grand danger a été écarté. De plus, tu ne l'as pas fait exprès. »

En entendant les paroles d'Amma, les membres de la famille se regardèrent avec étonnement. Il était visible qu'Amma se référait à la tragédie qu'ils avaient vécue avant même qu'ils aient pu s'en ouvrir à elle. La jeune fille toujours en larmes dans son giron, Amma s'efforça de réconforter la famille en disant : « Mes enfants, ce qui est arrivé est arrivé. C'est du passé. Le passé s'est envolé ; il ne reviendra pas. Ce qui a été perdu ne va pas réapparaître, même si vous vous lamentez. Cultivez la confiance, le courage et l'équilibre mental. Si vous perdez cela, alors tout est perdu ; mais si vous gardez le contrôle de vous-même, Amma considère qu'il n'y a eu aucune perte. » Tout en parlant, Amma frictionnait le dos du père de famille agenouillé devant elle, la tête dans son giron.

À voir la façon dont elle consolait ces dévots, Amma semblait plus attristée par les épreuves que traversait cette famille que les intéressés eux-mêmes. En exprimant sa sympathie, sa sollicitude maternelle pour leur chagrin, elle les aidait à surmonter leur détresse et ils se calmèrent peu à peu. Le père l'implora : « Toi qui es toute-puissante et omnisciente, Amma, je t'en prie, sauve-nous de ce profond malheur ! »

Puis toute la famille s'assit autour d'Amma et eut une longue discussion avec elle ; Amma réconforta et caressa une fois encore chacun d'eux et, tout en leur donnant le *prasad*, les assura que tout irait bien. « Ne vous inquiétez pas, le mariage aura bien lieu. » En quittant Amma, ils semblaient non seulement soulagés et détendus, mais aussi heureux.

Après leur départ, Amma se tourna vers la personne suivante, qui attendait son *darshan*. Elle lui sourit et lui parla ainsi : « Fils, ne pense pas en mal de Dieu ou de quiconque. Ne te mets pas en colère sans discerner la raison ou le motif réel d'une action. La colère ferme ton cœur, qui doit être le séjour de Dieu. En te mettant en colère, tu Lui claques la porte au nez. Fils, ne fais pas cela. Ces enfants sont confrontés à une épreuve très difficile. C'est pourquoi Amma les a appelés avant toi. »

Amma révéla ensuite la cause de la profonde douleur de cette famille. Quelques jours plus tôt, les parents étaient sortis pour régler des affaires concernant le mariage de leur fille aînée. Les deux filles étaient à la maison et la plus jeune voulut prendre quelque chose dans le coffre en bois, dans la chambre des parents. Comme la pièce était plutôt sombre et qu'il n'y avait pas d'électricité, elle s'était munie d'une lampe à pétrole. La jeune fille ouvrit le coffre, tenant toujours la lampe. Tandis qu'elle cherchait ce qu'elle désirait, la lampe bascula et tomba dans le coffre, le pétrole se répandant partout. Le coffre était malheureusement l'endroit où les parents rangeaient aussi leurs vêtements et tous les objets de valeur ; les vêtements imprégnés de pétrole s'enflammèrent aisément. La jeune fille fut choquée et se mit à hurler, quittant la pièce en courant. Elle et sa sœur aînée, la fiancée, crièrent de toutes leurs forces. Les entendant hurler et appeler, les voisins accoururent. Ils éteignirent le feu, mais le coffre avait déjà entièrement brûlé. L'incendie détruisit une partie de la pièce, mais ne toucha heureusement aucune autre partie de la maison.

Les parents en eurent le cœur brisé, car tout l'argent qu'ils avaient économisé pour le mariage de leur fille se trouvait dans le coffre. Le mariage étant fixé pour le mois suivant, ils avaient la veille même de l'accident retiré de la banque le montant de la dot et des autres dépenses nécessaires. Tout cet argent était maintenant perdu.

Pour envenimer la situation, les parents du fiancé, ayant eu vent de l'incendie, s'opposaient maintenant au mariage, considérant l'événement comme mauvais présage. Toute la famille était ainsi plongée dans l'affliction.

Tandis qu'Amma narrait ainsi l'histoire de cette famille, le jeune homme qu'elle avait réprimandé gardait la tête basse. Il ne prononça pas un seul mot ; levant enfin la tête, il dit d'une voix implorante : « Amma, je suis désolé ; je t'en prie, pardonne-moi. Je ne suis pas seulement ignorant, mais aussi stupide, d'imaginer qu'Amma puisse accorder une attention spéciale à quelqu'un sans avoir un motif précis. Je croyais aussi pouvoir te dérober mes pensées. Mais tu m'as pris sur le fait. Pardonne-moi, Amma, pardonne-moi ! » Parlant ainsi, il se lamentait. Quand Amma avait appelé la famille à sa place, alors que s'était son tour de venir au *darshan*, il avait ressenti une grande colère envers Amma. Il lui avait semblé qu'Amma était injuste et marquait une préférence pour cette famille. Il pensait : « C'est mon tour d'aller au *darshan* et maintenant Amma les appelle, tandis qu'elle m'ignore. J'ai fait la queue pendant longtemps et ils viennent juste d'arriver. Elle n'est pas impartiale. »

Il s'avéra plus tard que la promesse d'Amma à cette famille s'était réalisée. En dépit de l'opposition de ses parents, qui considéraient le sinistre comme un mauvais présage, le fiancé aimait tant sa promise qu'il insista pour l'épouser malgré l'incendie, qu'il ne regardait pas un signe défavorable. Il croyait tant à ce mariage qu'il menaça même de rester célibataire si ses parents ne donnaient pas leur consentement. Son obstination était telle que les parents finirent par céder.

Cet obstacle surmonté, le problème financier demeurait entier pour la famille de la fiancée. Toute la famille adressa des prières à Amma. Près de soixante-quinze pour cent de la somme perdue était destinée à payer la dot exigée par les parents du fiancé, conformément à la tradition. Les jours passaient. Rien ne se produisait. Les parents de la fiancée étaient inquiets. Ils avaient juste l'argent nécessaire pour organiser les préliminaires. Trois jours avant le mariage, un ami de la famille du fiancé leur apporta une lettre signée par le jeune homme et ses parents. La lettre établissait que celui-ci était formellement opposé à la coutume de la dot. Il n'était pas au courant, ses parents ayant tenu l'arrangement secret. Lorsqu'il découvrit le pot-aux-roses, il fut offensé de ne pas avoir été consulté. Ses parents, voyant à quel point leur fils désirait ce mariage, non seulement abandonnèrent l'idée de la dot, mais proposèrent même de donner les fonds nécessaires, en argent ou en nature, pour que le mariage se déroule à la date prévue, sans difficulté, dans la joie. Tous ces changements miraculeux se produisirent après que la famille de la fiancée fût venue voir Amma.

Entre-temps, après la mise en garde d'Amma au sujet de la colère qui ferme notre cœur à Dieu, le *darshan* se poursuivit, accompagné par les chants des *brahmacharis*.

Le *darshan* prit fin vers dix-sept heures ; Amma sortit de la hutte et s'assit sur la terrasse devant la salle de méditation. L'horaire pour la méditation des *brahmacharis* l'après-midi était de seize heures trente à dix-huit heures. Amma jeta un regard dans la salle, et n'y voyant que peu d'entre eux, demanda : « Où sont les autres ? » Un retardataire se tenait devant la porte, espérant se glisser à l'intérieur sans qu'Amma le remarque. Comme il tentait de se faufiler, Amma se leva tout à coup et se dirigea vers la porte, lui jetant un regard sérieux. Elle dit : « Ignores-tu que la méditation commence à seize heures trente ? » Il essaya de répondre : « Oui, Amma, mais, » Amma l'interrompit : « Pas de mais. Si la méditation commence à seize heure trente, tu dois être présent, à moins que tu ne sois engagé dans un travail important. Où étais-tu ? Que faisais-tu ? » En hésitant, le *brahmachari* répondit : « Je lisais, mais je me suis endormi. » La réponse d'Amma fusa : « Hé, que dis-tu là ? N'as-tu pas honte, toi, un *brahmachari,* de t'endormir sur un livre ? Ceci dénote un manque de vigilance. Tu n'es pas attentif. Si tu ne peux lire sans t'endormir, comment peux-tu espérer méditer ? La méditation exige une grande vigilance. Si tu es vigilant, tu peux être bien réveillé, même si tu n'as pas dormi depuis plusieurs jours.»

Devant la gravité du ton et de l'expression d'Amma, le *brahmachari* fut un peu effrayé. Mais voyant cela, Amma éclata de rire et l'appela vers elle. Elle lui tapota doucement le dos, mais garda un ton ferme: «As-tu peur de ta Mère? Ce n'était qu'une plaisanterie. Fils, ne pense pas qu'Amma soit en colère contre toi. Mais tu dois néanmoins t'efforcer de respecter l'horaire de méditation, de *japa* et des pratiques de yoga. Cela est très important. Un *sadhak* a besoin de discipline. Si nous n'accordons pas d'importance à la discipline, mous ne prendrons pas la vie spirituelle au sérieux.»

Amma resta avec les *brahmacharis* et médita un moment, ainsi qu'elle le fait souvent, aussi bien pour leur insuffler de l'enthousiasme que pour les observer. Amma garde alors toujours quelques cailloux à portée de sa main. Si Elle voit un *brahmachari* somnoler ou perdre sa concentration, elle lui jette un cailloux et lui dit quelques mots pour l'aider à se concentrer de nouveau.

Amma remonta dans sa chambre vers dix-sept heures trente et revint pour les *bhajans* à dix-huit heures trente. Son chant extatique emplissait l'atmosphère *Ambike Dévi Jagan Nayike Numuskaram.*

> *O Mère, Déesse de l'Univers, je me prosterne devant Toi.*
> *O Toi qui donnes le bonheur, je me prosterne devant Toi.*
>
> *O Toi dont la forme est Paix, Toi qui es omniprésente,*
> *Tu es la grande Magicienne sans commencement ni fin,*
> *O Toi dont la forme est le Soi, je me prosterne devant Toi.*
>
> *Intelligence, connaissance et parole ne sont autres que Toi;*
> *O Dévi, c'est Toi qui dirige le mental.*

Elle chanta *bhajan* après *bhajan*, dans un crescendo d'intense dévotion. Tous les cœurs s'ouvrirent sans effort et plongèrent dans une immense vague de Grâce divine. Amma Elle-même se laissa porter jusqu'à son sommet ; comme un bateau sans gouvernail est ballotté par la fureur des vagues, Amma se laissa emporter par l'extase en chantant le Nom divin. Le flot de la dévotion ne connut plus de limites lorsqu'elle chanta *Dévi Saranam Saranam Amme*.

> *Sois mon refuge, o Déesse, sois mon refuge, o Mère,*
> *Toi dont la forme divine est glorifiée par les êtres célestes,*
> *Je Te salue, Énergie primordiale et suprême !*
>
> *Je Te salue, Mère, Source de tout ce qui est propice*
> *Toi qui réalises tous les désirs, Toi qui es la Perfection même*
> *Et l'Origine de la Nature elle-même.*
>
> *Tu es la Cause de la création, de la préservation*
> *Et de la destruction ; Tu es celle qui extermine les méchants.*
> *Je me prosterne à Tes pieds, dont la forme est Être pur et*
> *Conscience.*

Amma s'arrêta tout à coup de chanter, se leva et se mit à danser, ravie de béatitude. Ses deux mains étaient à demi levées et ses doigts formaient un *mudra* divin. Un magnifique sourire illuminait son visage et elle éclatait de temps à autre d'un rire mystérieux. Tous continuaient à chanter, savourant le nectar de la pure dévotion. Ils étaient captivés par les gracieux mouvements d'Amma tandis qu'elle glissait sur le sol dans sa danse d'extase divine. Peu à peu, la danse s'arrêta, mais Amma continua à se balancer d'avant en arrière au rythme de la musique avant de s'asseoir puis de s'allonger sur le sol en ciment. Les chants s'arrêtèrent aussi ; un silence absolu s'installa. C'était un silence magnifique, profond et dense; tous glissèrent spontanément dans un état méditatif, jouissant d'une intense concentration.

Plus d'une heure s'écoula avant qu'Amma ne revienne au plan de la conscience ordinaire. Les mains sur les épaules de Gayatri, elle regagna sa chambre. Tous étaient encore en méditation. Nul ne voulait troubler le sentiment d'Amour divin et la concentration qu'il goûtait, pas même après le départ d'Amma. La plupart des résidents et des dévots continuèrent à méditer dans le temple et sous le porche du temple. Quelques uns des *brahmacharis* se rendirent dans la salle de méditation. Il était vingt-trois heures quarante-cinq lorsqu'on songea enfin au dîner.

Chaque moment passé auprès d'Amma est une leçon d'amour; nous nous en imprégnons et vivons en son sein. Chanter avec Amma nous offre une occasion unique de ressentir la Présence du Divin en nous, d'éprouver un amour pur et innocent.

CHAPITRE 4

26 avril 1984

Ce matin là, Amma reçut les dévots dès onze heures. Comme c'était un jour de *Dévi Bhava,* il y avait foule dans la hutte. Une femme chanta un magnifique *bhajan* célébrant la beauté de Krishna. La première partie du chant traditionnel décrit les facéties auxquelles Il Se livrait dans Son enfance : comment Il dérobait le beurre et le lait dans les maisons des *Gopis* (laitières) et le partageait avec Ses amis. Le chant raconte ensuite comment Yashoda, Sa mère, L'attacha à un énorme mortier, espérant ainsi L'empêcher de jouer des tours et comment Il le traîna partout avec Lui, continuant à semer le trouble. Amma, tout en continuant à donner le *darshan,* riait et appréciait beaucoup la chanson, faisant parfois des commentaires : « Petit Voleur ! Avec quelle habileté Il gagnait les cœurs. Petit farceur ! Quel bon voleur Il était, dérobant tout, mais dans une intention sublime ! »

La femme chantait avec une dévotion extrême. Après avoir décrit les jeux de l'enfant Krishna, elle se mit à célébrer Sa beauté. La deuxième partie du chant exaltait l'amour de Radha, dépeignant la douleur de son cœur et la souffrance intolérable qu'elle éprouva lorsque Krishna quitta Vrindavan. Un dévot dans son giron, Amma s'immobilisa, captivée par le chant. Elle se mit soudain à crier « Krishna ! Krishna ! » sans s'arrêter. La tête renversée en arrière elle avait les yeux mi-clos, levés. Se conformant aux instructions d'un *brahmachari,* le dévot qui était au *darshan* se mit doucement sur le côté. L'appel cessa enfin, mais Amma entra dans un état de profond *samadhi.* Sa main droite exécutait le même *mudra* divin que jadis, lors des *Krishna Bhavas*, et les pleurs culminèrent en un sourire rayonnant de béatitude, qui évoquait avec force les *Krishna Bhavas*. Elle avait les yeux mi-clos, un éclat indescriptible illuminait son visage. Les dévots étaient subjugués et presque tous entrèrent en méditation ou se mirent à verser des larmes d'amour et de félicité. Chacun sentait qu'Amma était totalement identifiée à Krishna et goûtait la vision enchanteresse.

La femme dont le chant avait provoqué cet état chanta un autre *bhajan* à la gloire de Krishna, puis les *brahmacharis* la remplacèrent et chantèrent des *slokas* (strophes) tirées du *Narayaniyam*, une œuvre à la gloire de Krishna.

> *J'adore cette Forme du Seigneur!*
> *Sa tête est parée d'un diadème*
> *Dont l'éclat rivalise avec celui du soleil,*
> *La beauté de Son front est rehaussée*
> *Par une touche verticale de pâte de santal,*
> *De Son regard coule la Grâce*
> *Et Son visage est éclairé d'un sourire bienveillant;*
> *Son nez est délicat, bien proportionné,*
> *Des boucles d'oreilles décorées de poissons stylisés*
> *Ornent Ses oreilles, leur reflet*
> *Ajoute encore à l'éclat de Ses joues.*
>
> *Il porte autour du cou le brillant collier Kastubha*
> *Une grande variété de parures orne Sa poitrine,*
> *Guirlandes de fleurs, rivières de perles,*
> *Et la marque propice Srivatsa.*
>
> *Cette Forme de Toi, Seigneur,*
> *Est Pure Conscience et Béatitude,*
> *Le doux nectar de cette subjuguante Beauté*
> *S'écoule vers tous, captivant le mental des dévots;*

> *Ils écoutent l'aède célébrer Tes Hauts Faits*
> *Et Tes Perfections; ivres de béatitude,*
> *Tandis que des frissons parcourent leurs membres,*
> *Ils baignent dans le frais courant des larmes*
> *Qui ruissellent, jaillissant de l'extase de leur joie.*

Le *bhava* (attitude divine) d'Amma dura environ vingt minutes. Elle ne semblait pas tout à fait revenue à notre plan de conscience, et c'était donc avec grande difficulté qu'elle continuait à recevoir les gens. Elle demanda un verre d'eau, ce qui était peut-être pour elle une façon de redescendre dans le monde des formes, des pensées et des actions. Prêter attention aux objets Lui permet de garder son mental au niveau empirique. Gayatri lui offrit de l'eau. Elle en but un peu, puis ferma de nouveau quelques instants les yeux. Elle décrivit ensuite dans l'air de petits cercles avec son index droit, un geste qui lui est familier mais qu'elle n'a jamais expliqué, car il n'appartient pas au domaine des explications. Le *darshan* reprit. Un moment plus tard, Amma avait retrouvé sa contenance habituelle.

Ne riez pas d'autrui

27 avril 1984

Les *brahmacharis* déjeunaient. Tout en mangeant, deux d'entre eux bavardaient et riaient. Soudain la voix d'Amma se fit entendre: «Dites donc, les garçons! Êtes-vous en train de discuter et de rire en mangeant? Quelle honte! Comment osez-vous vous comporter ainsi? Vous vivez dans un ashram et vous efforcez de réaliser Dieu. N'êtes-vous pas des chercheurs spirituels? Et cependant vous parlez d'autrui, ridiculisant ses faiblesses, faisant les gorges chaudes de ses défauts?»

Les rieurs furent interloqués. Comme Amma s'approchait d'eux, ils se levèrent, baissant la tête. Elle continua à les réprimander : « Ne baissez pas la tête, cela indique que vous avez commis une faute. Les innocents ne baissent jamais les yeux ; ils regardent toujours en face. Ils n'ont pas peur. Ceux qui n'ont commis aucune erreur ne craignent personne. Mais vous baissez la tête ; cela montre que vous avez mal agi et que vous redoutez maintenant d'être punis. À présent regardez-moi et dites la vérité : de qui vous moquiez-vous ? »

Les deux *brahmacharis* regardèrent Amma et nommèrent un de leurs frères. L'un d'eux dit d'une voix douce : « Nous plaisantions la façon dont il chante faux lorsqu'il psalmodie le *Lalita Sahasranama.* »

Amma éclata de rire. S'adressant aux autres *brahmacharis*, Elle dit : « Non mais, vous avez entendu ? Ils se moquaient de X (Elle dit le nom de ce *brahmachari*) et de sa façon de chanter le *Sahasranama* ! » Puis elle les admonesta : « Quels enfants vous faites ! N'avez-vous pas honte ? C'est le plus grand des péchés : rire aux dépends d'autrui. Êtes-vous donc vous-mêmes parfaits ? Lorsque vous ridiculisez quelqu'un, dites-vous bien que quelqu'un d'autre vous ridiculise, se moque de vos défauts et de vos imperfections. Si vous gardez cette vérité présente à l'esprit, vous ne rirez plus de quiconque.

Mes enfants, vous savez tous que le premier *mantra* du *Lalita Sahasranama* est « *Sri Matre Namah* », salutations à la Mère Universelle. Elle est la Mère, la Mère de tous. Quelles sont les plus grandes qualités d'une Mère : l'Amour, la mansuétude et la patience. Notre Mère (la Mère divine) est dotée de ces trois qualités sous leur aspect le plus pur. Elle vous pardonnera donc, même si vous commettez des erreurs. Aucune mère n'ordonnera à ses enfants de ne l'appeler « mère » qu'après avoir étudié les *Saptasvaras* (les gammes ascendantes et descendantes de la musique classique indienne.) Il n'est pas nécessaire de posséder des talents de chanteur pour appeler sa mère.»

Amma marqua une pause et dit : «Mes enfants, maintenant asseyez-vous et mangez.»

Avant de partir, elle convoqua tous les *brahmacharis* dans sa chambre pour après le déjeuner.

Leur repas terminé, les *brahmacharis* montèrent l'escalier menant à la chambre d'Amma. La porte était ouverte, puisqu'Amma attendait ses enfants. En signe de dévotion et de respect, chacun des *brahmacharis* toucha et salua le sol de la chambre d'Amma en franchissant le seuil. (En Inde, les gens religieux ont coutume, lorsqu'ils entrent dans un temple ou dans une pièce dans laquelle un *Mahatma* est présent, de saluer le seuil. Ce geste consiste à toucher le sol de la main droite, puis à la porter à son front ou à son cœur.)

Et avant de s'asseoir, chacun se prosterna devant Amma. Elle attendit que l'assemblée fût au complet. Lorsque tous, y compris les *brahmacharinis* Gayatri et Kunjumol, furent présents, elle leur demanda de chanter trois fois le OM, puis de méditer un moment sur la forme de leur divinité d'élection, tandis qu'elle aussi méditait. Elle joignit ensuite les mains en prière et demeura quelques instants dans cette posture. Un silence absolu régnait. Amma regarda alors ses enfants et sourit ; son visage rayonnait de compassion et d'amour pour eux. Le visage grave et le ton ferme qu'elle adopte parfois ne sont qu'extérieurs : c'est l'un des masques qu'elle utilise parfois pour discipliner ses enfants. À l'intérieur, Amma n'est qu'amour et compassion.

Amma déclara ensuite : «Mes enfants, vous êtes la richesse et la santé d'Amma. Elle n'attend rien de vous, sinon votre croissance spirituelle. Lorsqu'elle voit que vous ne vous développez pas intérieurement comme elle l'attend de vous, Amma éprouve une grande tristesse. La vie est un jeu pour ceux qui ont atteint l'état de perfection, pour eux, rien n'est plus sérieux ; mais il n'en est pas ainsi pour vous. Il vous faut prendre les choses au sérieux ; il s'agit là d'une discipline à acquérir. Il n'est pas bon pour un *sadhak* d'envisager et de prendre les choses trop à la légère.

Mes enfants, un *sadhak* est celui qui s'efforce de toute son énergie d'atteindre le but. Comment peut-on prendre la vie avec insouciance alors que l'on tâche de tout son être de parvenir à la liberté éternelle ? Ce n'est qu'une fois la libération obtenue que nous pourrons nous comporter de façon spontanée. À présent, vos seules réactions spontanées sont vos anciennes *vasanas* ; vous essayez de les éliminer et de les remplacer par les valeurs nobles de la vie. Tout est donc un test, un test difficile pour vous. Prenez ces tests au sérieux. Lorsqu'Amma dit « au sérieux », ne vous méprenez pas : il ne s'agit pas d'afficher un air sérieux. Non. Votre attitude devrait être sérieuse ; ce sérieux est une attitude intérieure. Un discernement aiguisé est nécessaire.

Prenez l'exemple de quelqu'un qui, sans motif, se met en colère contre vous. Pour un individu ordinaire, il est difficile de rester calme et tranquille dans une telle situation. Mais vous devriez utiliser votre discernement pour garder le contrôle de votre mental. Pour cela, pratiquez l'introspection. Accepter la colère comme une bénédiction envoyée par Dieu pour mettre votre patience à l'épreuve ou bien l'ignorer et n'en être pas affecté, tout cela implique un discernement acéré. Dans les deux cas, un *sadhak* doit faire un effort conscient et soutenu pour se rapprocher du but ultime. Cela n'a rien de futile ; il ne s'agit pas d'un jeu d'enfants. C'est la vie que vous avez choisie, votre vie entière est vouée à cela. Une fois parvenus au but, vous pourrez considérer le monde entier et tous les événements autour de vous comme un jeu d'enfants ; vous pourrez alors agir avec spontanéité. Toutes les peurs tomberont d'elles-mêmes ; vous serez libres de jouer, de rire et d'être heureux comme des enfants. Mais d'ici là, il vous faut envisager la vie comme une affaire sérieuse. Les obstacles et les difficultés sont des défis à vaincre. Un défi ne peut être pris à la légère, sauf par un expert ; vous n'êtes pas des experts, prenez-le donc au sérieux.

Pour un maître dans les arts de la guerre, une bataille est un jeu. Mais pour le soldat inexpérimenté, c'est une lutte dont l'enjeu est la vie ou la mort. La bataille du Mahabharata était un jeu d'enfant pour Krishna et Arjouna, car tous deux étaient des maîtres en arts martiaux. Ils disposaient de toutes les armes divines. Mais pour les soldats ordinaires, il s'agissait là d'un vrai défi. Il leur fallait prendre la bataille au sérieux. S'ils l'avaient prise à la légère, leurs têtes auraient bientôt roulé sur le sol.

De même, mes enfants, pour un être établi en Dieu, tout ce qui se passe alentour est un jeu. Le monde entier est un jeu. Toutes les insultes, les critiques, les injures, toute la colère et la haine que l'on peut déverser sur Lui retournent à leur point de départ sans avoir été acceptées. Ce qui n'a pas été reçu retourne à l'envoyeur ;.. ou bien l'on peut dire aussi qu'un Être réalisé accepte tout ; Il accepte tout, mais rien ne demeure ; Il est comme un pas de porte : les choses ne font que passer à travers Lui. Tout glisse sur Lui. Ou bien, on peut Le comparer au feu : tout ce qui est jeté dans le feu est consumé par les flammes et disparaît. Celui qui est établi dans le Suprême est toujours spontané ; Il est prêt à tout accepter. Mais cette attitude n'est pas naturelle chez vous. C'est une véritable lutte, et une lutte ne se prend pas à la légère. Il s'agit pour vous d'affronter la part négative de vous-même. Un combat est un défi qu'il faut prendre au sérieux. Mes enfants, dans cette bataille, à la fin tout effort cessera. Le combat prendra fin. Lorsque cela se produira, alors vos actions et votre acceptation des choses seront spontanées. »

Amma marqua une pause et regarda ses enfants. Tous écoutaient ses paroles avec une attention extrême, s'émerveillant de sa sagesse et de son savoir. Avant de venir à elle et de mener une vie de renoncement, la plupart de ces jeunes hommes excellaient dans leurs études ou dans leur travail. Et voilà qu'ils étaient maintenant assis devant cette villageoise d'apparence ordinaire, à peine plus âgée qu'eux, et écoutaient ses paroles comme de petits enfants obéissants. Pour un regard étranger, Amma ressemble à n'importe quelle autre fille de ce village traditionnel de pêcheurs, mais ces aspirants spirituels savaient qu'ils étaient assis devant la Sagesse incarnée.

Amma reprit : « Cet après-midi, Amma a vu deux de ses enfants rire et se moquer de la faiblesse d'autrui. Mes enfants, avant de juger vos semblables, tâchez d'observer votre mental, vos pensées et vos actions. Efforcez-vous de voir vos propres fautes et vos faiblesses. Prenez-en conscience. Si vous le faites avec sincérité, vous ne critiquerez pas les autres, car vous aurez conscience que votre mental est plus embrouillé que le leur. Alors vous ne rirez pas aux dépends d'autrui.

Vous moquer des imperfections du prochain est l'un des actes les plus bas que vous puissiez commettre. S'il vous faut rire, riez de vos faiblesses ; riez de votre propres stupidité. Cela vaut beaucoup mieux que de vous gausser d'autrui. Si vous pouvez rire de vos défauts, vous prenez du moins conscience de la partie inférieure, illusoire de vous-même. Si vous êtes capables d'en rire, cela signifie que vous évoluez, ce qui est consolant. Vous serez bientôt prêts pour l'immortalité, ou du moins, vous vous en rapprochez. Lorsque vous vous moquez de vous-mêmes, cela indique que vous prenez conscience de votre ignorance. C'est bon signe. Une fois que vous êtes conscients de votre ignorance, il est facile au *Guru* de travailler sur vous. De nombreux disciples ou dévots disent qu'ils sont ignorants, mais ils ne le pensent pas réellement. Au fond d'eux-mêmes, ils sont convaincus de posséder un savoir étendu. Ils ne reconnaissent pas vraiment leur ignorance.

Celui qui se moque de ses faiblesses et de ses défauts perçoit son ignorance ; il lui est donc facile d'évoluer et de s'élever vers l'État suprême du Rire de la Béatitude. Il lui sera bientôt donné de rire, contemplant l'univers entier comme une pièce de théâtre créée par Dieu. Ne raillez donc pas, ne ridiculisez donc pas vos semblables. Il est très pénible pour Amma de voir ses enfants se comporter avec si peu de noblesse. »

Il y eut de nouveau un long silence. Amma demanda aux *brahmacharis* : « Mes enfants, le long discours d'Amma vous ennuie-t-il ? S'il en est ainsi, Amma va s'arrêter de parler. » Personne ne répondit. Un silence absolu régnait. Elle reprit : « Le silence signifie « oui », n'est-ce pas ? » Aussitôt, l'un des *brahmacharis* qui avaient plaisanté au déjeuner répondit : « Non, Amma, non. Ton magnifique *satsang* nous a laissés sans voix. Nous comprenons maintenant notre stupidité et avons plutôt envie de rire de notre sottise. Amma, nous t'en prions, éclaire-nous en nous donnant plus souvent de tels *satsangs*. Puisse la contemplation de tes paroles mettre un point final à notre bavardage, tant intérieur qu'extérieur. » Tandis que le *brahmachari* demandait pardon de sa faute, les larmes lui vinrent aux yeux. Amma le consola en disant : « Fils, ne t'inquiète pas. Dieu t'a pardonné aussitôt que tu as réalisé ton erreur et que tu t'es repenti. »

Puis elle poursuivit : « Mes enfants, peut-être avez-vous lu cet épisode de la vie de Krishna. Un jour à Vrindavan, l'espiègle fils de Nanda se glissa avec ses camarades de jeu, les *Gopas*, dans la maison des deux maîtres qui leur avaient enseigné l'alphabet. C'étaient tout deux des originaux. Ils dormaient à poings fermés lorsque Krishna et ses amis vinrent se livrer à leurs facéties. Ils avaient apporté de la peinture et, ainsi qu'ils l'avaient projeté, barbouillèrent les visages des maîtres, leur donnant l'aspect de deux clowns. Leur ouvrage achevé, Krishna et ses amis sortirent et firent le guet dehors. Ils espéraient bien s'amuser au réveil des maîtres. Leur attente ne fut pas déçue! L'un des deux se réveilla, regarda le visage de son compagnon encore endormi et se mit à rire; comme il voulait que son ami voie comme il avait l'air drôle avec son visage couvert de lignes et de points multicolores, il le secoua vigoureusement. L'ami se réveilla, se frotta les yeux et se mit à rire, montrant du doigt le visage du premier. Ils continuèrent à rire ainsi l'un de l'autre, jusqu'à ce qu'enfin, ils jetassent un regard dans le miroir. Ils cessèrent alors de rire et ne songèrent plus qu'à se débarbouiller au plus vite.

Mes enfants, voilà comme nous sommes. Cette histoire semble juste un petit incident amusant parmi les nombreuses plaisanteries de Krishna; elle recèle pourtant un enseignement profond. Elle dépeint la tendance qui porte les humains à rire des faiblesses d'autrui. Lorsque vous vous moquez de quelqu'un, rappelez-vous que quelqu'un rit de vos faiblesses. Personne n'est parfait. Regardez dans votre miroir intérieur et vous verrez les taches sombres en vous. Une fois que vous les aurez vues et en serez conscients, vous cesserez de rire. Vous serez alors pressés de les éliminer. D'ici là, ridiculiser autrui contribue à fermer votre cœur. Mes enfants, ne vous moquez pas des autres, ne restez pas enfermés dans votre cœur; cette attitude est autodestructrice. Vous êtes ici pour vous libérer des vieilles habitudes, dont les racines en vous sont profondes et puissantes; ne tombez pas dans leurs griffes. Il est dans le caractère des écoliers et des lycéens, non d'un chercheur spirituel, de s'esclaffer devant les faiblesses d'autrui et de s'en moquer. Mais ce penchant en vous est si fort que vous en êtes victimes et vous laissez facilement aller à un tel comportement; cela fera échouer le dessein même dans lequel vous êtes ici. Vous êtes ici pour détruire les anciennes *vasanas* et pour cesser d'en créer. »

L'expression du visage d'Amma changea soudain; pleine de compassion, elle dit d'un ton pressant, implorant: «Cessez d'accumuler des *vasanas*, mes enfants, cessez d'en accumuler de nouvelles!»

Amma marqua une nouvelle pause. Elle ferma les yeux et quelques larmes roulèrent sur son visage. En la voyant pleurer, tous eurent le cœur triste et leurs yeux se remplirent également de larmes.

Puis elle leur confia: «Mes enfants, Amma n'était pas triste lorsque tous les villageois s'opposaient à elle. Elle ne se sentit pas accablée non plus par la résistance farouche de ses parents et d'autres membres de la famille. Amma n'éprouvait aucune tristesse lorsque les sceptiques et les incroyants médisaient d'elle; mais maintenant, à cause de ses propres enfants, Amma est triste; tout au fond de son cœur, Amma est totalement détachée, il n'y a aucun attachement à quoi que ce soit; mais en surface, pour votre bien, elle a crée un lien.»

Amma médita encore quelques minutes et tous suivirent son exemple. Lorsqu'elle ouvrit les yeux, Amma dit encore: «Chantons ensemble un *bhajan* avant de nous séparer. Mes enfants, priez le Suprême de vous bénir en remplissant vos cœurs d'amour. L'amour seul purifie. Priez pour qu'il vous soit accordé. Priez afin que soit détruit en vous tout ce qui fait obstacle au flot d'amour.»

Amma chanta *Ente Kannunir*

Ne vois-Tu pas mes larmes, o Mère?
Comment se fait-il que Tu ne ressentes
Aucune compassion, aucune compassion?

Voilà tant de jours que je suis venue à Tes Pieds,
Afin de trouver refuge auprès de Toi,
Pourquoi n'es-Tu pas satisfaite, pas satisfaite?

O Mère, pourquoi tardes-Tu à accorder
Ne serait-ce que la paix du mental

À Tes serviteurs dévoués? Pourquoi tardes-Tu?

Tes Pieds sont le seul refuge
De cette âme malheureuse!
Ainsi donc, sois mon refuge, bénis-moi!
O Mère, sois mon refuge, bénis-moi!

Le cœur d'Amma débordait d'Amour divin et cela se reflétait chez ses enfants. Le chant terminé, tous restèrent assis en méditation. Amma passa encore quelque temps avec les *brahmacharis*, puis se leva et sortit sur la terrasse. Gayatri s'apprêtait à la suivre, comme d'habitude, mais elle dit : «Non, Amma veut être seule un moment.» Les *brahmacharis* se prosternèrent devant son lit et quittèrent la pièce. Il était quinze heures et chacun alla vaquer à ses occupations, tout en méditant les paroles d'Amma.

CHAPITRE 5

À huit heures du matin commençait pour les *brahmacharis* la méditation ; ils étaient déjà installés dans la salle et certains avaient commencé à méditer tandis que d'autres s'y préparaient. Soudain, venant de la chambre d'Amma, leur parvint le son de la *tambura*, un instrument à cordes. Sachant que c'était Amma qui jouait, nul ne pouvait plus songer à méditer. Ouvrant les yeux, attentifs, ils prêtaient l'oreille à la mélodie de la *tambura*. Certains des *brahmacharis*, non contents d'écouter, sortirent, espérant apercevoir Amma par les jours dans le mur de Son balcon. Ne pouvant la voir, ils s'assirent, déçus, face à sa chambre. Quelques minutes plus tard, la voix d'Amma résonna, accompagnée par la *tambura*. Elle chantait un *bhajan* à Krishna *Ini Oru Janmam*.

> *O Krishna, ne me donne pas de nouvelle naissance,*
> *De peur que je ne tombe dans le bourbier de l'illusion.*
> *Mais si Tu m'en donnes une, fais-moi renaître*
> *Comme le serviteur de Tes serviteurs.*
>
> *O Krishna, que mon mental tout entier reflète*
> *Ton Saint Nom ; que Tes Pieds de lotus lumineux*
> *S'y révèlent. Garde mon mental dans l'équanimité,*
> *Que toute chose m'apparaisse comme Ta manifestation.*

O Krishna, Trésor de Compassion,
Je Te salue les mains jointes,
Humblement je Te salue.

Entendant Amma chanter, quelques dévots laïques s'assemblèrent eux aussi sous le balcon. Assis ou debouts, immobiles, ils ressemblaient à des statues de pierre. À l'écoute du chant d'Amma, il était facile de glisser dans un état méditatif. Amma entonna un autre *bhajan* pathétique *Karunya Varidhe Krishna*.

O Krishna, Océan de Compassion,
La soif de vivre ne cesse de croître,
Mon esprit ne trouve pas la paix,
Hélas! La confusion y règne.

Pardonne-moi toutes mes erreurs
Et viens essuyer la sueur de mon front.
O Kanna, maintenant je n'ai d'autre support
Que Tes Pieds de lotus adorés.

O Krishna, ma gorge est sèche,
Ma vue faiblit, mes pieds sont las,
Je m'écroule, O Krishna!

Le chant cessa brusquement, le son de la *tambura* aussi; Amma semblait entrée en extase. Plus que jamais, chacun brûlait de monter les marches et de courir vers Amma, mais sa porte était fermée. Quelques-uns des *brahmacharis* tentèrent cependant d'entrer; ils échouèrent et redescendirent. Tous regardaient vers la chambre d'Amma, visualisant mentalement son extase divine. La période de méditation matinale se passa ainsi à écouter le chant de la divinité d'élection et à tenter de voir sa forme physique les yeux ouverts plutôt que fermés.

Chaque fois que l'on regarde Amma, on découvre quelque chose de nouveau. Chaque moment passé auprès d'elle ouvre la porte à une expérience neuve, à un aspect encore inconnu du Divin. Vivre auprès d'un *Mahatma* procure une sensation d'éternelle fraîcheur. La soif inextinguible qui pousse les dévots et les disciples à rechercher toujours la présence d'Amma, à contempler son visage des heures durant, provient sans nul doute de cette qualité d'éternelle fraîcheur que possède la Conscience suprême. Le neuf vieillit et le vieux bien vite est usé, mais la Réalité ultime sans commencement ni fin garde une jeunesse, une fraîcheur toujours nouvelles. En présence de Ceux qui sont établis dans le Soi suprême, on ne peut que ressentir cette éternelle fraîcheur.

Croyants et incroyants

Lorsqu'Amma descendit ce matin-là vers dix heures, de nombreux dévots attendaient son *darshan*. Ils la suivirent dans la hutte où, une fois assise sur le divan, elle resta un moment les yeux clos. Ouvrant les yeux, elle regarda vers le fond de la hutte et appela quelqu'un assis tout à fait à l'arrière. « Fils ! » personne ne répondit, alors elle appela de nouveau « Fils ! ». Cette fois un homme leva la tête et regarda derrière lui, pensant ou prétendant peut-être croire qu'elle s'adressait à un de Ses voisins de derrière. « Non, non, fils érudit ; toi, c'est toi qu'Amma appelle. »

L'air surpris, le *pandit* se leva et s'approcha d'elle. De nouveau, elle lui fit signe de s'asseoir. Il semblait étonné. Dès qu'il fut assis devant elle, elle s'amusa à lui tapoter la tête, souriant et fredonnant « Hanuman » à chaque petite tape. Le savant tomba alors aux pieds d'Amma et fondit en larmes. Il pleurait très fort en disant : « O Amma, pardonne-moi de t'avoir mise à l'épreuve. Pardonne-moi, pardonne-moi de t'avoir mise à l'épreuve ! »

Amma le releva, essuya ses larmes et le réconforta. Elle lui demanda de rester assis auprès d'elle et continua à donner le *darshan* aux autres dévots. Cet homme était un érudit dans le domaine de la littérature sanscrite et des Écritures ; c'était sa première rencontre avec Amma. Il raconta ensuite son expérience aux résidents de l'ashram : « J'avais entendu de nombreuses histoires au sujet d'Amma, provenant de différentes sources. Je désirais la rencontrer mais doutais de Son omniscience. Lorsque je décidai de venir, je posai ces conditions : « Si elle est une vraie sainte, qu'elle m'appelle en premier, sans tenir compte de la place que j'occupe ni du nombre de gens présents. » Je voulais aussi qu'elle prononce le nom de mon *upasana murti* (la divinité que l'on adore) lors de la rencontre. Amma a exaucé mes deux souhaits, insufflant à mon cœur foi et amour pour elle. Avant même que je révèle qui j'étais, elle savait que j'étais un érudit ; c'est pourquoi elle m'a appelé « *pandit-mon* ».

L'érudit assis auprès d'Amma, le *darshan* se poursuivit et elle demanda aux *brahmacharis* de chanter. Le savant exprima ensuite le désir de psalmodier un *sloka* (verset) sanscrit en hommage à Amma. Il s'agissait d'un extrait du *Ramayana* dans lequel Hanuman célèbre la gloire de Sri Rama.

> *Bénis-moi, je T'en prie,*
> *Afin que mon amour pour Toi*
> *Jamais ne diminue ;*
> *Ne permets pas que je pense*
> *À rien d'autre,*
> *Ni que je partage mon amour*
> *Entre Toi et une autre personne.*
>
> *Je désire vivre aussi longtemps*
> *Que Ton Nom divin sera célébré*
> *Parmi les enfants des hommes.*
> *Accorde-moi d'être Ton dévot à jamais !*

Ayant déclamé ce verset, il déclara humblement à Amma : « Amma, cette prière qu'Hanuman adresse à Rama est aussi la prière que je t'adresse. »

Elle rit et répondit : « À cette folle ? Shiva ! Amma est folle, timbrée ! »

L'érudit répondit : « Oui, tu as raison, Amma. Pour les gens ignorants comme nous, les *Mahatmas* sont fous. Ta folie, la folie pour Dieu, nous fait défaut. Il nous manque la folie d'aimer chacun de manière égale. Là est notre problème. Amma, nous avons besoin d'un peu de ta folie pour résoudre nos difficultés. »

Amma ne répondit rien, mais se mit à chanter un *namavali*, *Krishna Vasudeva Hari*. Les *brahmacharis* terminèrent le chant, puis un jeune homme posa une question : « Amma, il existe en ce monde des croyants et des incroyants, n'est-ce pas ? Quel bénéfice le croyant retire-t-il de sa foi en l'existence de Dieu ? Obtient-il quelque chose de plus par rapport à l'incroyant ? »

« Fils, la foi en Dieu nous procure la force mentale nécessaire pour affronter les problèmes de l'existence. La foi en Dieu est une force protectrice ; elle nous procure un sentiment de sécurité. Grâce à elle, nous nous sentons en sûreté, protégés contre toutes les mauvaises influences du monde. La religion consiste à avoir foi en l'existence d'un pouvoir suprême et à vivre en accord avec cette foi. La religion engendre la moralité, qui nous aide à écarter les mauvaises influences. Nous ne sommes alors pas tentés de boire, de fumer, nous cessons de gaspiller notre énergie en bavardages ou en discours inutiles. La moralité ou pureté de caractère est un tremplin vers la spiritualité. Nous développons en outre des qualités telles que l'amour, la compassion, la patience, l'équilibre mental et autres traits positifs, qui nous aiderons ensuite à aimer et à servir chacun de manière égale. La religion est foi. Là où la foi est présente, règnent l'harmonie, l'unité et l'amour. Un incroyant doute toujours. Il ne croit pas à l'unité et à l'amour. Il aime couper et diviser. Tout alimente le moulin de son intellect. Il ne connaît pas la paix ; il est agité et remet sans cesse tout en question ; les fondations sur lesquelles repose sa vie sont donc instables et dispersées, car il lui manque la foi en un principe supérieur.

Mais une personne dotée d'une véritable foi est ferme ; une personne sincèrement religieuse peut trouver la paix. La source de cette paix est le cœur, non la tête. Un croyant a foi en l'unité, en l'amour et en la paix, non en la division et en la dysharmonie. Amma entend ici la religion au sens large, non au sens étroit. »

« Mais, Amma, » interrogea encore le jeune homme, « ces qualités peuvent être également observées chez des athées, n'est-ce pas ? »

Amma répondit : « Peut-être, mais il leur manque la foi en un pouvoir suprême ; lorsqu'ils se heurtent à des circonstances défavorables, ils n'ont rien à quoi se raccrocher ni personne à qui s'abandonner totalement. Pour un croyant, Dieu est le Suprême, Dieu est une expérience. Dieu vit en nous au travers de la compassion, de la patience, du renoncement et autres semblables qualités. Si un incroyant possède aucune de ces qualités sous sa forme la plus pure, il en retirera le même bénéfice qu'un croyant. Ce qu'Amma entend par « croyant » n'est pas quelqu'un qui a foi en un dieu ou une déesse, mais quelqu'un qui valorise des principes supérieurs pour lesquels il est prêt à tout sacrifier. Si ces qualités sont les principes qui régissent la vie de l'incroyant, il sera l'égal du croyant. Par contre si ces qualités n'existent qu'en apparence, si elles ne sont qu'un vernis, la personne n'obtiendra pas le bénéfice qu'en retire le vrai croyant. Bien souvent, les incroyants parlent volontiers mais ne mettent guère leurs paroles en pratique. Ils sont superficiels et ne parlent que pour la galerie. Ils n'ont rien à quoi se raccrocher. Il leur manque la foi en un Gouverneur suprême de l'Univers pour les sauver lorsqu'ils sont ballottés par les ouragans de la vie.

Si le but de notre vie se réduit à une idée ou à un principe, il est aisé de perdre l'équilibre mental lors de moments de faiblesse, avec pour résultat l'abandon de toutes les valeurs que nous avons chéries toute notre vie. Cela ne peut se produire dans le cas d'un vrai dévot. Un dévot authentique voit toujours le bon côté des choses. Sa qualité première et essentielle est l'acceptation, quoi qu'il puisse arriver dans sa vie. Il se raccroche à son Seigneur et considère tout comme Son *prasad*.

Une personne qui a foi dans le Suprême s'accroche à ce Principe dans les moments de crise. Cette foi lui donne un mental fort et équilibré qui lui permet d'affronter n'importe quelle épreuve. Nous devrions intégrer dans nos vies des qualités telles que l'amour désintéressé, la compassion, la patience et le renoncement.

Une personne religieuse est animée par la foi en l'existence d'un Principe suprême. Pour elle, ces qualités sont plus importantes que sa vie. Elle renoncera plutôt à sa vie qu'aux principes qui la guident. Elle est prête à mourir pour ses principes spirituels.

Amma raconta ensuite une histoire pour illustrer ce point : il s'agissait des Pandavas et du cheval choisi pour parcourir l'Inde du nord au sud et d'est en ouest. Après avoir accompli l'*ashvamedha yagna* (un ancien rituel accompli autour d'un cheval sacré), les Pandavas lâchèrent le cheval choisi. Selon la coutume, quiconque osait arrêter et saisir le cheval défiait ainsi la suprématie du Roi Youdhisthira, qui avait célébré le rituel à la fin duquel on avait lâché le cheval.

Le roi Mayouradhvaja était un grand dévot de Sri Krishna. Il était le réceptacle de toutes les vertus ; sa sagesse et sa connaissance des Védas (Écritures) étaient célèbres dans tout le pays. C'était en outre un homme d'une profonde compassion et prêt au sacrifice de soi. Ce roi, Mayouradhvaja, s'empara du cheval sacré des Pandavas et Arjouna, le grand héros, considérait donc comme son devoir de le combattre. Mais Krishna en dissuada

Arjouna, car Il désirait montrer au vaillant Pandava le pouvoir du roi Mayouradhvaja, sa capacité de sacrifice de soi, sa sincérité et sa dévotion. Krishna voulait ainsi briser l'orgueil d'Arjouna.

Selon le plan établi par Krishna, ils se rendirent au palais du roi Mayouradhvaja sous le déguisement de deux brahmanes. On leur fit un accueil chaleureux et le roi leur offrit une généreuse hospitalité. Le soir de leur arrivée, lors de la fête organisée en l'honneur de ces deux invités, Krishna, toujours déguisé en brahmane, Se leva, et devant l'assemblée, fit le récit de la tragédie suivante :

« O sage et vertueux roi, alors que nous traversions une forêt qui borde ton empire, un tigre enleva le jeune fils de mon compagnon. Avant que nous puissions le rejoindre, la bête avait déjà dévoré la moitié du corps du malheureux enfant. Mais, ayant pitié de nous et de notre chagrin, le tigre promit de rendre l'enfant vivant si nous remplissions une certaine condition. » Krishna marqua une pause, feignant de la réticence à révéler cette condition. Le roi souhaitait cependant vivement entendre le reste de l'histoire et le pressa de continuer. « O grand roi, le tigre exige en cadeau la moitié droite du corps sanctifiant de Mayouradhvaja, le pur et saint empereur de ce pays. Comment nous serait-il possible de nous restaurer paisiblement alors que nos cœurs sont en proie à l'agonie ? Mais comment, O grand roi, pourrions-nous te demander un tel sacrifice ? »

Sans l'ombre d'une hésitation, le roi accepta volontiers et même avec joie de donner la moitié de son corps au tigre. Ainsi, son repas terminé, le roi s'assit par terre et ordonna à la reine et à son fils de scier son corps en deux. Chacun tenant une extrémité de la scie, la reine et son fils se mirent à scier le corps du roi en deux. Les deux brahmanes (Krishna et Arjouna) remarquèrent que des larmes remplissaient l'œil gauche du roi. Krishna s'interposa aussitôt et dit : « O, tu offres le cadeau promis avec des larmes. Cela signifie que tu es triste de quitter ton corps et que tu l'abandonnes à contrecœur. Je ne peux rien accepter qui soit offert avec des larmes; un présent véritable est donné d'un cœur entier. »

Le roi Mayouradhvaja répondit: «Mon ami, si j'étais réticent ou hésitant, les deux yeux verseraient des larmes, n'est-ce pas? Mais seul l'œil gauche pleure car il ne servira pas un noble dessein. La moitié droite du corps sera utilisée dans un but sacré, puisqu'elle sauvera la vie d'un garçon sinon condamné. Mais la moitié gauche sera jetée en pâture aux chiens et aux vautours, et elle se lamente de ne pouvoir elle aussi contribuer à quelque noble propos. La moitié droite jubile cependant d'être sacrifiée dans un but aussi méritoire. »

Lorsque le roi eut achevé, Krishna lui révéla Sa forme réelle et lui accorda la Béatitude et la Joie éternelles en le bénissant. L'orgueil d'Arjouna s'effondra et l'humilité du roi, sa capacité de sacrifice de soi, furent dûment récompensées par le Seigneur Lui-même.

Un dévot fit le commentaire suivant: «Amma, ceci dépasse de loin ce qu'un être ordinaire peut concevoir, n'est-ce pas?»

«C'est ce qu'Amma s'apprêtait à dire,» répondit Amma, «cette histoire ne doit bien entendu pas être prise à la lettre, mais au figuré. Il existait sans nul doute autrefois de grandes âmes capables d'agir ainsi, mais maintenant tout n'est que paroles et les actes sont rares. Ici le roi est prêt à sacrifier sa propre vie pour rester fidèle aux principes qui la régissent ; cela passe de beaucoup la conception et la compréhension d'un être ordinaire. Mais tâchez d'assimiler l'esprit et le principe qu'illustre cette histoire. C'est pourquoi Amma dit que la foi et la spiritualité ne doivent pas être prises à la légère. Les principes spirituels devraient devenir partie intégrante de votre vie; ce n'est qu'en les pratiquant dans la vie quotidienne que vous éprouverez pleinement le bénéfice de la foi et des principes spirituels.

La misère et la peur de la mort dominent cette vie. Nul n'y échappe. Mais un être courageux peut mener une vie heureuse. Celui que la mort, les pertes et le chagrin effrayent ne peut pas être heureux. Les pratiques religieuses seules nous libèrent de la peur. Un être réellement religieux ne craint ni la mort ni les pertes éventuelles. Son courage est authentique. Il vit pour la Vérité et respire pour l'Amour. Son être entier leur est dédié. Au contraire du croyant, un athée est sujet à la peur. Il redoute par-dessus tout les croyants et le principe de Dieu. Il vit dans la crainte de la victoire de Dieu ; il appréhende le succès des croyants et son propre échec. Cette peur en elle-même est une faiblesse. Mais celui qui a foi en Dieu ne redoute ni les incroyants ni ceux qui le dénigrent à cause de ses croyances. Sa foi est si ferme et ardente, qu'il est convaincu que Dieu prendra soin de tout et qu'à la fin, la Vérité triomphera. Et c'est ce qui se produit partout. Il suffit d'ouvrir les yeux pour le voir. Un vrai croyant est doté de force, d'une force immense. Rien ne peut lui nuire. Tous les obstacles de la vie, qu'ils soient engendrés par des êtres humains ou par la nature, s'effondrent lorsqu'ils se heurtent à la foi inébranlable du croyant.

Tandis qu'un athée galvaude sa vie et son énergie à s'opposer à ou à répandre de faux bruits à propos d'une chose dont il soutient qu'elle n'existe pas, le croyant vit selon sa foi et acquiert ainsi plus de force et d'énergie. Il ne perd pas son temps ou son énergie à essayer de prouver quoi que ce soit. De plus, si Dieu n'existe pas, pourquoi ces incroyants éprouvent-ils le besoin d'aller partout prouver la non-existence d'un « Rien » ? N'est-ce pas stupide ? Combien de vies vont-ils gâcher ainsi ? Il leur faudra bien un jour joindre les mains pour adorer Dieu en tant que Puissance suprême. La nature les contraindra à reconnaître Dieu, sinon dès cette naissance, du moins dans leur prochaine vie. En effet, plus ils dépensent d'énergie à nier Son existence, plus ils se rapprochent de Lui, car les pensées négatives concernant Dieu Lui restent malgré tout consacrées. »

Différence entre un dévot et un disciple

Un érudit interrogea Amma : « Amma, quelle est la différence entre un dévot et un disciple ? »

« Fils, au sens strict il n'existe aucune différence entre un véritable dévot et un véritable disciple. Un dévot authentique est un disciple authentique et vice-versa. Un dévot et un disciple ont tous les deux de la dévotion, elle est pour ainsi dire leur point de départ commun.

Un disciple est celui qui éprouve de la dévotion envers le *Guru* et qui est prêt à se laisser guider et discipliner par lui. Mais dans les premiers temps, même la dévotion du disciple est incomplète. Sa foi n'est pas absolue. Des questions, des doutes, peuvent se lever dans son esprit. Au début le disciple a soif de l'amour du *Guru* et il est jaloux de l'attention accordée aux autres. Durant cette période, le disciple éprouve de l'attachement ou de l'amour envers le *Guru*, mais cet amour est entaché d'égoïsme. Les étapes initiales s'accompagnent toujours d'une lutte intérieure. Cependant, à cause de cet attachement, de cet amour, si imparfait soit-il, le disciple ne peut quitter le *Guru*. Le *Guru* lie le disciple par son amour et l'aide ensuite peu à peu à évoluer. Avec le temps, grâce aux pratiques régulières et aux efforts effectués sous la direction du *Guru*, le disciple grandit en amour. Sa dévotion devient authentique. Son seul but est alors de servir le *Guru* avec dévouement, de l'aimer sans rien attendre en retour. Il passe ainsi de l'état de disciple peu fiable et confus, à celui de disciple solide et pourvu d'un discernement tranchant. Il se transforme de dévot égoïste en dévot pur et désintéressé. Lorsque plus rien ne compte pour lui hormis le *Guru*, alors il est un disciple authentique.

Un vrai disciple est celui qui est prêt à tout déposer aux pieds de Dieu ou du *Guru* et dont l'unique désir est la Connaissance suprême. Il veut être discipliné par le Maître. Quoiqu'il arrive, un disciple véritable ne quittera pas le Maître avant d'avoir atteint l'État suprême. Il se peut qu'il lui faille traverser de nombreuses difficultés, qu'il subisse un entraînement physique et mental intense, mais un vrai disciple se soumet joyeusement à ces épreuves pour obtenir la Grâce du *Guru*. Sa seule aspiration est de servir le *Guru* de façon désintéressée et de faire ce qui peut plaire à son Maître. Celui-ci peut tenter de créer la confusion dans l'esprit du disciple par un comportement ou des paroles étranges et contradictoires. Il peut accuser le disciple de fautes qu'il n'a pas commises. Mais un vrai disciple est doté de la force mentale, de la détermination et du discernement nécessaires pour vaincre ces obstacles.

Un disciple véritable renonce à son ego, à son individualité. La rivière du *Guru* le porte où sa volonté le désire. Il s'est complètement abandonné au courant du *Guru*. Il perd tout droit sur son corps, il devient semblable à un cadavre, il laisse tout simplement Dieu ou le *Guru* l'emporter au gré de Sa volonté. Un tel disciple voit le Maître intérieur, pas seulement la forme extérieure. Pour lui tout est le *Guru*. Lui-même a fait banqueroute, il ne possède rien. Il ne dépend plus de personne et n'a plus rien qu'il puisse appeler sien. Fermement lié au *Guru* dans son total abandon de lui-même, il n'a pas d'autre choix que de rechercher sa grâce. Il est pleinement conscient que la perfection ne peut être atteinte sans la grâce du Maître et sait qu'il lui faut entièrement vider son mental pour la recevoir. Il s'y ingénie à chaque instant. Il essaye de s'imprégner du silence qui est la nature réelle du *Guru*. Il sait qu'il doit avant tout se taire pour faire l'expérience de ce silence. Le *Guru* ou Dieu est son Bien-Aimé. Une fois qu'il a approché le

Maître, il cherche à être en paix pour s'imprégner de ce silence, pour l'entendre.

Un dévot authentique considère lui aussi tout ce qui arrive comme la volonté de son Seigneur. Son être entier est engagé dans une prière ininterrompue. Pour lui, chaque parole, chaque acte, est une prière, une adoration de son Bien-Aimé. Ayant tout abandonné entre les mains de son Seigneur bien-aimé, un dévot véritable est plongé dans une continuelle béatitude. Il n'y a en lui aucune place pour la haine ou la colère. Puisque tout est son Seigneur, comment pourrait-il haïr ou être en colère? Son humeur est toujours agréable et paisible. En lui les conflits et les divisions ont pris fin. Il ne fait pas de différence entre ceux qui le haïssent et ceux qui l'aiment. Pour un véritable dévot, l'amour mais aussi la colère et la haine sont du *prasad*. Le bien mais aussi le mal est du *prasad*. Croyants ou incroyants, il ne voit que le Seigneur.

Un vrai disciple peut choisir un dieu ou une divinité d'élection, cependant à ses yeux aucun dieu, aucune déesse ne surpasse son *Guru*. Pour lui le Maître est à la fois le moyen et le but; Il est l'unique destination à atteindre. Mais dans le cas d'un dévot, sa divinité d'élection est tout pour lui. Il a toutefois besoin de l'aide et de la direction d'un *Sad-Guru (un maître parfait)* pour obtenir le plein bénéfice de sa *sadhana.*»

L'érudit posa une autre question: «De nombreuses personnes viennent te voir. Beaucoup de gens adorent aussi les divinités dans les temples. Ils sont également appelés «dévots», n'est-ce-pas? Cependant la majorité d'entre eux ne possède pas les qualités dont tu viens de parler. Quelle est la différence?»

Amma répondit: «Bien que tous les adorateurs soient communément appelés *dévots*, à la différence d'un vrai dévot, ceux dont tu parles n'ont pas tout remis entre les mains de Dieu. Il se peut qu'ils soient encore engagés dans les affaires de ce monde et qu'ils continuent à accomplir des actes ayant pour motivation la satisfaction de leurs désirs. Ils ont encore des demandes, des ambitions, des peurs et sont enclins à rechercher les émotions fortes. Ils ont toutefois de l'amour pour Dieu. Ils Le prient, chantent Sa gloire et parlent de Lui avec grand respect. Mais ils gardent leur ego, leur individualité, leurs *vasanas*. Face aux circonstances qui surgissent dans leur vie, leur comportement sera l'expression de leur ego plutôt que le reflet de leur confiance en Dieu. »

« Ceci vaut-il également pour le disciple ? » demanda l'érudit.

« Oui » dit Amma, « mais pas pour ceux qui sont totalement soumis au *Guru*. Certains nourrissent encore le désir de mener une vie de plaisirs matériels, même après avoir rencontré le Maître. Ils ne perçoivent pas clairement l'essence du *Guru*. Ils n'en voient que la forme extérieure et non la nature intérieure ; ils peuvent donc éprouver des doutes à son sujet. Ils jugent le Maître d'après des critères superficiels. Ils sont incapables de saisir la nature contradictoire, déconcertante en apparence, du *Guru* et ne peuvent supporter sa discipline. Leur attachement au Maître manque de « colle ». Leur détermination à atteindre le but n'est pas aussi forte que celle du dévot ou du disciple authentique. Réaliser le Soi n'est pas leur but premier ni même peut-être second. Ils choisissent avant tout de satisfaire leurs désirs personnels par les moyens qui leur semblent les plus appropriés. Ils considèrent même le *Guru* ou Dieu comme une personne grâce à laquelle ils peuvent satisfaire ces désirs.

La dévotion d'un tel dévot ou disciple n'est que partielle, tandis qu'un véritable dévot ou disciple est totalement voué au *Guru* ou à Dieu. « Totalement voué » signifie entièrement abandonné entre les mains du *Guru* ou de Dieu. La volonté du *Guru* devient le seul intérêt du vrai disciple. Les paroles du Maître régissent sa façon de vivre. Les actes du *Guru* deviennent le chemin qu'il suit. « Moi » et « le mien » disparaissent complètement. « Lui » et « le Sien » seuls existent pour qui est plongé dans cet état, un état dénué d'ego, comme un ciel sans nuage. Habité par une dévotion sans faille, le véritable dévot ou disciple n'a pas d'autre choix que d'accepter la discipline et l'enseignement du Maître, car la discipline fait de lui un instrument adéquat du *Guru* ou de Dieu. Un disciple ou un dévot authentique est un instrument parfait entre les mains du *Guru* ou de Dieu.

La progression peut être ainsi décrite : tout d'abord nous éprouvons de la dévotion envers le *Guru*. Cette dévotion peut être interprétée comme l'amour qui nous attache à la forme du Maître. Lorsque cet attachement est total et complet, la discipline commence. La discipline consiste à démolir et à reconstruire, à fabriquer une nouvelle personne à partir de l'ancienne. À cette fin il est nécessaire d'opérer, de couper, d'ôter les éléments inutiles et les obstacles, puis de coudre et de réunir, pour nous permettre de fonctionner de nouveau, sans fausses notes. Cette partie du processus est un peu douloureuse, mais une fois qu'elle est achevée nous pouvons nous détendre et être à l'aise, en laissant la douce musique du *Guru* se déployer et jouer librement en nous. Nous sommes son instrument et il peut en jouer à son gré car notre vie lui est entièrement consacrée. Le poids de l'ego ayant disparu, nous sommes devenus plus légers. Le Maître peut alors facilement nous emporter jusqu'à l'état ultime d'Unité.

Les gens s'intitulent parfois dévots ou disciples mais le facteur déterminant est le degré de soumission au *Guru* ou à Dieu. En réalité la dévotion au Maître ou la dévotion à Dieu sont une seule et même chose car Dieu et le Maître sont un. Par pur amour, par pure compassion, le Principe suprême, qui est sans forme, assume une forme et cette forme est le Maître. La dévotion envers la forme du *Guru* nous mènera à son aspect sans forme, que nous appelons Dieu ou *paramatman*. »

Quelques dévots occidentaux étaient présents et les paroles d'Amma leur étaient traduites. L'un d'entre eux demanda :

«Amma, comment pouvons-nous développer envers le *Guru* une dévotion suffisante pour lui permettre de commencer à nous discipliner?»

«Chez certains elle apparaît spontanément, chez d'autres elle est le fruit d'un lent processus», dit Amma. «Pour accélérer ce processus, nous devons nous placer sous la direction immédiate d'un Maître parfait. L'amour ne peut être enseigné par quiconque ni appris nulle part. Mais en présence d'un Maître parfait nous pouvons l'éprouver et avec le temps développer ce sentiment, car un *Sad-Guru* crée les circonstances requises pour faire croître l'amour en nous. Ces moments en présence du *Guru* sont si beaux, si inoubliables que nous les chérirons comme un trésor précieux et inestimable. Ils demeureront comme de doux souvenirs à tout jamais dans notre mémoire. Un seul moment de cette sorte crée une immense vague d'amour en nous. Renouvelées, ces occasions créées par le Maître forment une chaîne de souvenirs pleins de joie, qui soulèvent en nous vague après vague d'amour, jusqu'à ce qu'il ne reste enfin plus que l'amour. Grâce à ces circonstances le *Guru* dérobe notre cœur et notre âme, nous emplissant d'un amour pur et innocent.

Quoiqu'il en soit, tout dépend du sentiment d'urgence que nous éprouvons. Il faut en ressentir la nécessité impérative. Un besoin vital ne peut pas être ignoré. Nous ferons tout pour essayer de le satisfaire. Nous ne prenons pas de repos tant qu'une demande pressante n'a pas trouvé sa réponse. Mais la plupart d'entre nous n'éprouvent pas le besoin urgent de s'abandonner à Dieu. Nous pensons que la vie est possible sans dévotion envers Dieu et bâtissons nos existences sur le monde matériel et non sur Dieu.

À présent Dieu vient en dernière position sur notre liste. Mais Il devrait y occuper la première place. Si nous donnons à Dieu la primauté, le reste de notre existence s'ordonnera de lui-même. Si Dieu fait partie de notre vie, le monde suivra. Mais si nous faisons passer le monde en premier, Dieu ne suivra pas.

Si nous embrassons le monde, Dieu ne nous embrassera pas. Il nous faut batailler au départ pour avoir Dieu en nous, mais si nous persévérons, le fruit en sera la béatitude et la joie éternelles. Toute lutte cessera. Il est aisé d'embrasser le monde, et tout semble facile au commencement, mais cela aboutit à une douleur et à une souffrance sans fin.

Nous sommes libres de choisir l'une ou l'autre voie.

Amma sait que c'est une tâche vraiment difficile pour ses enfants occidentaux. Mais si vous pouvez prendre conscience de la nature éphémère des objets tout en vivant dans la société occidentale au milieu de tentations si nombreuses, vous comprendrez à quel point de tels plaisirs sont vains. Vous ne succomberez pas à la tentation des plaisirs temporels. Quelles que soient les circonstances, vous réaliserez que ces choses ne peuvent pas vous procurer la joie intérieure. Lorsque vous serez capable de mettre ce principe en pratique, vous serez plus forts que les gens d'ici. Mais mes enfants, ne vous inquiétez pas : vous y parviendrez en étant en présence d'Amma et grâce à votre désir sincère de vous en remettre totalement à elle. »

Cette conversation se déroula lors d'une pause pendant le *darshan*. Quelques personnes attendaient encore la bénédiction d'Amma, qui les reçut, tandis que les *brahmacharis* chantaient quelques *slokas* du *Dévi Mahatmyam*.

> *O Dévi, Toi qui détruis la souffrance*
> *De ceux qui T'implorent,*
> *Accorde-nous Ta Grâce,*
> *Sois propice, O Mère du Monde.*
> *Accorde-nous Ta Grâce,*
> *O Mère de l'Univers,*
> *O Dévi, Toi qui règnes*
> *Sur les êtres animés et inanimés.*

Salutations à Toi, O Dévi Narayani ;
Tu résides en tant qu'intelligence
Dans le cœur de toutes les créatures
Et accordes le plaisir et la libération.

Salutations à Toi, O Narayani
Toi qui sous la forme des minutes,
Des instants et autres unités de temps
Fais advenir les changements
Et possèdes ainsi le pouvoir
De détruire l'Univers.

Salutations à Toi, O Narayani.
Tu es l'Essence du Bien
O Dévi, Tu apportes de bons auspices,
Et accomplis tous les desseins,
O Toi qui donnes Refuge,
O Gauri aux Trois Yeux.

Salutations à Toi, O Narayani
Toi qui possèdes le pouvoir de Création,
De Préservation et de Destruction.
Tu es éternelle, Tu es le Substrat
Et l'Incarnation des trois gunas.

Une dévote arriva pour le *darshan* et fondit en larmes sur les genoux d'Amma. Son mari, lui aussi dévot d'Amma, était mort peu auparavant. Tandis qu'Amma essuyait ses larmes, la femme dit : « Amma, mon mari a eu beaucoup de chance, il est mort en paix. La grâce d'Amma était avec lui. Même en rendant son dernier souffle, il serrait dans sa main la photo d'Amma. Il s'est montré courageux et confiant jusqu'à la fin. Amma, par ta grâce, ta fille (parlant d'elle-même) est restée elle aussi très calme. Je récitais le *Lalita Sahasranama* assise auprès de lui et appliquais la cendre sacrée d'Amma sur son front. Sans cesse il répétait son *mantra*. Après qu'il eût expiré, je pensai : « Pourquoi devrais-je m'affliger ? Il est retourné à Amma. Après tout, il était l'enfant d'Amma. » J'éprouvais paix et sérénité. Il est avec toi, n'est-ce pas, Amma ? »

Pendant que cette femme contait son histoire, les dévots remarquèrent qu'Amma, elle aussi, versait quelques larmes. Amma regarda la dévote et dit doucement : « Oui, ma fille, oui ; il est avec Amma. » La dévote s'apaisa alors, ayant entendu les paroles qu'elle désirait entendre. Elle essuya ses larmes, soulagée.

Amma expliqua ensuite : « Elle voulait qu'Amma lui confirme que son mari est bien avec elle. Auparavant, elle était inquiète, c'est pourquoi elle pleurait. »

De la foi innocente et de la manière d'étudier les écritures

Le *darshan* terminé, le savant posa une autre question : « Amma, les Écritures disent que celui qui atteint l'état de *brahman* est au-delà des dualités telles que joie et tristesse, succès et échec. Mais j'ai vu Amma pleurer tandis que cette femme déplorait la mort de son mari. Je sais bien qu'il doit y avoir une raison et un motif à chacun de tes actes. Amma, je t'en prie, aie la bonté de m'expliquer ta tristesse. »

Amma lui répondit en souriant : « Fils, ce que tu as vu n'était qu'un reflet de sa tristesse. Amma pouvait sentir sa souffrance. Les larmes d'Amma reflétaient ses larmes. Si vous vous mettez debout devant un miroir, votre sourire, votre rire, vos larmes s'y réfléchissent. Mais le miroir n'en est pas affecté. Le miroir est simplement ; il se contente de refléter. Le miroir ne fait rien ; il n'agit pas et ne ressent rien. C'est par amour pour les dévots que les *Mahatmas* agissent et expriment des sentiments. Cette femme était triste et pleurait, cependant son innocence réjouissait Amma. Les larmes d'Amma étaient donc aussi des larmes de joie. Et pourtant elles n'exprimaient en réalité ni joie, ni tristesse ; les larmes de chagrin, comme celles de joie, n'étaient que des reflets. Fils, Amma ne possède rien en propre. Tout dépend de ses enfants. S'ils sont heureux, Amma est heureuse ; s'ils sont tristes, Amma est triste. Mais elle n'est ni l'un ni l'autre. »

L'érudit fut très heureux d'entendre l'explication d'Amma. Il se prosterna devant elle et dit : « Je vois maintenant que j'ai gâché ma vie en me plongeant dans l'étude des livres. J'ai bien une sorte de pratique spirituelle, mais tout ce que je gagne ainsi est sans nul doute gâté par l'étude et l'incessant bavardage intérieur. Si j'avais employé le temps et l'énergie que j'ai consacrés à étudier et à apprendre les Écritures à des pratiques spirituelles, j'en aurais au moins retiré quelque bénéfice. Amma, Tu m'a donné une précieuse leçon. Ton exemple vivant d'amour et de compassion pour autrui m'en apprend plus que tous ces textes. Je vois maintenant à quel point j'ai été stupide de m'enterrer dans les livres, me répétant sottement « Je suis *brahman* », sans accorder la moindre pensée à la véritable *sadhana*. »

« Fils, ne parle pas ainsi, » dit Amma « l'étude des Écritures est elle aussi nécessaire. Vous y gagnez plus de clarté et de compréhension. Lorsqu'un obstacle surgit, cela vous aide à discerner. Tu as acquis grâce aux Écritures un savoir qui t'as permis de comprendre Amma et ses paroles, n'est-ce pas ? »

Les mains jointes, il répondit aussitôt : « Non, Amma, non ; je t'en prie, ne dis pas que je t'ai comprise ; je n'ai absolument pas compris Amma. Ce que je sais à ton sujet n'est rien. »

« Fils, » expliqua Amma, « ce qu'Amma entend est que tu possèdes une vision assez claire. Mes enfants, ceux qui ont étudié les Écritures avec l'attitude juste et ont assimilé leur véritable signification ne laissent jamais l'ego se gonfler d'importance. Étudier ainsi n'est ni une perte de temps ni une perte d'énergie, mais peut au contraire s'avérer d'un grand secours en période de difficulté, à condition d'utiliser son discernement. La théorie est une aide, mais sa valeur a une limite. Au-delà d'un certain point, les paroles et les discours deviennent un obstacle, un grand obstacle. À la fin il vous faudra abandonner les mots. Mais c'est impossible si vous étudiez sans avoir l'attitude juste. Ne soyez pas liés par les paroles des Écritures. Étudiez-les dans l'esprit suivant : « Ceci n'est pas la réalité et je ne devrais donc pas y être attaché. Ceci n'est que le plan de la maison ; je ne peux y vivre. Pour la construire et la rendre habitable, il me faut travailler dur. Je ne dois donc pas me laisser emprisonner par de simples mots. » En cultivant cette attitude envers les Écritures, il est aisé de s'en détacher au moment voulu ; sinon, comme le dit *pandit-mon*, le bavardage intérieur ne cesse jamais. Il est malheureux que la plupart des gens qui se consacrent à l'étude des Écritures recherchent une connaissance intellectuelle, sans application pratique dans leur propre vie. Ils pensent qu'ils ont atteint le but, mais leurs actes prouvent qu'ils sont les jouets de l'attraction et de la répulsion tout autant qu'un incroyant. Ils ignorent que les mots qu'ils ont étudiés et répétés dans leur tête ont en réalité édifié un grand mur entre Dieu et eux.

Efforcez-vous de développer une foi innocente. L'innocence vient du cœur. La tête ne peut être innocente. La tête est pleine de questions et de doutes. Une intelligence superficielle des Écritures est dangereuse. La tendance à disputer est un autre problème chez beaucoup de ceux qui étudient sans une juste compréhension. »

Cette réponse amena une autre question : « Amma, qu'entends-tu par une foi innocente ? »

« Fils, Amma va raconter une histoire. » Amma illustra ce qu'est la foi innocente par une histoire qui met en scène Shiva et Son épouse Parvati. « La déesse Parvati était très préoccupée. Malgré la tradition qui veut que toute personne se baignant dans le Gange sacré soit purifiée de ses péchés, Elle voyait que cela ne se produisait pas. «Pourquoi donc?» demanda-t-Elle à Shiva. Son mari répliqua: «C'est qu'ils le font mécaniquement. Aucun d'eux n'a une foi innocente. Ils se baignent dans le Fleuve sacré sans avoir foi en son pouvoir purificateur.»

Parvati ne pouvant croire une chose pareille, Shiva suggéra alors: «Descendons sur terre et voyons nous-mêmes.» Ils quittèrent donc leur demeure céleste; choisissant un endroit proche du Gange, ils assumèrent les formes d'une vieille femme et d'un vieil homme. Ayant donné les consignes nécessaires à Parvati, Shiva, sous l'aspect d'un vieil homme, Se jeta dans une fosse sombre et profonde. Conformément aux instructions, la Déesse, sous les traits d'une vieille femme, Se mit à Se frapper la poitrine et à crier «au secours!». De nombreux pèlerins passaient par-là après s'être baignés dans la rivière sacrée et Parvati les supplia: «Voyez, bonnes gens, mon mari est tombé dans cette fosse infernale à cause d'une malédiction qui lui a été lancée il y a longtemps. Il y mourra si personne ne le sauve avant le coucher du soleil. C'est déjà la fin de l'après-midi: pour l'amour de Dieu, sauvez mon mari!» Elle Se lamentait ainsi comme une désespérée.

Prenant pitié d'Elle, quelques personnes s'approchèrent pour secourir son mari qui, du fond de la fosse, appelait à l'aide. Mais, comme si Elle se rappelait soudain quelque chose, la femme continua: «Seul un être pur et sans péché peut le sauver. C'est ce qu'a déclaré celui qui a jeté le sort lorsque j'ai prié pour obtenir un remède. Si un pécheur tente de sauver mon mari, sa tête éclatera en mille morceaux et lui aussi périra. À ces mots, tous ceux qui s'étaient approchés pour secourir Shiva tournèrent les talons et disparurent. Mais une autre personne se porta bientôt volontaire pour aider Shiva à sortir de la fosse. Parvati l'informa elle aussi des conditions posées. Sans hésitation, l'homme répondit: «Je ne suis plus un pécheur. Je suis pur et sans péché puisque je me suis plongé dans les eaux sacrées. *Ganga*, notre Mère, a lavé tous mes péchés.»(*Ganga* : Selon la légende, la déesse Ganga était la fille aînée du Mont Himavan et possédait le pouvoir de purifier tout ce qui la touchait. À la requête des *devas* (dieux) son père l'envoya servir dans le monde des dieux. Le roi Bhagirata réussit par son ascèse à ramener Ganga sur terre. Il voulait ainsi purifier les cendres de ses ancêtres pour les délivrer des mondes infernaux et leur permettre d'accéder aux cieux. Grâce aux austérités accomplies par le roi, Shiva accepta d'amortir la chute de Ganga sur la terre. Il l'emprisonna même un temps dans sa chevelure, car Ganga, mécontente de redescendre sur terre, était prête à tout balayer sur son passage, y compris Shiva ! Sur les instances de Bhagirata, Shiva relâcha enfin Ganga, devenue encore plus pure par son contact avec le dieu.)

Il n'y avait pas l'ombre d'un doute dans son esprit tandis qu'il prononçait ces paroles, pourtant sa confiance n'avait rien de présomptueux. Sa foi innocente engendrait l'absence de peur. Il n'avait aucune peur de la mort. Sa foi en *Ganga* était si ferme et inébranlable qu'il éprouvait réellement la sensation d'avoir été lavé de tous ses péchés et d'être parfaitement pur. Il n'y avait dans son attitude aucune prétention. Et, grâce à sa foi innocente, il était parfaitement pur.

Les autres n'avaient pas la foi ; ils doutaient et leurs péchés ne furent donc pas emportés par les eaux. Ils se baignaient dans la rivière simplement par respect pour la parole des saints et des sages qui affirment que les eaux du Gange purifient et sont sacrées. Mais leur foi n'était que dans leur tête ; il n'y avait aucune foi dans leur cœur. Ils accomplissaient le rite du bain comme une action mécanique, par respect pour les *rishis* (sages). Cet homme seul possédait une foi réelle et absolue dans le pouvoir purificateur de *Ganga*. Mes enfants, la foi innocente est l'absence de doute. Vous ne nourrissez alors aucun doute sur ce que vous éprouvez et ne vous posez aucune question. Vous acceptez simplement les paroles du *Guru* comme vraies. Comme un enfant. Si vous dites à un enfant en désignant une porte close : « Il y a une déesse dans cette pièce », l'enfant n'aura aucun doute ; il acceptera cela comme vrai à cent pour cent. Cette foi, lorsqu'elle est tournée vers Dieu ou vers le *Guru*, est la foi innocente. La foi, alliée à l'innocence de l'enfant, voilà ce qu'il nous faut.

L'innocence apparaît quand l'amour est présent. L'Amour divin vous rend semblable à un enfant. L'Amour vous fait accepter tout et n'importe quoi. L'amoureux fait tout ce que lui demande sa bien-aimée. Cela se produit même dans l'amour ordinaire. Si l'amour est sincère, l'amoureux sautera du haut d'un immeuble de trois étages, si sa bien-aimée le lui demande. Son amour pour elle est si ardent qu'il se comporte comme un fou. Lorsqu'on aime réellement, l'intellect se vide. Plus de pensées, plus de mental, rien. L'amour seul demeure. Cet amour qui fait tout oublier culmine dans l'innocence. »

Amma resta un moment assise les yeux fermés après avoir parlé de la foi innocente. Puis elle ouvrit les yeux et répéta son *mantra* favori : « Shiva, Shiva ». Elle demanda ensuite à tous de méditer quelques minutes. Comme il était environ midi et demi lorsqu'elle Se leva du sofa, elle dit à la cantonade : « Mes enfants, ne partez pas sans déjeuner. » et enjoignit à un *brahmachari* de conduire tous les visiteurs au réfectoire et de leur servir à manger. Mais avant de partir, Amma remarqua quelques bananes apportées par un dévot. Elle les prit, les coupa en petits morceaux et en mit un dans la bouche de chacun des dévots. Ils étaient heureux et quelqu'un remarqua : « Un petit morceau de banane reçu de la main d'Amma suffit à apaiser notre faim. Maintenant, nous n'avons plus besoin de manger. » Beaucoup acquiescèrent ; Amma quitta la hutte et monta dans sa chambre.

À seize heures trente Amma descendit dans la salle de méditation et médita pendant une heure avec les *brahmacharis*. Puis elle se rendit à la cuisine et demanda en entrant : «Quoi de neuf ici ?» Kunjumol, Gayatri et toutes les autres filles qui travaillaient à la cuisine se tenaient derrière Amma : une de ses inspections surprise commençait. Elles savaient par expérience que le moindre désordre ou manque de propreté ne trouverait pas grâce devant Amma. Et elle trouvait toujours quelque chose qui n'allait pas. Elles attendaient donc craintivement de voir quelles fautes Amma allait découvrir ; mais elles savaient aussi qu'un magnifique *satsang* irait de pair avec la réprimande. (Satsang : discours spirituel ou directives données par un sage ou un religieux érudit. Désigne aussi la compagnie des êtres sages et vertueux.)

Amma alla tout droit à la réserve, regarda dans chaque récipient et inspecta les étagères. Puis elle revint dans la cuisine, où les femmes poussèrent un soupir de soulagement, pensant que tout était bien. Mais Amma se mit à regarder dans chaque récipient, à passer en revue les assiettes, gobelets et chaque ustensile un par un. Elle examina un grand récipient qui se trouvait dans un coin de la cuisine et y passa la main en regardant à l'intérieur. Sans dire un mot ou montrer le moindre signe de mécontentement, elle essaya de soulever le récipient. En voyant Sa tentative, les femmes approchèrent pour l'aider. Elle les arrêta par ces mots : «Non, aucune de vous ne doit toucher ce récipient. Depuis deux semaines, personne ne s'est soucié de le nettoyer. La dernière fois qu'Amma est venue à la cuisine, il était à la même place. Je voulais voir si quelqu'un le nettoierait sans qu'on le lui demande.» Elle montra la paume de sa main, noircie par la saleté du récipient. «Voyez donc cela,» dit-elle, «le pot est couvert de saleté, à l'intérieur comme à l'extérieur. Ceci dénote votre manque de vigilance. Si aucune d'entre vous avait *shraddha*, vous n'auriez pas laissé ce récipient dans cet état. *(Shraddha* : La foi. Amma utilise ce terme en mettant l'accent sur l'aspect de vigilance, associée à un soin exprimant l'amour, apportée au travail que l'on exécute comme une offrande au *Guru*.) Rappelez-vous : le service accompli à l'ashram, prendre soin des objets de l'ashram, équivaut à servir Amma. Un tel service montre votre amour pour Amma. Vous devriez vous efforcer d'accomplir ces travaux avec le même amour que vous éprouvez pour vous-mêmes, comme si ces objets étaient vôtres. Une personne négligente n'est pas apte à devenir un chercheur spirituel. La négligence extérieure conduit à la négligence intérieure. Dieu est beauté ; Il est pureté ; Il est l'harmonie qui régit l'univers. En chaque objet, en chaque endroit, aussi insignifiants qu'ils paraissent, existe une harmonie. Les Écritures disent que la nourriture est Dieu. La cuisine est l'endroit où l'on prépare la nourriture ; elle devrait donc être propre et rangée. La cuisine a tendance à être toujours en désordre, cela ne va pas. Ne vous laissez pas aller à suivre la pente des vieilles habitudes. Nous sommes ici pour changer, non pour emprunter les mêmes vieux rails. »

Amma elle-même transporta le pot à l'extérieur jusqu'au robinet. De nouveau les femmes se précipitèrent, cette fois pour le nettoyer, mais elle ne le leur permit pas et nettoya le récipient toute seule. Après l'avoir astiqué et rincé, elle le rapporta à la cuisine et le remit à la même place, en le retournant après avoir balayé.

L'incident servit ainsi de précieuse leçon aux femmes et aux brahmacharinis qui travaillaient à la cuisine.

Les *bhajans* de dix-huit heures trente avaient beau faire partie de la routine quotidienne, on ne se lassait jamais de chanter avec Amma. Elle était très jeune lorsqu'elle se mit à chanter et à composer des chants dévotionnels pour Dieu. Son chant jaillit de la dévotion suprême et d'un amour qui embrasse tout ; chaque soir, ceux qui viennent assister aux *bhajans* se sentent élevés par sa présence. Il est alors aisé pour l'esprit de se concentrer sur l'*Ishta Devata* (la divinité d'élection) car le cœur déborde d'amour divin.

Cette nuit-là, son être entier resplendissait de gloire et de splendeur spirituelles tandis qu'elle chantait *Pakalantiyil*.

> *Le jour approche de sa fin,*
> *Mais ma Mère n'est pas venue ;*
> *J'ai peur de m'asseoir seul, O Mère.*

> *Pendant combien de temps ce cœur endolori*
> *Va-t-il pleurer de désespoir ? Qui donc*
> *Va me tenir compagnie, O Mère,*
> *Tandis que j'erre dans les ténèbres ?*

Amma répétait certaines paroles sans se lasser, transportée par l'extase. Les formidables vibrations de son chant emplissaient l'atmosphère du crépuscule. Enfin, tandis que des larmes roulaient sur ses joues, elle continua le chant

> *Est-ce un jeu pour Toi ?*
> *S'il en est ainsi, je ne comprends pas*
> *Ton point de vue. Pourquoi un tel sort ?*
> *Est-ce parce que je n'ai pas prononcé*
> *Ton Nom sacré ?*
> *Le cœur endolori, je cherche Tes Pieds de Lotus !*
> *Laisse-moi goûter en mon cœur*
> *Ce doux nectar de dévotion !*

Les larmes d'Amma avaient ému tous les cœurs et rares étaient ceux dont les yeux restaient secs ; certains pleuraient même très fort comme elle. La Béatitude régnait, car tous étaient transportés dans un Royaume intérieur de Joie. Amma prit soudain une respiration longue et profonde ; les pleurs s'arrêtèrent ; son corps était parfaitement immobile. Tout le monde fut effrayé de la voir retenir sa respiration pendant un temps aussi long. Elle était assise dans une posture de méditation parfaite, les yeux mi-clos. La béatitude intérieure transparaissait à l'extérieur, son visage avait l'éclat de la pleine lune. Aucun signe de respiration ne vint, son extase durait. Quelques *brahmacharis* pensèrent que des chants pourraient aider Amma à redescendre sur un plan de conscience ordinaire ; ils chantèrent donc sur un rythme d'abord lent.

Sita Ram Sita Ram Sita Ram Bol.
Radhe Shyam Radhe Shyam Radhe Shyam Bol.

Peu à peu, la cadence s'accéléra jusqu'à devenir très rapide. C'est du plus profond de leur cœur que les dévots se joignirent aux *brahmacharis*. Alors que le chant battait son plein, Amma éclata d'un rire de béatitude. Elle leva les deux mains, qui formaient des *mudras* divins, puis les plaça au sommet de sa tête. Ses yeux demeuraient clos, tandis que le rire extatique se poursuivait. Ce *bhava* (attitude divine) d'Amma dura encore quelques minutes avant de se dissiper peu à peu. Les résidents chantèrent l'*arati*, un des *brahmacharis* offrant le camphre enflammé à l'intérieur du sanctuaire, puis on récita les prières finales.

Amma resta assise au même endroit, les yeux levés vers le ciel. Au bout d'un moment, elle se leva, mais comme elle n'était pas encore tout à fait revenue de son extase, elle chancelait en essayant de marcher. Soutenue par deux dévotes, Amma monta dans sa chambre. Trois heures s'étaient écoulées depuis le début des *bhajans* ; il était vingt et une heure trente. Tous se prosternèrent et se mirent debout ; ils suivirent Amma du regard aussi longtemps que possible. Puis, les résidents se dispersèrent. Certains allèrent méditer dans leur hutte, d'autres se dirigèrent vers la lagune et la lisière de la cocoteraie, faisant les cent pas le long de la rive tout en récitant leur *mantra*. Certains dévots restèrent assis sous le porche du temple pour méditer, tandis que quelques *brahmacharis* choisissaient de méditer à l'intérieur.

Une autre journée inoubliable auprès d'Amma se terminait ainsi. Elle nous avait enrichis d'un vaste trésor d'expériences que nous chérissons en nos cœurs, parcelles de la Mémoire éternelle.

CHAPITRE 6

Concentration et méditation

29 avril 1984

Comme c'était dimanche, jour de *Dévi Bhava*, beaucoup de gens étaient arrivés la veille pour passer la journée entière à l'ashram et recevoir la bénédiction d'Amma en *Dévi Bhava*. À sept heures du matin, l'ashram était déjà rempli de dévots. La *puja* du matin se déroulait dans le temple. Un *brahmachari* chantait le *Lalita Sahasranama* et les autres reprenaient en chœur chaque *mantra*. Quelques dévots s'étaient joints à eux, assis sous le porche du temple. Une heure plus tard, les litanies terminées, Amma vint dans la salle de méditation pour observer la méditation des *brahmacharis*. Par respect et par révérence envers elle, tous se levèrent à son entrée. Quand elle s'assit, ils se prosternèrent de tout leur long devant elle, puis retournèrent à leur place. Amma s'installa, ferma aussitôt les yeux et se mit à méditer. Les résidents suivirent son exemple.

Au bout d'un moment, Amma appela un des *brahmacharis* par son nom. Il tressaillit et ouvrit les yeux, visiblement un peu effrayé. Un sourire malicieux dansait sur le visage d'Amma. Les *brahmacharis* avaient tous ouvert les yeux en entendant la voix d'Amma ; leur regard allait et venait entre le visage souriant d'Amma et celui de leur frère apeuré qui baissait la tête, se sentant fautif.

« As-tu fini de jouer le rôle ? » demanda-t-elle. « Oui, tu as très bien joué. Il est temps maintenant de sortir de ta douce rêverie. Réveille-toi ! »

Le même sourire malicieux se jouait sur son visage et les autres regardaient et écoutaient sans rien comprendre à ce qui se passait. Mais tous avaient les yeux grands ouverts. Amma n'attendit pas pour les tancer. « Pourquoi avez-vous donc ouvert les yeux ? Est-ce que je vous ai appelés ? Cela dénote votre manque de concentration ! Si votre esprit était concentré sur la forme de votre divinité d'élection, vous n'auriez pas ouvert les yeux. Vous n'auriez même pas entendu que quelqu'un appelait. C'est un exemple net de votre manque de *shraddha*. Comment allez-vous réaliser Dieu, si vous êtes à ce point tournés vers l'extérieur ? Seule une personne dotée d'une forte détermination peut atteindre Dieu. Un simple appel, qui ne vous concernait même pas, a suffi à vous réveiller de votre méditation. La concentration et la détermination d'un véritable chercheur spirituel devraient être telles qu'il puisse demeurer inébranlable même si un éléphant fou le charge. Amma a appelé l'un de vous, mais vous avez tous ouvert les yeux, tant vous étiez curieux de voir ce qui se passait. Vous devriez avoir honte. Amma aurait été heureuse si l'un de vous avait continué à méditer. Mais non, cela aurait été trop vous demander. »

Un *brahmachari* osa dire : « Nous avons ouvert les yeux parce que c'était ta voix. Si cela avait été quelqu'un d'autre, nous n'y aurions pas prêté attention. Après tout, nous méditons sur ta forme. »

Amma répliqua : « Que ce soit la voix d'Amma ou non, si vous étiez réellement absorbés en méditation, vous ne l'entendriez pas. Une fois que vous avez obtenu la concentration, vous êtes en contact avec la Mère intérieure, c'est-à-dire votre propre Soi. Même lorsque vous méditez sur le nom ou la forme d'un dieu, d'une déesse ou d'Amma, vous méditez en réalité sur votre propre Soi, non sur quelque objet extérieur. Dans la méditation profonde, le monde extérieur n'existe pas. Dans cet état de concentration parfaite, vous ne voyez ni n'entendez, vous ne goûtez, ne sentez ni ne touchez. Le fonctionnement des cinq sens est suspendu. Amma sait qu'aucun de vous n'a atteint cet état d'Unité parfaite ; mais elle aurait été très heureuse si l'un de vous avait au moins fait semblant de continuer à méditer. Maintenant, fermez les yeux et reprenez la méditation. Essayez de ne pas laisser le mental vagabonder. Imaginez que la forme de votre divinité d'élection remplit votre cœur. »

Lorsque la méditation fut terminée et qu'Amma fut remontée à sa chambre, tous se réunirent autour du *brahmachari* « victime », le pressant de révéler ce qui s'était passé. « Pendant que je méditais, » expliqua-t-il « je me suis laissé emporter par le souvenir d'une pièce à laquelle j'avais participé en tant qu'acteur pendant mes années de lycée. Je me félicitais en pensant à quel point j'avais bien joué le rôle. » En entendant cette confession, tous éclatèrent de rire.

Parmi les mille noms de la Mère divine dans le *Lalita Sahasranama*, que l'on récite chaque jour à l'ashram, un des *mantras* est *Sadachara Pravrattikayai Namah*, qui signifie : « Celle qui encourage la bonne conduite. »

Après avoir entendu raconter l'intéressante expérience du « *brahmachari* acteur », un autre résident interpréta le *mantra* d'une façon différente. Dans ce *mantra*, *Sadachara* est considéré comme un seul mot, mais si on le coupe en deux, il prend un sens différent, car *sada* signifie « constant » et *chara* « espionnage ». *Pravrattika* signifie « qui les accomplit ». Ainsi, selon ce *brahmachari*, Amma est celle qui espionne sans cesse. Il affirme : « Demeurant en nous, Amma ne cesse de nous espionner. Aucune information, quelle qu'elle soit, ne peut lui échapper. »

Vers dix heures, Amma vint dans la hutte et commença à donner le *darshan*. Les *brahmacharis* furent priés de chanter. Un *Brahmachari* commença avec quelques *slokas* tirés du *Sri Guru Paduka Panchakam*, strophes quatre et cinq :

Salutations encore et encore aux Sandales du Guru,
Qui sont le Garouda, le mantra remède au poison
De la multitude des serpents du désir qui grouillent.
Elles accordent le trésor du discernement
Et du détachement, elles donnent
La connaissance véritable
Et la libération immédiate.

Salutations encore et encore aux Sandales du Guru;
Elles sont le navire qui nous fait traverser
L'océan infini du monde,
Elles engendrent une ferme dévotion
Et le pouvoir de régner
Sur le vaste empire de vairagya (le détachement).

(*Garouda:* Le Garouda est l'oiseau qui sert de véhicule au dieu Vishnou. Selon la légende il réussit à dérober *Amrit*, le nectar d'immortalité, exigé par les *nagas* (serpents) pour prix de sa liberté et de celle de sa mère Vinata, réduite en esclavage par sa co-épouse Kadru, mère de mille serpents. Vishnou, voyant qu'il ne goûte pas au nectar après avoir accompli l'exploit de le dérober, lui accorde la satisfaction de deux vœux. Garouda demande à être au-dessus de Vishnou et immortel. Il se perche donc sur l'étendard de Vishnou et lui accorde à son tour une faveur. Vishnou lui demande alors de devenir son véhicule.

Garouda est représenté avec un corps humain mais les ailes et le bec d'un aigle. Il dévore les serpents. Le Garouda, oiseau géant, symbolise le mental qui a été purifié: vif et acéré, il est capable de comprendre la sagesse divine et devient le véhicule, l'instrument de la Réalité ultime, du Pouvoir suprême, Vishnou.

La présence d'aigles dans le ciel lors de festivals ou de rituels est considérée comme un signe extrêmement favorable, indiquant que la cérémonie a été acceptée par la divinité (symbole du Suprême) adorée dans le temple.)

Puis il chanta *Amme Ulakam.*

O Mère, Ton univers en vérité
Est une maison de fous !
O Mère divine, comment pourrais-je
Décrire Ton Amour divin ?

Je T'en prie, nourris-moi chaque jour
Du nectar de l'Amour avec Ta main merveilleuse !
Dissipe en moi l'orgueil, né de
L'identification du Soi avec le corps
Et rends-moi fou de cet Amour !

O Mère, Toi qui es l'âme des Écritures,
Si mes yeux pouvaient verser des larmes de dévotion
Lorsque je prononce le Nom de Kali,
Alors toutes les Écritures deviendraient secondaires,
Ne servant plus qu'à l'intellect.

La Mère aux masques innombrables

Regarder Amma donner le *darshan* est toujours une expérience fascinante. Elle dispose d'un nombre infini de masques et en change à chaque instant, passant aisément d'un rôle à l'autre. Cette valse des masques ne s'arrête jamais, car aucun de ces visages ne lui appartient réellement. Aucun d'eux n'est son visage réel, qui se situe bien au-delà du royaume des formes. Amma ne s'identifie pas le moins du monde à ces différents visages ou rôles et n'y est pas attachée. Elle utilise chacun d'eux dans une intention particulière et une fois son dessein accompli, elle tombe le masque aussitôt. Elle présente un masque différent à chacun de ses enfants, selon le moment et le besoin. Même si Elle nous montre un masque, celui-ci n'est pas un simple masque, mais aussi une réalité, un lien solide qui nous permet d'établir une relation personnelle avec elle et d'avoir ainsi le sentiment qu'elle est nôtre. C'est-à-dire que même si pour Amma ces différents visages ne sont que des masques qu'elle peut ôter et changer à tout instant, elle crée ainsi dans le cœur de ses enfants le sentiment qu'elle leur appartient et qu'elle est toujours avec eux. Mais, tandis que nous nous identifions à ce visage, à ce rôle, et nous y attachons, Amma demeure détachée et immuable. Elle peut porter le masque ou le jeter à tout instant.

Ce jour-là, comme c'est souvent le cas, une femme confiait à Amma quelle difficile situation il lui fallait affronter : son mari était très malade ; à cause de sa mauvaise santé il ne pouvait travailler. Ils avaient trois filles âgées plus de vingt ans dont aucune n'était mariée. Telle était sa triste histoire. Tandis qu'Amma écoutait attentivement ce que lui confiait la femme, on pouvait voir à quel point elle était triste. Une angoisse visible se peignait sur son visage pendant que la femme déplorait ses trois filles non mariées. Amma la consola, essuya ses larmes et l'assura que tout irait bien. En entendant cela, le visage de la femme s'éclaira et en quittant Amma, elle semblait réjouie et détendue.

Vint ensuite un dévot qui semblait très heureux. « Amma, par ta Grâce, j'ai obtenu la promotion que j'attendais » dit-il. « Je l'attendais et l'espérais, mais il y a eu du retard. J'étais déçu, pensant que jamais je ne l'obtiendrais, mais l'avis de promotion est soudain arrivé hier. C'est ta Grâce, Amma ! » L'homme débordait de joie pendant le *darshan* et Amma, elle aussi, semblait enchantée et participait de tout cœur à son bonheur. Ravie, elle dit à une personne assise près du divan : « Vois, ce fils a eu une promotion ; il a attendu bien longtemps ! Il l'a obtenue par la Grâce de Dieu. »

Cet homme heureux laissa la place à un jeune homme qui semblait porter sur ses épaules le poids du monde entier. Par sympathie, le visage d'Amma changea d'expression. Il se transforme ainsi sans cesse, mais elle ne s'identifie jamais à aucun de ces visages ou de ces *bhavas*. Elle possède une telle virtuosité dans l'art de changer de masque, qu'elle peut même en porter plus d'un à la fois. Avec autant d'enfants ayant tous des besoins différents, cette maîtrise lui permet de donner à chacun exactement ce dont il a besoin.

Il arriva une fois qu'Amma n'accorde pas un regard pendant trois jours au *brahmachari* Balou, tandis qu'elle continuait à converser avec les autres *brahmacharis*. Pour cette raison, Balou cessa de manger. Apprenant qu'il jeûnait, Amma insista pour qu'il mange, mais Balou était obstiné et refusa d'obéir. Dans les premiers temps de sa venue auprès d'Amma, il se montrait parfois têtu, exigeant et désobéissant ; Amma le pressa plusieurs fois de manger, mais il refusa. Ainsi donc, au troisième jour de sa grève de la faim, alors que Balou et le *brahmachari* Sri Koumar étaient assis de chaque côté d'Amma, elle se montra extrêmement affectueuse envers Sri Koumar, mais exprima de la colère à l'égard de Balou ; d'un œil jaillissait l'amour, pendant que l'autre œil dardait la colère !

Alors qu'elle peut déployer une infinité de masques, de visages, d'humeurs, tout au fond, Amma reste la même, détachée, non-divisée, totalement Une.

Les vers suivants sont tirés d'*Ananda Shrishti Vahini*, que l'on chante souvent à la fin du *Dévi Bhava* ; ils décrivent les masques innombrables d'Amma. Qui est-elle en réalité ? On peut écrire bien des mots pour essayer de la dépeindre, mais nous ne pourrons trouver la réponse que dans notre cœur.

> *Salutations à Toi, O Grande Déesse,*
> *Support de toute création ;*
> *Infini est le nombre de Tes facettes*
> *Et de Tes aspects ; Ta Danse Suprême*
> *Jamais ne s'arrête.*

Salutations à Toi, O éternellement Radieuse,
Mère de l'Immortelle Béatitude,
Tu brises sans cesse le silence
Du cœur de la nuit, Tu protèges la vertu
Et tout ce qui est salutaire en ce monde.

Salutations à Toi, sous l'aspect du Guru,
Tu es la déesse Shiva,
Tu montres le chemin du détachement
Avec un sourire pareil à une fleur de lotus.

Je me prosterne devant Toi, O Bhadrakali,
Forme cruelle de Dévi, source de bons auspices;
Tu imprègnes la totalité de la conscience,
Tu es pleine de compassion et provoques
La fusion de l'individualité dans le Tout.

Je me prosterne devant Toi,
O Mère toujours radieuse qui portes une couronne;
Tu accordes le ciel et la Libération;
Cause première de tout ce qui existe dans la nature
Ou même l'infini, Tu es au-delà du temps!

(*La déesse Shiva*: En sanscrit Shiva (avec un i court) désigne le dieu Shiva tandis que Shiva (avec un i long) se rapporte à un être qui lui est relié, en l'occurrence la déesse; il s'agit donc d'un des noms de Dévi.)

CHAPITRE 7

Questions posées par des occidentaux : quelle voie suivre ?

30 avril 1984

La nuit précédente, le *Dévi Bhava* s'était terminé à trois heures du matin. Comme Amma avait l'habitude d'aller ensuite voir les dévots pour s'assurer que chacun avait trouvé un coin pour dormir et une natte ou une couverture pour s'allonger, il était quatre heures passées lorsqu'elle monta enfin dans sa chambre. En début d'après-midi, un groupe d'Occidentaux arriva. C'étaient des aspirants spirituels qui voyageaient en Inde, visitaient des centres de pèlerinage et des institutions spirituelles. Ils avaient entendu parler de la grandeur d'Amma par un ami et demandèrent donc à rester une semaine. En faisant le tour de l'ashram, ils se déclarèrent impressionnés par l'atmosphère de paix qui y régnait. Le *brahmachari* Balou les conduisit du côté nord de l'ashram, où ils furent hébergés dans la maison réservée aux visiteurs.

Amma descendit vers trois heures de l'après-midi et se rendit aussitôt dans la palmeraie. Pensant qu'elle allait s'asseoir, Gayatri étendit une natte à un endroit bien ombragé ; Amma y vint en effet et s'y assit. Elle envoya Gayatri chercher les Occidentaux qui arrivèrent en courant, débordants de joie. Après s'être prosternés devant Amma, ils s'assirent autour d'elle. Amma commença par donner à chacun d'eux un *darshan* individuel, comme elle le fait toujours. Ce *darshan* personnel fut pour eux une formidable expérience ; ils restèrent assis, captivés, fixant du regard Amma. Elle les regardait en souriant ; son visage rayonnait d'un amour et d'une compassion inexprimables ; personne ne parlait ; le temps s'écoulait en silence. Balou servant d'interprète, Amma s'enquit enfin : « Mes enfants, avez-vous mangé ? » Pris sous le charme, ils continuèrent à fixer Amma. Il leur était impossible de donner une réponse verbale, ils hochèrent donc la tête en signe affirmatif. Amma demanda encore : « Mes enfants, avez-vous tous une chambre ? » et de nouveau, leur réponse fut non-verbale. Amma, prise d'une humeur joueuse en les voyant frappés de mutisme, attrapa les deux plus proches et les secoua vigoureusement. Cela les réveilla enfin et ils éclatèrent de rire. Les rires calmés, Amma déclara : « Amma est très heureuse de voir ses enfants. »

Une brève conversation légère suivit, puis après une nouvelle pause, l'un d'entre eux posa une question : « Amma, quelle est la meilleure voie pour les Occidentaux ? La plupart des gens à l'Ouest s'intéressent à la voie de *jnana* (Voie de la Connaissance). Faut-il les y encourager ? Quelle est ton opinion ? »

« Mes enfants » répondit Amma, « que ce soit en Orient ou en Occident, la voie spirituelle à suivre ne peut être indiquée qu'en fonction des dispositions spirituelles héritées des naissances antérieures et de la constitution mentale de chacun. On ne peut, dans une allocution publique, recommander un chemin comme étant la seule et unique voie de salut. Lorsqu'on s'engage dans un parcours spirituel, il est nécessaire d'être guidé et discipliné individuellement. Autrefois, les maîtres spirituels testaient toujours la compétence du disciple avant de donner des conseils. Leurs avis ne s'adressaient jamais à tous. C'est pourquoi les textes spirituels tels que les *Upanishads* et la *Bhagavad Gita* sont écrits sous forme de dialogue. Les instructions données le sont à chaque individu en particulier. Chaque personne est un patient qui souffre d'une maladie distincte. Certains en sont aux premiers stades d'une maladie, d'autres sont en plein milieu ; nous trouvons en outre des gens affligés d'une maladie chronique tandis que d'autres sont à moitié guéris. C'est pourquoi le traitement donné à chacun ne peut être le même. Le remède est différent et le dosage varie. Si l'on prescrit une seule voie pour tous, cela créera de nombreux problèmes. Si l'on conseille à une personne destinée à suivre le chemin de la dévotion de suivre la voie du *Raja Yoga*, elle ne pourra pas croître spirituellement. (*Raja Yoga* : maîtrise du mental grâce au contrôle et à la transformation de l'appareil psychique.)

Cela revient à prescrire un remède pour diabétiques à un asthmatique. C'est une pierre d'achoppement pour beaucoup de gens engagés dans une quête spirituelle : on leur conseille une voie qui ne leur convient pas. Amma ne peut pas dire qu'une seule voie est bonne pour tous et mène au but. Mais d'une façon générale, la Voie de la Dévotion est la plus facile et la moins compliquée. Tout le monde ne peut pas pratiquer le *pranayama* (contrôle de la respiration) ou le *Hatha Yoga* (postures yogiques), mais tout le monde peut aimer. Seules certaines personnes dotées de certaines qualités physiques et mentales peuvent s'adonner à ces techniques, mais l'amour ne requiert aucune disposition particulière. Quiconque a un cœur peut aimer et chacun a un cœur. Aimer est une tendance innée chez les êtres humains. Mais nous ne pouvons pas dire que le *pranayama* ou le *Hatha Yoga* leur viennent naturellement. *Bhakti* est amour. Aimer Dieu, aimer notre propre Soi et aimer tous les êtres. Le petit cœur devrait croître jusqu'à devenir infini. Une étincelle peut se transformer en feu de forêt ; il suffit donc d'avoir une étincelle, car l'étincelle est aussi le feu. Sans vous arrêter, soufflez dessus, agitez un éventail ; tôt ou tard elle flambera comme un feu de forêt aux flammes gigantesques. À présent notre amour a la dimension d'une étincelle ; attisez-la inlassablement en utilisant l'éventail du Nom divin, le japa et la méditation. Il vous faudra peut-être transpirer, éternuer et tousser, mais ne vous arrêtez pas, persévérez dans votre effort et soyez sûrs que vous approchez du but. Vous deviendrez bientôt l'Amour lui-même ; ce sera la récompense de votre amour.

La Voie de l'Amour, connue sous le nom de Voie de la Dévotion, est la meilleure pour les enfants occidentaux. Bien sûr, ceci est une considération générale. En Occident, la société est ainsi faite que les gens, dès leur enfance, sont intellectuels et ont une approche intellectuelle des choses. C'est le produit de leur éducation « moderne ». On les gave de toutes sortes d'informations factuelles concernant le monde empirique, et l'accent est mis sur la science et la technologie. Leur capacité d'analyse est donc bien développée, mais leurs cœurs sont secs. Dans la plupart des cas, les cœurs des Occidentaux restent sous-développés et imparfaits. La tête est grosse, mais le cœur est racorni et sec. »

« Quelle est donc la cause de cette sécheresse ? » demanda l'Occidental

Amma expliqua : « La norme sociale qui prévaut pave le chemin à cette sécheresse de cœur. Nous recevons les premières leçons d'amour de notre mère. Mais en Occident, il y a confusion des rôles. Les mères deviennent des pères et perdent ainsi la faculté d'aimer en tant que mères. Elles n'ont pas d'amour réel pour leurs enfants. Ajoutez à cela l'instabilité des mariages ; la relation mari-femme et père-mère est si faible et si fragile. Un enfant qui vit dans ce contexte ne peut pas être aimant ; il ou elle ne peut pas être affectueux ; de tels enfants n'apprennent pas même les leçons de base en matière d'amour. Bien sûr, on ne peut enseigner l'amour comme on enseigne à lire ou à écrire. Amma veut dire qu'ils ne rencontrent jamais, dans leur vie, de circonstances favorables leur permettant de développer l'amour. Ils grandissent en assistant aux conflits, aux discussions, aux disputes entre leurs parents, en voyant la haine et la violence prévaloir jusqu'à ce qu'une séparation y mette un terme. Jamais ils ne font l'expérience de ce qu'est l'amour ; c'est ce qu'ils sont censés apprendre de la relation d'amour mutuel entre leur père et leur mère. Les parents sont les deux *gurus* que l'enfant voit de sa naissance jusqu'à son premier contact avec le monde. Si la graine de l'amour n'est pas semée à la maison, elle ne peut croître ni s'épanouir.

La Voie de la *Bhakti* enseigne l'amour. Vous développez tout d'abord un amour centré sur Dieu seul. Lorsque cet amour devient le centre de votre vie et que vos pratiques dévotionnelles s'intensifient, votre vision évolue ; vous comprenez alors que Dieu réside en tant que pure Conscience dans tous les êtres, vous-même inclus. Cette expérience devient de plus en plus forte et l'amour en vous grandit lui aussi jusqu'à ce qu'à la fin, vous deveniez Cela. L'amour en vous devient infini ; il embrasse l'univers entier et tous les êtres. Vous devenez l'Amour personnifié. Cet Amour met fin à toute sécheresse intérieure ; il est le meilleur remède à tous les blocages émotionnels, à tous les sentiments négatifs. C'est pourquoi Amma pense que le chemin de l'Amour est le meilleur pour les chercheurs spirituels occidentaux. »

La formation du caractère des enfants

Une des Occidentales acquiesça : « Ce qu'Amma nous recommande là est vraiment la voie parfaite pour les Occidentaux. Je sais par expérience à quel point mon être intérieur est étroit et plein de souffrance, à quel point l'amour y fait défaut. Dans nos efforts pour imiter les hommes, nous avons en Occident perdu l'essence de notre féminité. C'est une triste constatation ; nous avons besoin d'une vie fondée sur la patience et l'amour. »

Amma reprit : « Amma s'apprêtait justement à dire que la patience est une des autres vertus qui manquent à la société occidentale. Mes enfants, une mère doit faire preuve de beaucoup de patience lorsqu'elle élève ses enfants ; elle doit modeler le caractère de l'enfant. C'est de sa mère que l'enfant reçoit ses premières leçons de patience et d'amour ; mais elle ne peut se contenter de parler d'amour et de patience et s'attendre à voir son fils ou sa fille adopter ces qualités. C'est impossible. Il lui faut donner un exemple d'amour et de patience en mettant ces qualités en pratique dans sa relation avec l'enfant. Celui-ci peut se montrer inflexible et têtu, bien sûr ; mais c'est la nature de la plupart des enfants, car leur esprit n'est pas encore pleinement développé. Ils ne se préoccupent que de leurs propres besoins et peuvent être fort égoïstes et obstinés. Toutefois, cela est permis, car ce n'est en rien contraire à la nature ou aux lois de la nature ; mais si une mère fait preuve d'obstination et d'impatience, c'est très néfaste ; cela créera un enfer ; une mère doit être patiente, patiente comme la terre.

Un père est tout autant impliqué que la mère dans l'éducation des enfants ; un père doit lui aussi témoigner de la patience. Lorsque le père manifeste de l'impatience, cela met un terme à l'innocence et à la confiance de l'enfant. Cet enfant, en grandissant, deviendra impatient et entêté ; personne n'ayant jamais fait preuve de patience envers lui, il n'en a jamais fait l'expérience. Socialement, il aura des difficultés ; ses amis n'auront pas de patience avec lui ; il ne peut attendre de ses amis ou amies qu'ils soient patients à son égard. La société ne sera pas patiente avec un garçon ou une fille impatient/e. Les enfants n'ont pas l'occasion d'apprendre la patience et l'amour, si ces qualités ne leur sont pas inculquées par leurs parents. Si la mère est patiente et aimante avec ses enfants, eux aussi deviendront patients et aimants ; mais si elle ne l'est pas, les enfants ne le seront pas non plus, car ils n'auront jamais fait l'expérience de ces vertus. Nous ne pouvons les en blâmer. Les enfants expriment ce qu'on leur enseigne et les expériences qu'ils ont traversées pendant leur croissance. Pour l'amour de vos enfants, il vous faut donc rester très prudents et vigilants ; faites attention à ce que vous dites, car chaque mot que vous prononcez, chaque action que vous accomplissez crée une impression durable dans l'esprit de votre enfant, pénétrant profondément dans son cœur : ce sont en effet ses premières sensations visuelles et auditives. Ce sont les premières impressions ; elles se gravent de manière indélébile dans son esprit. La mère est la première personne avec laquelle l'enfant est en contact ; puis vient le père, ensuite les frères et sœurs plus âgés. Toutes les autres relations viennent plus tard dans la vie. C'est pourquoi, devant vos enfants, exercez un bon contrôle de votre mental ; créez un environnement familial favorable à leur croissance ; sinon il en résultera pour vous de nombreux soucis dans l'avenir. »

Vie de famille, vie d'ashram

« Amma, Tu dis donc que la vie de famille n'est pas à prendre à la légère, qu'il ne s'agit pas simplement de quelque chose qui arrive dans nos vies. Cela ne doit-il pas être envisagé comme une forme de *tapas* ? » demanda un Occidental.

« Mes enfants » répondit Amma « Amma n'aime pas employer le mot *tapas* parce qu'il effraye beaucoup d'enfants Occidentaux. Ils pensent que *tapas* (l'ascèse) implique la torture physique et mentale ; ils craignent que *tapas* ne leur ôte tous leurs désirs et ne veulent pas que cela se produise ; ils veulent jouir de la vie ; le seul problème est qu'ils ont une conception erronée de ce que signifie « jouir de la vie ». Pour pouvoir jouir de la vie, il faut être détendu et non plein de tensions. Mais la plupart des gens, non seulement en Occident, mais aussi en Orient, sont en général très tendus. Les hommes ne goûtent pas un instant de paix auprès de leur femme et de leurs enfants. Ils sont davantage préoccupés par leur travail, leurs affaires, leur statut social et par ce que les autres disent ou pensent à leur sujet. Ils sont toujours agités pour une cause ou pour une autre ; ils veulent une nouvelle maison, une nouvelle voiture, une télévision ou une nouvelle relation. Une personne plongée dans la vie du monde veut toujours quelque chose de nouveau; elle en a assez des vieilles choses qui l'ennuient et ne peut jamais être satisfaite de ce qu'elle a. Elle pense que des choses nouvelles vont la rendre heureuse. Son esprit est toujours obsédé par ce qu'elle n'a pas. Elle vit soit dans le passé, soit dans le futur, jamais dans le présent, et court sans cesse afin de satisfaire ses désirs. Elle continue à acquérir et à posséder; elle n'a pas le temps de jouir, de se détendre et d'être dans le présent. À la fin, elle s'effondre. C'est ce qui arrive à la majorité des gens dans cette société soi-disant moderne, que ce soit à l'Ouest ou à l'Est.

Une famille n'est pas seulement un groupe d'individus qui vivent ensemble; grâce à la vie en commun, ce «groupe» peut apprendre beaucoup; c'est une autre sorte de *Gurukula* (la famille du *Guru*). Le *Guru* spirituel traite ses disciples comme ses propres enfants; le père et la mère sont dans ce cas les *gurus*, et les enfants sont les disciples. Au *Gurukula*, un lien très fort existe entre le *Guru* et le disciple. Le Maître est toujours un père ou une mère pour ses disciples; il n'y a donc rien d'erroné dans la comparaison de la vie de famille à un *Gurukula*; dans les temps anciens, à l'ermitage du *Guru*, si celui-ci n'était pas marié, il était alors pour ses disciples à la fois le père et la mère. Mais si le *Guru* avait une femme, elle était la mère des disciples du *Guru*, leur témoignant amour et patience, tandis qu'il s'occupait d'enseigner et de discipliner. Il en était ainsi dans les *Gurukulas* de l'Inde ancienne, lorsque le maître menait une vie de famille.

Aujourd'hui, dans la plupart des familles, il y a un père et une mère; s'ils possèdent une juste compréhension de ce qu'est la vie de famille, la vie en général, ils peuvent jouer leur rôle de manière adéquate. La mère peut essayer d'inculquer à l'enfant des vertus telles que l'amour, la patience et la longanimité; le père peut, avec amour, empêcher l'enfant d'agir de façon nuisible pour la société, sa famille ou sa propre vie; il peut lui enseigner l'obéissance et le respect d'autrui. Dans certains cas, un seul parent peut jouer les deux rôles à la fois. C'est possible si l'on essaye ; dans tous les cas, les parents sont les premiers à donner l'exemple, à montrer à leurs enfants ce qu'ils attendent d'eux. Si l'on ne montre pas le bon exemple, élever des enfants correctement est une tâche impossible. Un père peut être une bonne mère et une mère peut aussi être un bon père ; mais cet équilibre ne saurait être obtenu sans une *sadhana* adéquate.

La maison familiale ne devrait donc pas être le lieu où un groupe d'individus vivent ensemble au milieu des conflits, des luttes et des disputes incessantes ; il ne s'agit pas d'un endroit où l'on se contente de manger et de dormir, pensant que la vie se résume à cela et que l'on en jouit ainsi ; cette attitude transforme la vie de famille en enfer et coupe votre personnalité en morceaux ; la vie de famille dans ces conditions équivaut à la mort. Une personne qui mène ce style de vie dans sa famille n'est rien de plus qu'un cadavre. Ce genre de famille est comme une prison dans laquelle les résidents n'ont aucun contact personnel ; ils vivent simplement les uns à côté des autres. Mais vous pouvez transformer votre famille en un hâvre, votre maison en un foyer, une demeure de joie et de félicité, un lieu de paix et d'amour. Cela exige sans nul doute un effort ; ce peut être une sorte de *sadhana* ; vous pouvez appeler cela *tapas,* si cela vous aide à l'envisager comme une affaire sérieuse.

Personne ne veut être malheureux, personne ne veut souffrir ; chacun désire, si possible, être heureux tout le temps ; mais les moyens ou la voie choisis pour y parvenir sont souvent erronés ; le mode de vie actuel ne mène qu'à une détresse et à un chagrin accrus. Le problème, c'est vous ; il est en vous, pas à l'extérieur ; si vous voulez profiter de la vie, essayez de discipliner votre mental et voyez ce qui arrive. Il n'est pas mauvais de fournir quelque effort, d'effectuer un peu de *tapas* (ascèse) si cela contribue à vous rendre plus heureux. Vous voulez profiter de la vie ; bien sûr, personne ne désire souffrir ; mais rappelez-vous que votre plaisir dépend de votre façon de vivre.

Griham (une maison) est un ashram ou un ermitage. C'est ainsi que fut formé le *grihasthasrami* (maître de maison). *Griham* peut être transformé en *ashramam*. Un ashram est un lieu où les gens consacrent tout leur temps et leur énergie à se rappeler Dieu, accomplissant un service désintéressé et développant des qualités telles que l'amour, la patience et le respect d'autrui. Ils effectuent des pratiques spirituelles afin de parvenir à voir l'unité dans la diversité. Ils commencent par remplir leur propre cœur d'amour, puis, où qu'ils aillent et quoi qu'ils fassent, cet amour s'exprime dans tout ce qu'ils font ; ils voient partout la beauté et l'harmonie ; voilà comment est supposée être la vie dans un ashram ; la vie de famille peut elle aussi être ainsi, elle l'était dans les temps anciens ; s'ils y parvinrent, nous le pouvons aussi. C'est pourquoi un dévot marié est appelé *grihasthasrami*, une personne qui mène une vie d'ashram tout en demeurant dans sa maison ; c'est quelqu'un qui s'efforce à tout prix d'atteindre le but suprême, la béatitude, tout en vivant avec sa femme et ses enfants. C'est possible, si vous essayez sincèrement. »

La peur de l'abandon de Soi

Une autre question fut posée par un Occidental : « Amma, il me semble que beaucoup d'Occidentaux, bien qu'ils soient en quête de spiritualité, aient une faible volonté lorsqu'il s'agit de renoncer. J'irai même jusqu'à dire qu'ils ont vraiment peur d'abandonner leurs possessions et de faire don d'eux-mêmes. Pourquoi cela ? »

Amma : « Mon fils, on trouve cette attitude également au sein du peuple de l'Inde, mais elle est plus évidente chez les Occidentaux. Comme Amma l'a déjà dit, les gens ont peur d'abandonner leurs désirs. Ils pensent qu'ils ne peuvent pas vivre sans eux. Il n'y a rien à craindre car personne ne va vous forcer à abandonner vos possessions ni à renoncer à votre propre volonté pour accomplir celle du *Guru*. Aucun Maître authentique ne fera jamais pression sur vous ni ne vous menacera pour obtenir que vous fassiez quoi que ce soit. Amma n'exerce aucune contrainte. Ses enfants ont toute la liberté qu'ils veulent. Même aux enfants qui vivent ici, Amma a dit : « Mes enfants, vous avez la liberté de choisir. Si vous avez des désirs mondains très forts et que vous trouvez difficile de continuer en tant que *brahmacharis*, vous pouvez en parler franchement à Amma. Amma elle-même vous trouvera une épouse et arrangera votre mariage. Mais si cela vous intéresse de continuer sur la voie et si vous pensez sincèrement que cela seul correspond à vos souhaits, alors vous devriez essayer de vivre conformément aux règles et aux prescriptions de l'ashram. Mais vous êtes libres de choisir. » De plus, aucun véritable *Guru* ne vous imposera une discipline dès votre installation dans son ashram. Si la voie spirituelle vous intéresse, le Maître attendra patiemment que vous ayez assez de maturité pour accepter la discipline. Si vous n'êtes pas sincèrement prêts à accepter les paroles du *Guru*, il serait absurde de vous enjoindre de faire telle chose ou de vous abstenir de telle autre. Cela reviendrait à parler à un roc. Le *Guru* ne va donc pas vous forcer ni même vous pousser à faire ce que vous ne voulez pas faire. Mais il vous amènera à consentir à l'abandon de vous-mêmes : sans la moindre violence, lentement, avec patience, il vous conduira au point où vous n'aurez pas d'autre choix que de vous abandonner. C'est pourquoi la crainte que le *Guru* puisse vous forcer à vous abandonner à lui est sans fondement.

Après tout, pourquoi le Maître ferait-il pression sur vous ? Il est au-delà de tout intérêt personnel pour quoi que ce soit. Il est au-delà du désir et de l'absence de désir. Il n'a pas de motifs égoïstes, car il est au-delà de tout.

Imposer quelque chose à quelqu'un d'autre est dans la nature des gens avides. Le Maître n'est pas le moins du monde avide ;

pourquoi ferait-il donc cela ? On ne s'abandonne pas à quelqu'un d'autre, mais à son propre Soi. Le *Guru* ne désire rien de vous. Il n'a aucun intérêt personnel à obtenir votre soumission et il n'a rien à y gagner. Il est dans un état constant de plénitude et de perfection. Le Maître ne sait que donner et il donne sans cesse. Il n'a aucun besoin des objets extérieurs que vous pouvez éventuellement lui donner.

Le renoncement ne sert qu'à votre propre croissance intérieure, à votre paix spirituelle et à votre béatitude. Le but est que votre petit soi se déploie et devienne le grand Soi.

Comme ils ne voient du *Guru* que son corps, les gens jugent de l'extérieur. Ils projettent sur lui leur propre ignorance. C'est ce qui leur fait craindre de s'abandonner. Ils pensent que le *Guru* va les contrôler ou bien tout leur arracher. Parce qu'ils ne voient que la forme humaine du Maître, ils craignent d'être dupés par lui. Le *Guru* est au-delà du corps, Il est au-delà de la forme humaine. Il est l'incarnation de la pure Conscience. En réalité, il n'a ni nom ni forme. Il n'y a là aucune personne, que le vide. Comment le Maître sans forme et sans nom pourrait-il vous arracher quoi que ce soit? Comment pourrait-il vous contrôler? Il se contente d'ÊTRE et vous bénéficiez de sa présence. Si vous souhaitez réellement vous servir du *Guru*, alors abandonnez-vous à votre propre Soi. Votre Soi et le Soi du Maître sont un. C'est pourquoi personne ne viendra réclamer, exiger, discuter ou arracher.

Vous abandonner à votre propre Soi sert à votre élévation spirituelle. Cela n'est pas, absolument pas, pour le *Guru*. »

Le groupe d'Occidentaux écoutait les paroles d'Amma avec une attention extrême. Ils étaient visiblement très heureux d'entendre ses réponses; celle qui semblait diriger le groupe exprima ainsi sa gratitude à Amma : «Amma, Tu as clarifié certains points qui nous troublaient depuis longtemps ; ce fut une véritable illumination. Nous avions bien d'autres questions, mais tu y as répondu sans même que nous les ayons posées. Il est dit qu'on ne peut payer le *Guru* en retour, accepte toutefois, Amma, que nous nous prosternions humblement à tes pieds. »

Tous se prosternèrent devant Amma.

Amma appela le *brahmachari* Sri Koumar et lui dit d'apporter l'harmonium ; elle chanta alors quelques *namavalis* que les Occidentaux reprirent en chœur ; leur attention était totalement concentrée sur Amma. La voyant ivre de Dieu, ils la regardaient tous, frappés d'un respect sacré. Lorsqu'elle eût fini de chanter, Amma demeura un moment dans un état de ravissement intérieur. Revenant ensuite au plan de la conscience physique, elle se leva et se dirigea vers le sud, vers la berge de la lagune. Le miroir des mille rides de l'eau reflétait la lumière de l'après-midi finissante.

La Mère incompréhensible

Tard dans la soirée, après les *bhajans*, Amma était allongée sur le sable du côté sud du temple. Sa tête reposait sur les genoux de Gayatri et ses pieds dans le giron d'une dévote ; presque tous les *brahmacharis* et autres résidents de l'ashram étaient présents. Amma était d'humeur très joueuse ; comme une enfant, elle attrapa les cheveux de Gayatri et tira ; Gayatri baissa la tête, mais Amma tira jusqu'à ce que la tête de Gayatri touche sa poitrine ; puis elle lâcha les cheveux.

L'instant d'après, Amma ferma les yeux, et, la main droite encore tendue, entra en *samadhi*. Tous suspendirent leur souffle. Au bout d'un moment, elle sortit de cet état, fit un mouvement circulaire de la main droite et émit un son particulier qui indique qu'elle entre en *samadhi* ou en sort. Amma ne dit rien et les *brahmacharis* ne posèrent aucune question.

Peu après, elle posa la main droite sur le sol et Se mit à creuser un petit trou ; soudain, elle prit une poignée de sable et la jeta au visage d'un des *brahmacharis*. Tandis qu'il toussait et crachait, s'efforçant d'ôter le sable de sa bouche, Amma riait aux éclats. Des genoux de Gayatri, elle roula sur le sol, secouée d'un rire incontrôlable ; quelques instants plus tard, elle s'assit et empoigna de nouveau du sable. Voyant cela, certains *brahmacharis* s'esquivèrent rapidement, s'attendant à recevoir du sable en pleine figure ; mais elle n'en lança pas. Les *brahmacharis* qui s'étaient sauvés revinrent alors, pensant qu'elle avait cessé de jouer. Mais juste comme ils s'asseyaient, le sable arriva en volant. Amma avait visé à la perfection ; les *brahmacharis* qui s'étaient enfuis furent ceux-là mêmes qui reçurent du sable. Ils se précipitèrent vers le robinet pour se laver le visage et se rincer la bouche ; lorsqu'ils revinrent, Amma avait retrouvé son humeur habituelle.

L'un des *brahmacharis* posa alors une question : « Ne devrait-on pas accepter avec amour et respect tout ce que donne un *Mahatma* ? »

« Oui, c'est ce que disent les Écritures » répondit Amma. « Il n'y a aucun doute là-dessus ; acceptez le don et conservez-le comme un objet d'adoration. L'objet peut paraître insignifiant, mais nous ne devrions pas le refuser car nous ignorons ce qui nous est donné. Cet objet, à nos yeux, peut sembler sans intérêt ; mais ce peut être une bénédiction rare, accordée avec un *sankalpa* spécial. Les *Mahatmas* peuvent agir ainsi ; un tel cadeau peut être le fruit de votre *sadhana*. Vous pouvez penser : « Je n'ai accompli aucune pratique spirituelle en cette vie, comment ceci peut-il donc être le fruit d'une *sadhana* ? » Si vous n'avez effectué aucune *sadhana* dans cette vie, vous avez fait quelque chose dans votre naissance précédente, c'est pourquoi le *Guru* vous bénit. Vous ignorez tout de votre incarnation précédente, mais le *Guru* sait ; il connaît non seulement votre dernière incarnation, mais toutes vos vies passées ; il sait tout ce que vous avez fait ; il connaît le passé, le présent, et l'avenir ; il sait ce que vous avez été, ce que vous êtes, ce que vous deviendrez. Même une poignée de sable est précieuse, si un *Mahatma* vous la donne. Si quelqu'un n'a acquis aucun mérite spirituel dans ses vies passées, un *Mahatma*, par pure compassion, par pur amour, peut lui accorder sa Grâce comme à toute personne s'il le désire. Nous ignorons sous quelle forme cette Grâce se manifestera. »

Amma indiquait clairement leur erreur aux *brahmacharis* qui avaient fui ; pleins de remords, l'un d'entre eux dit : « Amma, nous n'avions pas assez de discernement pour rester assis lorsque tu as jeté le sable sur nous ; nous pensions simplement qu'Amma jouait à nous lancer du sable. Nous n'avons pas compris la profondeur intérieure de ton jeu. Amma, nous t'en prions, pardonne-nous notre erreur. » Tous se prosternèrent et demandèrent pardon à Amma.

Celle-ci les consola : « Non, mes enfants, non. Ce n'est pas votre faute ; c'est la faute d'Amma. Amma est parfois d'humeur à jouer et se comporte ainsi ; mais, mes enfants, Amma agit ainsi, c'est tout ; il n'y a là en réalité aucun ego qui soit impliqué. »

Elle marqua une pause, puis soudain, son chant éclata *Uyirai Oliyai*.

O Déesse Uma, où es-Tu ?
Toi, la vie, la lumière et la solidité de la terre,
O Toi qui es pleine de finesse,
Toi qui existes en tant que vent, mer et feu,
N'as-Tu pas de compassion pour moi ?

Toute la sagesse s'est enfuie au loin
Et le cycle des naissances se répète.
L'irréel est devenu réel et tous les défauts
S'accroissent en Ton absence,
Toi qui es la pure connaissance cachée.

Tu protèges cette misérable cité (le corps)
Empestant le sang, les os et la peau.
Nous nettoyons la surface de notre corps
Sans connaître son Seigneur.

Le singe du mental s'agite sans arrêt,
Tenant dans sa main le fruit de la vanité.
Ne réfléchissant pas sa vraie nature,
Il devient la nourriture du Dieu de la mort.

Le bruit des vagues de la mer accompagnait le chant d'Amma et elle entra bientôt de nouveau dans une extase divine ; elle riait et souriait, tandis que des larmes roulaient le long de ses joues. Levant les deux mains, Amma chantait. Amma dit elle-même que son esprit s'élève spontanément jusqu'au plan suprême de la conscience. En une fraction de seconde, elle peut éteindre l'écran sur lequel se déroule le monde de la pluralité, ce monde des noms et des formes, et voyager vers l'inconnu.

Comme un enfant peut se rendre à la cuisine et obtenir le message qu'attend l'étranger assis dans le salon, Amma peut monter et descendre à son gré ; elle a libre accès aux deux mondes. Spectateurs, nous voyons ses yeux s'ouvrir et se fermer, sa main exécuter un geste circulaire, nous l'entendons murmurer *Namah Shivaya* ou bien rire de béatitude, mais nous ignorons tout de l'incompréhensible Réalité suprême dans laquelle elle est constamment établie.

L'humeur exaltée d'Amma jeta un charme sur tous ses enfants ravis qui restaient immobiles, les yeux fixés sur elle. La nuit était enchanteresse et la Nature toute entière semblait répondre à la divine béatitude qu'éprouvait Amma. Au bout d'environ dix minutes de cette magique tranquillité, l'humeur d'Amma changea brusquement. Elle s'allongea sur le sable et, agitée, commença à rouler d'un côté sur l'autre. Tout d'un coup, elle dit : « Je veux des *katalas* grillés *(pois chiches)*. »

« O Narayana ! », s'exclama Gayatri. « Nous n'avons pas de *katalas*. Comment en trouver à cette heure ? » Elle semblait pressentir que cette requête ne serait pas vite oubliée. En effet, Amma continua à répéter comme un petit enfant : « Je veux des *katalas* grillés, je veux des *katalas* grillés. »

Aussitôt, Gayatri se leva d'un bond et courut tout d'abord à la chambre d'Amma, puis à la cuisine, puis de nouveau à la chambre d'Amma. Amma continuait à réclamer des *katalas*. Heureusement, Gayatri réussit à en trouver un peu dans son armoire, et elle les apporta à Amma. Amma s'assit, en lança quelques-uns dans sa bouche, puis se mit à distribuer le reste. Remarquant l'absence de deux *brahmacharis*, elle envoya quelqu'un les chercher. Mais le messager revint seul, disant qu'ils étaient tous deux en train de méditer.

Entendant cela, Amma se leva et se dirigea à grandes enjambées vers la hutte où vivait l'un de ces deux *brahmacharis*. Tout le monde la suivit. Elle entra dans la pièce, s'approcha du méditant sur la pointe des pieds, lui attrapa vivement la tête et lui fourra des *katalas* dans la bouche. Le *brahmachari* sauta sur ses pieds. Il était, vous le devinez, complètement médusé. Debout devant Amma, l'air toujours étonné, il mâchait une bouchée de pois chiches. Comme si c'était là justement ce qu'Amma avait souhaité, elle le regarda et se mit à rire.

Tiré de sa méditation par le rire sonore d'Amma, l'autre *brahmachari* qui méditait dans une hutte adjacente vint voir ce qui se passait. Amma avait eu l'intention de lui jouer le même tour. Lorsqu'elle vit sa seconde victime sur le pas de la porte, Elle dit d'un ton désappointé : « Oh ! Le voilà ! Cela aurait été drôle, mais maintenant l'occasion est perdue. Peut-être une autre fois ! » Ces paroles provoquèrent un nouvel éclat de rire général. Elle donna une poignée de *katalas* à ce *brahmachari* et après s'être assurée que chacun avait reçu sa part, confia le bol à un autre, avant de se diriger vers sa chambre, suivie de Kunjumol et de Gayatri.

Les anecdotes relatant le comportement joueur et étrange d'Amma ne sont pas rares, même si chacune d'elles est unique et précieuse. Si nous nous remémorons les actes d'Amma, nous voyons qu'elle commença par réclamer des *katalas*. Mais lorsqu'on lui en apporta, elle en mangea à peine, et les distribua à la ronde. Il s'agissait donc d'un jeu pour elle. Comme Amma elle-même l'explique, son comportement ludique et bizarre a souvent le but très pratique de l'aider à garder son mental fixé sur le plan de la conscience physique. Son mental peut très facilement s'élever et demeurer pour toujours dans un état d'union avec le Divin ; c'est pourquoi, par bienveillance envers ses enfants, elle s'efforce de rester à notre niveau de conscience. Pour ceux de ses enfants qui ont la chance d'être présents en de telles occasions, ces incidents sont de précieux cadeaux. Ils nous procurent des souvenirs inoubliables, que nous pouvons chérir et sur lesquels nous pouvons méditer pendant des années.

Grâce à ces incidents et aux souvenirs qu'ils nous laissent, Amma crée les conditions idéales pour cultiver chez ses enfants la graine de l'amour divin.

Aparigrahyam, incompréhensible, est le mot utilisé dans les Écritures pour décrire *brahman*, la Vérité suprême. *Brahman* est incompréhensible. Il ne peut pas être appréhendé par les facultés limitées du mental, de l'intellect ou des organes des sens. Ce qualificatif s'applique aussi à une personne qui a atteint l'État suprême. L'intellect humain ordinaire va s'efforcer de découvrir le sens des actes des êtres établis dans l'État suprême, mais cette quête est vaine car le royaume du Suprême transcende toute chose. Cessez de chercher un sens à leurs actes. Acceptez-les simplement tels qu'ils sont. Aucune tentative d'explication ou d'interprétation n'aboutira, car le sens ne peut être révélé par les mots. La quête de l'intellect ou de la raison doit cesser. C'est seulement dans le silence que l'on peut le connaître et en faire l'expérience. Une fois cette connaissance acquise, le connaissant « reste coi ».

Un *Mahatma* est comme un enfant. *Balavat* est le terme utilisé dans les Écritures pour décrire cette nature enfantine. Il n'a ni regrets concernant le passé ni angoisse au sujet du futur. Il vit constamment dans le présent, parfaitement libre de toute attache. Aux yeux d'un être humain ordinaire, dont la vision est entachée par toutes sortes d'idées préconçues et de préjugés, un *Mahatma* peut apparaître déraisonnable ou fou. Les Écritures appellent cet aspect *bhrantavat*. En fait, il ne peut être saisi par l'intellect humain. Pour obtenir un aperçu de la nature réelle du *Mahatma*, il faut cesser de raisonner. Tant que nous n'avons pas renoncé à raisonner, le *Mahatma* reste inexplicable, incompréhensible et indescriptible.

CHAPITRE 8

Un enseignement profond illustré
par la cuisine quotidienne

1er mai 1984

Ce matin-là, Amma descendit avant huit heures et se dirigea vers l'est, quittant l'ashram, suivie de Gayatri et de Kunjumol. Passant devant quelques *brahmacharis* assis devant le hall de méditation, Amma leur jeta un regard et interrogea : « De quoi parlez-vous ? Est-ce utile ? » Sans attendre de réponse, elle poursuivit son chemin et passa devant « la hutte d'Ounni » qui s'élevait à quelques mètres de l'ashram. (Cette hutte appartenait à la famille d'un pêcheur, famille qui faisait partie des dévots d'Amma. Elle se trouvait à l'est du temple ; à cet endroit se dresse maintenant le bâtiment du nouveau temple, qui comporte sept étages et dont la construction fut commencée en 1986.)

Se demandant où elle pouvait bien se rendre à cette heure matinale, deux des *brahmacharis* décidèrent de lui emboîter le pas. Mais ils gardèrent quelque distance, sachant par expérience qu'Amma n'aimait pas toujours qu'ils l'accompagnent lorsqu'elle sortait. Amma avait ses raisons. Il lui arrivait parfois en partant de leur enjoindre clairement de ne pas la suivre et elle leur en révélait souvent le motif. D'autres fois, elle s'en allait simplement sans rien dire. En une occasion comme celle-ci, lorsque rien n'était dit, les *brahmacharis* comprenaient qu'ils pouvaient venir s'ils le souhaitaient et ils étaient toujours quelques-uns à en profiter. Comme ils n'étaient jamais sûrs d'un moment à l'autre de ce qu'Amma allait dire ou faire, ignorant s'ils pouvaient l'accompagner ou si elle allait se retourner et leur dire de rentrer, les jeunes gens suivaient à quelque distance, espérant qu'elle ne les renverrait pas.

Lorsqu'Amma atteignit la berge de la lagune, elle se dirigea vers le sud, toujours accompagnée par les deux filles. S'arrêtant au bord de l'eau, elle se retourna, regarda les *brahmacharis* et leur cria : « Hé ! petits voleurs, pas de problème ! Venez ! »

Ayant ainsi reçu le feu vert, les deux garçons accoururent pour la rejoindre. Ils cheminaient ensemble et, en cours de route, Amma montra du doigt un robinet distribuant l'eau au public et se rappela : « À cet endroit se trouvait l'éolienne. Amma attendait ici pendant des heures pour y chercher l'eau nécessaire à la maisonnée ; mais jamais elle ne perdait son temps. Si la queue pour l'eau était longue, Amma partait couper de l'herbe pour les vaches. Qu'elle fît la queue ou qu'elle coupât de l'herbe pour les vaches, jamais elle ne cessait de penser à Dieu et de répéter Son Nom. » Après une courte pause, elle reprit : « Les villageois étaient très gentils envers Amma. Ils saisissaient toute occasion de l'aider ; ils savaient qu'Amma travaillait jour et nuit, accomplissant tous les travaux domestiques. Les difficultés auxquelles elle se heurtait et sa dévotion envers Dieu étaient également connues de tout le village. Si Amma laissait sa jarre vide auprès du robinet, il y avait donc toujours quelqu'un pour la remplir et la lui mettre de côté. »

À cet instant, ils atteignirent la maison de Pushpavati amma, une ardente dévote d'Amma. En fait, lorsqu'Amma entra dans la maison, elle se tenait devant sa photo. La minuscule hutte comprenant une chambre et une cuisine était remplie d'objets ménagers. La moitié de l'espace dans la petite chambre était occupé par un grand coffre en bois, de ceux qu'on utilise dans les maisons traditionnelles du Kérala pour entreposer le riz ; en voyant cette petite hutte, on se demandait où les membres de la famille pouvaient bien dormir.

Entendant quelqu'un pénétrer dans la maison, la femme, d'âge moyen, debout devant l'autel, s'éveilla de sa prière intérieure. Lorsqu'elle vit devant elle Amma, arborant un large sourire, l'émotion refoulée jaillit ; les larmes roulant sur son visage, elle se jeta aux pieds d'Amma. Tous ses enfants sortirent de la cuisine et se prosternèrent. Amma releva Pushpavati amma du sol où elle était toujours prosternée et versait d'abondantes larmes à ses pieds. Elle se mit sur les genoux, mais continua à pleurer, tout en serrant la taille d'Amma. Avec une compassion extrême, Amma la caressa et lui donna un baiser sur la joue ; puis elle étreignit et embrassa chacune des filles, qui pleuraient elles aussi. Sanglotant comme une enfant, Pushpavati amma dit à travers ses larmes : « Cela fait si longtemps que tu n'es pas venue dans notre maison ; lorsque je me suis réveillée ce matin, j'étais si triste. J'ai même dit à mes enfants que tu nous avais sans doute oubliés. Lorsque tu es entrée, je priais : « O Amma, si seulement tu venais, alors je serais heureuse. »

J'ai prié et prié, et maintenant tu es venue ! » Elle fut de nouveau submergée par l'émotion. Amma se tourna vers les *brahmacharis* et expliqua : « Autrefois Amma avait l'habitude de venir ici souvent, mais c'était avant qu'il y ait tant de gens à l'ashram ; maintenant le *prarabdha* d'Amma s'est accru lui aussi. » (*Prarabdha* : signifie normalement « les actions passées qui portent leurs fruits dans le présent » mais ici le terme est utilisé dans le sens de « responsabilités ou charges ».)

Se tournant de nouveau vers la femme, Amma lui dit : « Tout comme tu as des responsabilités à assumer, Amma aussi a la charge de beaucoup d'enfants qui ont renoncé à tout et lui ont abandonné leur vie. Que faire ? Il y a des années, avant que ces enfants ne viennent, Amma avait plus de temps à vous consacrer. Mais maintenant son temps se trouve peu à peu partagé entre tant d'occupations ! Néanmoins, Amma est venue quand tu en as eu

153

le désir ardent, n'est-ce pas ? En fait, Amma voulait rester dans sa chambre aujourd'hui, mais elle a soudain éprouvé le désir de venir ici. Sans même dire un mot à Gayatri, Amma s'est mise à descendre les marches ; c'est peut-être votre désir innocent qui a amené Amma ici. »

Amma poursuivit : « Tu dis que tu voulais qu'Amma te rende visite, mais tu ne lui en a jamais parlé. Tu viens toujours au *Bhava Darshan*, mais tu n'as jamais rien dit à Amma. » Comme Amma s'était assise sur le sol, une des filles apporta une natte et la pria de s'y asseoir. Amma refusa tendrement : « Non, ma fille, c'est très bien ainsi. » Puis elle reprit : « Comment suis-je censée connaître ton désir, si tu ne m'en parles pas ? »

La femme sourit et dit d'une manière innocente : « *O Kalli Amme* (O Amma, petite Voleuse !) Pourquoi nous joues-tu des tours ? Tu sais tout ; c'est pourquoi tu es venue sans même que je te le demande verbalement. Je voulais toujours t'en parler, mais chaque fois que je t'approchais, j'étais incapable de dire un mot. Quoi qu'il en soit, tu as entendu mes prières, tu as vu mon angoisse et ma souffrance, n'est-ce pas ? Je sais que tu es omnisciente et j'avais foi que tu entendrais mes prières. »

Amma rit et se réjouit de la remarque innocente de Puspavati amma. Elle se retourna et dit aux *brahmacharis* : « Regardez son innocence ! Apprenez à être aussi innocents ». À ces mots, les *brahmacharis* pensèrent qu'ils savaient maintenant pourquoi Amma leur avait permis de l'accompagner : il leur sembla qu'elle désirait qu'ils fussent témoins de cet incident et qu'ils reçoivent une importante leçon. Elle donna encore aux *brahmacharis* le conseil suivant : « Ne laissez pas votre innocence se noyer dans les lettres des Écritures. »

Une des filles apporta des *puttu* et des *katalas* pour Amma et son groupe. *(Puttu :* mélange de farine de riz et de noix de coco râpée, cuit à la vapeur dans un cylindre de bois ou de fer, servi avec des haricots garbanzo ; ce plat constitue alors en général le petit déjeuner.) Elle servit du thé à Amma et du *palum vellam* (lait chaud coupé d'eau) aux autres ; Amma but le thé et mangea un peu, tout en disant aux *brahmacharis* de boire leur lait. Amma nourrit de ses mains chacun des membres de la famille, puis ceux qui l'avaient accompagnée reçurent un peu de nourriture. Elle dit : « Il est trop tôt pour qu'ils prennent un petit déjeuner aussi consistant ; *mol* (fille), prépare un paquet pour eux, ils le mange-ront après leur méditation. »

Amma alla ensuite dans la cuisine et regarda autour d'elle ; elle s'assit près du feu sur lequel, au-dessus d'un récipient rempli d'eau, cuisait le *puttu*, à l'intérieur d'un cylindre de métal.

Amma retira le cylindre de la cruche et l'examina, pour voir si le *puttu* était à point. Voyant qu'il n'était pas cuit, elle remit le cylindre au-dessus de la cruche, et, sans perdre une occasion de distiller un peu de sagesse, Amma fit ce parallèle : « La cruche est le corps et l'eau dans la cruche est le mental. Le feu est *tapas* (l'ascèse). Le feu fait bouillir l'eau et produit de la vapeur ; la vapeur transforme le mélange cru de farine de riz et de noix de coco en une nourriture délicieuse, *puttu*. Les gens, en consommant cette bonne nourriture, peuvent apaiser leur faim. Nous sommes de même crus, pas encore cuits ; nous sommes un ramassis d'objets inutiles appelés corps, mental et intellect, que nous arborons cependant partout avec grande fierté ; nous sommes remplis d'égoïsme et d'égocentrisme. Pour devenir utiles, ces facultés grossières et vaines doivent être cuites dans le feu de *tapas*. Il faut pour cela que l'eau du mental, l'ego et les pensées, s'évapore dans la chaleur intense de *tapas* ; *tapas* rend l'esprit toujours plus subtil, plus pur et plus vaste, vous transformant ainsi en un être bon et utile à l'humanité ; lorsque vous êtes capables d'aimer et de servir l'humanité, vous devenez de la nourriture pour le monde. »

Le *puttu* cuit, Amma l'ôta du cylindre ; tout en remplissant le cylindre vide de farine et de noix de coco, elle poursuivit : « Voyez, nous sommes ainsi, crus comme cette farine : sans cuisson, personne ne peut la manger, car elle donnerait des maux de ventre ; elle est non seulement inutile, mais nuisible. C'est notre état présent. » Elle s'arrêta et montra le cylindre en disant : « Il nous faut entrer dans ce cylindre sombre, qui ressemble à une prison, *tapas*, afin de devenir utiles aux autres. La période des pratiques spirituelles peut sembler truffée de règles strictes et de contraintes ; c'est une période de contrôle. Nous pouvons éprouver la sensation que *tapas* et le renoncement nous emprisonnent, qu'ils nous privent de toute liberté. Mais sachez que ce sentiment d'emprisonnement est temporaire et qu'il vous mènera bientôt à la liberté éternelle. Comme le *puttu*, une fois que nous sommes cuits dans le feu de *tapas*, nous devenons de la nourriture pour le monde. Un véritable *tapasvi* (ascète engagé dans des pratiques spirituelles intenses) vit pour le monde. Il ne demeure dans son corps que pour le monde ; il se sacrifie pour le bien du monde ; il devient la nourriture intérieure de ceux qui l'approchent, cherchant à étancher la soif et la faim de leur âme. Il est la nourriture de ceux qui ont soif de vérité. Sri Krishna devint nourriture pour le monde. Jésus et Bouddha, eux-aussi, servirent volontairement de nourriture au monde. Mais pour devenir cette nourriture, il faut se cuire dans le feu de *tapas*. Les *gopis* (vachères) de Vrindavan se consumèrent dans le feu de leur amour pour Krishna ; on peut penser qu'elles n'ont pratiqué aucune ascèse, comme rester assises de longues heures absorbées en méditation, jeûner ou malmener le corps. Mais par leur ardent amour pour le « Voleur de beurre », qui avait aussi dérobé leur cœur, elles accomplissaient également *tapas*. C'est ce que symbolise le vol du beurre : Krishna dérobait leur cœur. La souffrance intolérable de la séparation d'avec le bien-aimé est un feu ardent. Dans ce feu, l'ego fond, et il en résulte l'union. Dans cet état d'union, la chaleur s'évanouit et la paix et la béatitude seules demeurent.»

Amma reposa le cylindre de *puttu* dans la cruche, sur le feu, et se leva. Tous se détendirent ; ses paroles les avaient en effet fascinés. Un simple travail domestique consistant à préparer le petit déjeuner avait fourni le sujet d'un discours spirituel d'une profondeur extrême. Qui aurait pu ainsi extraire des principes spirituels d'une telle ampleur en partant d'une opération culinaire quotidienne ?

Pushpavati amma remarqua : «Il n'existe rien qui ne soit connu d'Amma.»

Bien qu'elle eût l'apparence d'une villageoise ordinaire, Pushpavati amma connaissait les principes de la spiritualité. Son mari, lui aussi un dévot d'Amma, était respecté et aimé de tous les villageois pour son talent exceptionnel de lecteur du *Bhagavata*. (*Lecteur :* En Inde la tradition du poète-chanteur (aède) qui lit ou déclame les aventures des anciens dieux et héros s'est perpétuée jusqu'à aujourd'hui ; dans la tradition grecque, Homère chantait ainsi les aventures d'Ulysse. Le *Srimad Bhagavatam* est le récit des dix incarnations de Vishnou.)

Le *Lalita Sahasranama* glorifie la Mère divine en tant que *tatvartha svarupini*, c'est à dire l'«Incarnation de tous les principes spirituels et de leur signification». De tels épisodes nous insufflent le sentiment qu'Amma est la personnification de tous les *mantras,* des vérités et de la sagesse contenues dans les Védas.

Avant de quitter la maison, Amma accomplit une brève *puja* devant l'autel de la famille. En rentrant à l'ashram, Amma en dit plus long au sujet de cette famille : «Pushpavati amma est une femme pieuse. À l'époque où Amma était maltraitée par son frère aîné, elle avait l'habitude d'emmener Amma dans sa maison ; assise dans la cour, Amma pleurait et priait la Mère divine. Elle s'absorbait parfois dans une méditation si profonde qu'elle n'en sortait pas pendant des heures et des heures. Pushpavati amma révéla ensuite qu'elle était parfois très inquiète et effrayée, pensant que *Dévi* allait enlever le corps d'Ammachi. Elle pleurait et implorait la Mère divine de ne pas emmener Amma. Elle est très innocente. La plupart de ces villageois ont une foi innocente, mais ils n'ont aucune compréhension des principes spirituels. Ils croient que Dieu est différent de l'être humain et que l'être humain ne peut devenir Dieu. Si, en plus de leur foi innocente, ils avaient quelque notion des principes spirituels, il leur serait très facile de progresser. »

De retour à l'ashram, Amma enjoignit immédiatement aux deux *brahmacharis* d'aller méditer car l'heure de la méditation avait sonné depuis longtemps. Par une fenêtre, elle jeta un coup d'œil dans le hall, et, y voyant ses enfants rassemblés, monta dans sa chambre.

Le mariage et la vie spirituelle

Vers dix heures, un nombre assez important de dévots était déjà arrivé. Quelques-uns attendaient Amma dans la hutte réservée au *darshan*, d'autres sous le porche du temple. Il s'écoula moins d'une heure avant qu'Amma ne vienne dans la hutte, tandis que les dévots chantaient *Amritanandamayi*.

> *Mère Amritanandamayi, Immortelle Déesse,*
> *Sans cesse je Te salue.*
> *Comme le soleil se lève à l'aube,*
> *Éveille-Toi dans mon être profond,*
> *O Mère Amritanandamayi.*
>
> *O Mère, je ne sais comment chanter*
> *Tes louanges immaculées ;*
> *O, Très Pure, Tes saintes paroles,*
> *Pareilles aux frais nuages de la vie,*
> *Sont du nectar pour Tes enfants.*

O Mère détachée de tout, Toi qui confères
La destinée, Enchanteresse Universelle,
Continue Ta danse. O Ambroisie Divine,
Par le rayonnement de Ton cher sourire,
Mon cœur déborde d'un doux nectar.

Les dévots se levèrent tous à l'entrée d'Amma, exprimant ainsi leur amour et leur respect pour elle. Avec une humilité totale, Amma, comme à l'accoutumée, se prosterna et tous se prosternèrent, suivant son exemple. Les chants continuèrent, pendant qu'elle s'asseyait sur le divan de bois qu'elle n'allait plus quitter de tout le *darshan*. Avant de recevoir les dévots, Amma appela les petits enfants, qui vinrent à elle un par un. Certains des plus jeunes éprouvaient une telle innocente attirance envers Amma, qu'ils refusaient de quitter son giron; elle les faisait donc asseoir à coté d'elle sur le divan. Mais souvent, ils ne voulaient pas non plus quitter le divan et leur père ou leur mère devait venir les chercher.

Chacun des enfants ayant eu son tour, les dévots s'avancèrent pour le *darshan*. Un dévot demanda comment un père ou une mère de famille devait vivre dans le monde tout en se consacrant à la vie spirituelle. Amma lui fit la réponse suivante : « Un dévot marié qui souhaite, une fois ses responsabilités dans le monde remplies, se consacrer à la vie spirituelle, devrait pratiquer le renoncement dès le début, car cela ne lui viendra pas aisément. Le renoncement requiert une pratique constante et de longue haleine. Le père de famille n'a peut-être pas la possibilité de tout abandonner extérieurement, il lui faut donc essayer de se détacher intérieurement. Son esprit ne devrait pas s'impliquer trop fortement dans les affaires du monde. Pour conserver cet esprit de détachement intérieur, *lakshya bodha* est très important. Quoi qu'il arrive, à la maison ou à l'extérieur, il lui faut toujours méditer et prier ainsi : « Mon but est bien au-delà de ces problèmes stupides et triviaux. Seigneur, je T'en prie, ne me laisse pas m'impliquer dans ces conflits et ces discussions. Donne-moi la force et le courage de rester détaché au milieu de ces problèmes et de penser à Toi. Puissé-je les affronter en considérant cela comme mon devoir, mais sans être affecté par leurs vibrations. »

Un bon père, une bonne mère de famille devrait intérieurement être un *sannyasi*. Cela ne signifie pas qu'un homme doive esquiver ses obligations ; non ; il lui faut remplir ses devoirs de son mieux. Il n'est pas bon de fuir la vie, c'est de la lâcheté. Celui qui cherche à échapper à la vie n'est pas apte à être un chercheur spirituel. C'est pourquoi Krishna ne laissa pas Arjouna quitter le champ de bataille. La vie est un combat ; il ne s'agit pas de l'éviter. De plus, vous ne pouvez l'éviter. Comment pourriez-vous y parvenir ? Vous pouvez vous enfuir dans les Himalayas, dans une forêt ou dans un ashram pour échapper à la vie, mais la vie vous suivra. Pas plus que vous ne pouvez esquiver la mort, vous ne pouvez esquiver la vie. Où que vous alliez, la mort vous suit ; où que vous alliez, la vie elle aussi vous suit. Vous ne pouvez échapper ni à l'une ni à l'autre, vous ne pouvez que les transcender. Une personne intelligente n'essaye donc pas de se dérober à la vie, mais de vivre judicieusement, en accordant à ses affaires l'attention requise. La façon intelligente de vivre est de se fonder sur les valeurs spirituelles. Mes enfants, n'essayez pas d'esquiver vos obligations. Si vous êtes père ou mère de famille, accomplissez votre devoir le mieux possible, mais en vous efforçant de rester détaché, afin de vous préparer à un renoncement total. Que vous soyez un chercheur spirituel ou un *sannyasi*, vous vivez toujours dans le monde, n'est-ce pas ? Vous avez donc certaines obligations envers la société. Bien sûr, rien ne lie un véritable *sannyasi*. Mais la plupart des gens n'étant pas des *sannyasis*, ils doivent jouer leur rôle dans le monde correctement. Accomplissez quelques bonnes actions bénéfiques pour la société, mais essayez de rester détachés. Alliant vie spirituelle et vie de famille, préparez-vous au lâcher-prise final. »

«Amma, comment cela est-il possible ? » demanda le même dévot.

Amma reprit : « Que l'on soit un *grihasthasrami* ou un *sannyasi*, le renoncement est la seule voie. Intérieurement, un père de famille devrait être un *sannyasi* ; extérieurement, il devrait être actif et remplir ses devoirs avec zèle et efficacité. Il se peut qu'il ait besoin d'acquérir et de posséder, mais en même temps, à chaque instant, il doit être prêt à tout quitter. Un *sannyasi* vivant dans le monde devrait également être ainsi. Il lui faut faire preuve de dynamisme, mais demeurer intérieurement détaché, non affecté. Là est le secret.

Un *sannyasi* est celui qui a voué sa vie entière, intérieure et extérieure, aux autres, au bien du monde. Tandis qu'un véritable *grihasthasrami* est celui qui extérieurement mène une vie de famille, mais intérieurement la vie d'un *sannyasin*. Pour montrer l'exemple, un *sannyasi* devrait lui aussi agir tout en vivant dans le monde ; il ne devrait pas rester inactif en disant : « J'ai atteint l'état sans action, je n'ai donc aucun travail à accomplir. » Cela donnera un mauvais exemple, que d'autres suivront. Même après avoir atteint l'état de perfection, un véritable *sannyasi*, vivant dans le monde de la pluralité se montrera extérieurement dynamique, actif et créatif. Mais à l'intérieur, il ne sera que silence.

Un *sannyasi* voyageait un jour en train. De nombreux autres voyageurs se trouvaient dans le même compartiment, tous munis de plusieurs bagages. Remarquant que le *sannyasi* avait à côté de lui un sac en tissu bourré d'affaires, l'un des passagers remarqua : « Nous vivons dans le monde et avons de nombreuses possessions. Mais, toi aussi, tu transportes un sac bien rempli. Y a-t-il aucune différence entre toi et moi, si l'on excepte la couleur de ton vêtement ? » Le *sannyasi* sourit et garda le silence. Quelques minutes plus tard, le train passa sur un pont qui enjambait une rivière. Soudain, avec un sourire radieux, le *sannyasi* prit le sac en tissu et les quelques autres objets qu'il transportait avec lui et jeta tout cela par la fenêtre, dans la rivière située en contrebas. Avec le même sourire, il se tourna vers le passager et lui demanda : « Mon cher frère, peux-tu en faire autant ? » Celui-ci s'exclama : « Comment, que dis-tu ? Tous les objets de prix que nous possédons se trouvent dans nos sacs ; comment pourrions-nous les jeter dans la rivière ? »

Le *sannyasi* sourit et répliqua : « J'avais moi aussi tous les objets dits de valeur dans ce sac, mais j'ai pu y renoncer sans aucune sensation de souffrance ou d'attachement ; vous êtes liés à vos possessions par un attachement qui vous empêche d'en faire autant ; voilà la différence entre nous. »

Comprenant son impertinence, le voyageur baissa la tête et resta coi.

Mes enfants, voilà ce qu'est un véritable *sannyasi* ; il est totalement détaché. Même les objets qu'il possède en apparence ne peuvent l'enchaîner ; il est libre, éternellement libre et sans tache. Un tel être peut facilement renoncer à tout.

Un père ou une mère de famille ne pourra peut-être pas renoncer avec la même facilité, mais il devrait s'efforcer de calmer son esprit. L'esprit d'un père de famille tend à être agité par les problèmes qui, de tous côtés, viennent troubler sa paix. Il est sans cesse inquiété par des problèmes personnels, les jérémiades de sa femme, les besoins de ses enfants, les exigences sociales ; etc. Il ne peut rester tranquille ; intérieurement et extérieurement, il s'agite, court de-ci, de-là, parle et discute, calcule et résout, dispute et se bat pour enfin s'effondrer à d'innombrables reprises. Amma sait à quel point il est difficile de surmonter tous ces problèmes qui font un bruit assourdissant dans notre tête comme dans notre esprit. Mais il est possible d'apprendre à établir le silence intérieur. La plupart de nos Maîtres des temps védiques étaient chargés de famille. Ils y sont parvenus ; eux aussi étaient des êtres humains. S'ils en furent capables, nous le sommes aussi ; s'ils en eurent la force, nous la possédons aussi. Pour vous donner un exemple de ce que devrait être un authentique père de famille, Amma va vous raconter une histoire. »

Amma raconta alors l'histoire de la mangouste dorée, un conte tiré du Mahabharata :

« L'aîné des Pandavas, Youdhisthira, roi de la ville d'Hastinapoura, accomplit un jour un grand *yagna* (rituel védique suivi de distribution de richesses aux *brahmanes,* aux pauvres et aux nécessiteux.)

Ce *yagna* fut loué par tous les témoins, car le roi distribua de riches cadeaux aux paralytiques, aux aveugles et aux pauvres, aussi bien qu'aux prêtres et aux érudits ; la nourriture fut servie et distribuée en abondance.

Tandis que se déroulaient les cérémonies et la distribution de présents, au milieu des acclamations qui s'élevaient à la gloire du grand roi Youdhisthira, apparut une mangouste qui se roula sur le sol à l'endroit même où le rituel était célébré. Cette mangouste était étrange ; la moitié de son corps était en effet d'une couleur dorée. Elle se roula sur le sol un certain temps, puis s'arrêta. Regardant l'assemblée des savants, la mangouste dit : « Ce sacrifice, O, hommes de science, n'égale pas celui de la famille du brahmane. » Les érudits s'insurgèrent : « Comment oses-tu déprécier ce grand sacrifice, exécuté en suivant à la lettre les instructions des Écritures ! Nous sommes versés dans les Écritures et nous sommes certains que ces rituels sont exécutés en suivant scrupuleusement leurs injonctions. Mais comme tu sembles avoir trouvé quelque défaut, nous aimerions savoir quelle sagesse tu peux nous enseigner. Raconte-nous, nous t'en prions, le sacrifice supérieur dont tu sembles avoir été le témoin. »

La mangouste narra alors l'histoire suivante: «À Korouks-
hetra vivait jadis une famille brahmane; cette famille comportait quatre membres: le père, la mère, le fils et la belle-fille. Ils
menaient une vie simple et austère. Même en période d'abondance, le brahmane ne mangeait qu'un repas par jour, composé
de quelques grains de blé. Mais il advint qu'une grande famine
frappa le pays. Aucune récolte ne poussait et même les racines se
desséchaient. À la fin, la famille ne trouva plus rien à manger et
toute la maisonnée souffrit de la faim pendant plusieurs jours.
Puis un matin, le brahmane trouva un peu d'orge. Sa femme et sa
belle-fille la broyèrent et la divisèrent en quatre portions égales. Ils
s'apprêtaient à manger, quand un visiteur arriva soudain. Même
en cette période difficile, le brahmane l'accueillit avec amour et
humilité. Il lui offrit de l'eau pour qu'il puisse se laver les pieds et
lui apporta un siège. Après avoir invité son hôte à se restaurer, le
brahmane alla à la cuisine et revint avec sa portion d'orge. Tout
en offrant ce mets simple à l'étranger, il dit: «Pardonnez-moi, c'est
tout ce que je puis vous offrir.» Le convive avala la nourriture et
en réclama davantage. Le brahmane était très ennuyé, pensant
qu'il allait devoir renvoyer son hôte sans l'avoir rassasié, ce qui était
inconcevable. Mais sa femme, joyeusement, offrit sa portion de
nourriture. L'invité la mangea, mais il en voulait encore plus. Le
brahmane n'éprouva envers son visiteur ni colère ni impatience,
mais de nouveau s'inquiéta, ne voulant pas le laisser partir affamé.
Son fils arriva alors et offrit sa part d'orge. Cette fois encore, après
avoir mangé, l'hôte regarda le brahmane d'un air insatisfait et
affamé. La belle-fille à son tour le persuada de donner sa part.
Le brahmane l'offrit gracieusement à leur hôte en disant: «Voilà,
prenez-en encore un peu s'il vous plaît!»

Mais cette fois la réaction de l'invité fut différente. «Non, il
suffit,» dit-il, «vous avez passé le test, je suis très content de vous.
Vous étiez prêts à tout sacrifier, y compris vos vies, pour accomplir

votre *dharma* (action juste). La faim ôte aux gens leur faculté de penser et d'agir selon la justice ; mais votre renoncement et votre fermeté ont impressionné même les *devas* (demi-dieux). Celui qui surmonte la faim a gagné une demeure aux cieux ; accompagnez-moi tous maintenant jusqu'au royaume des immortels. »

Le visiteur révéla alors sa véritable forme à la famille du brahmane. Un *deva* se tenait devant eux, rayonnant, et dans un chariot doré, il emmena le brahmane et sa famille aux cieux. Je fus témoin de tous ces événements. J'allai à l'endroit où le brahmane s'était tenu pendant qu'il servait son hôte ; quelques grains de farine d'orge étaient éparpillés sur le sol et je me roulai dedans. À mon grand étonnement, la moitié de mon corps prit une teinte dorée ! Depuis lors je me rend partout où un rituel est accompli pour voir si, en me roulant sur le sol, l'autre partie de mon corps elle aussi deviendra dorée. Mais toutes mes tentatives ont été vaines ; aucun sacrifice n'a égalé celui du brahmane ; ce fut en vérité un grand sacrifice ! »

Après avoir raconté l'histoire, Amma montra comment sa signification pouvait s'appliquer à la vie spirituelle. « Mes enfants, un *grihasthashrami* devrait être comme cette famille. Il y a un trait commun entre l'histoire du *sannyasi* qui jette son sac et celle de la famille du brahmane : c'est le renoncement. Ce pouvoir est latent en chacun de nous ; ce n'est peut-être qu'une graine, mais elle existe en chacun. Si vous conservez la graine dans votre poche, elle ne germera pas. La semence ne se développera pas d'elle-même. Il faut la semer, l'entourer d'une clôture pour la protéger des animaux errants, veiller à l'abriter d'un excès de soleil ou de pluie, mettre de l'engrais, ôter les mauvaises herbes, l'arroser de façon appropriée et en prendre bien soin. Elle grandira alors pour devenir un arbre, un arbre immense procurant de l'ombre et des fruits ; elle donnera des fleurs et des fruits en abondance. Cette sorte d'effort est nécessaire pour atteindre le but. Les saints et les sages ont pratiqué *tapas* et sont ainsi parvenus au but ; efforçons-nous de suivre leurs traces, en faisant preuve de fermeté.

Sri Krishna était chargé de famille ; il avait de nombreuses responsabilités, mais Il était l'incarnation du détachement. Sri Rama était chef de famille et de plus roi ; Il était l'incarnation du *dharma*. Le roi Janaka (père de Sita, la sainte épouse de Sri Rama) était roi et père de famille ; lui aussi était un *jivanmukta* (libéré vivant). Tous trouvèrent le temps de pratiquer *tapas* (l'ascèse) et de mener une vie spirituelle au milieu de leurs devoirs officiels et d'autres problèmes. Si nous prétendons que nos difficultés et nos responsabilités familiales ne nous laissent pas de temps, ce n'est qu'une échappatoire. Cela signifie que nous n'avons pas le désir de suivre la voie de la spiritualité ; nous sommes paresseux et voulons éviter de travailler. Nous sommes tellement plongés dans *maya*, pris dans son filet, que nous ne réalisons même pas qu'il existe une réalité supérieure au corps et au monde extérieur qui nous entoure. Nous n'avons pas d'yeux pour la voir, pas d'oreilles pour l'entendre, pas de cœur pour la ressentir. Si nous voulons être plus honnêtes et plus sincères envers nous-mêmes, il vaudrait mieux que nous ayons le courage d'admettre « la spiritualité ne m'intéresse pas, » plutôt que de déformer la vérité en disant : « Je n'ai pas le temps. » Si notre désir d'agir est réel, le temps et les circonstances favorables se présenteront ; le temps disponible et les circonstances s'accordent à notre désir. »

Une autre question fut posée, concernant la manière d'allier la spiritualité et la vie dans le monde : « Amma, suppose que quelqu'un soit à la fois un homme d'affaires et un être spirituel. Son *Guru* est en ville, mais ses affaires traversent une crise et il ne peut quitter son travail. Que faire, face à une telle situation, lorsqu'il lui faut choisir entre son *Guru* et ses affaires ? »

« Fils, » répondit Amma, « tu as dit que l'homme d'affaires est spirituel. A-t-il tout abandonné à son *Guru* ? Voilà la question qu'il faut poser. Certains hommes d'affaires souhaitent tout quitter et se consacrer à la vie spirituelle ; le Maître peut cependant leur demander de continuer leur travail en le considérant comme une *sadhana* ; dans un tel cas, l'homme devrait rester assis à son bureau, travailler et ne pas partir en cas de crise ; si le *Guru* lui a demandé de poursuivre ses activités, il ne s'agit plus d'un travail personnel, mais du service du *Guru* ; si donc il choisit de partir en période de crise pour aller voir le Maître, il commet une erreur. Ses affaires sont le service du *Guru* ; il doit donc rester et régler les problèmes, car cela fait partie de sa *sadhana*. C'est ce que le *Guru* attend de lui. Tout en travaillant, une telle personne pense sans cesse à son *Guru*. Son esprit devrait être constamment fixé sur lui.

Quoi qu'il en soit, lorsque notre concentration et notre amour pour le Maître sont si forts qu'ils nous absorbent totalement, tout travail extérieur s'avère impossible. Le travail extérieur tombe de lui-même, comme un fruit mûr tombe de l'arbre. Tout dépend de l'abandon de soi dont la personne est capable. Même si des problèmes requièrent leur présence, certains délaissent leur travail pour aller voir le Maître. Leur foi les protégera ; mais rappelez-vous : cette foi doit être pure et sans tache, sans l'ombre d'un doute ; le doute gâterait l'intensité de la foi et interférerait avec elle ; il ferait obstacle au flot de la Grâce du *Guru*. Si vous avez la foi, vous pouvez tout remettre entre les mains du Maître, quelle que soit la situation. Vous pouvez aller le voir ou aller voir n'importe qui n'importe où, car la main du *Guru* sera toujours là pour vous protéger. Cette foi naît lorsque vous ne nourrissez plus aucun doute au sujet de la nature omnisciente, omnipotente et omniprésente du *Guru*. Combien de gens possèdent une foi aussi inébranlable ? Parfois une certaine foi naît chez des êtres ordinaires, des gens qui n'ont pas abandonné tous leurs attachements. Mais elle ne dure pas, car elle surgit dans une situation bien précise et disparaît au bout de quelque temps. Ils ne peuvent conserver cette foi ; tant qu'elle dure, elle les pousse cependant à agir sans crainte, ce qui leur sera bénéfique.

Puis il y a ceux qui donnent leurs raisons personnelles pour aller ou non voir le *Guru* ; ils se situent entre les deux catégories déjà mentionnées ; leur foi n'est pas totale et ils ne se sont pas entièrement abandonnés au *Guru*. Ces gens restent à leur travail parce qu'ils y sont excessivement attachés ; mais ils invoquent pour cela un autre motif, plus noble. Ils éprouvent certes du respect pour le Maître, mais leur foi en lui n'est pas très forte ; elle est divisée. Ils restent à leur poste parce qu'ils y sont attachés et que leur aspiration spirituelle n'est pas très intense.

Certains abandonnent leur travail parce qu'ils sont incapables d'affronter les problèmes qui surgissent. Ils n'ont ni la force ni le courage de faire face aux difficultés. Sous prétexte de vouloir être en présence du *Guru*, ils fuient leur travail, mais ne partent pas réellement pour être auprès du Maître. S'ils vont le voir, c'est uniquement pour échapper à leurs problèmes. Ils n'obtiennent rien. Même assis en sa présence ils pensent à autre chose. De tels êtres ont une volonté faible et sont instables ; ils ne mènent ni une vie saine dans le monde ni une bonne vie spirituelle.

Certaines personnes sont attachées à la forme physique du *Guru*, ce qui est excellent, surtout au début. L'attachement envers le *Guru* aide les racines de la spiritualité à pénétrer plus profondément. En entendant dire que le Maître est en ville, il se peut que de telles personnes perdent leur faculté de discerner, soient surexcitées et dans cet état d'esprit agissent sans le discernement requis ou négligent leurs responsabilités. Si elles ne peuvent s'empêcher d'aller voir le *Guru*, elles devraient confier leur travail et leur responsabilité à une personne capable et fiable qui peut les assumer. De telles personnes devraient posséder au moins le jugement nécessaire pour se choisir un substitut. »

Le *darshan* reprit ; les *brahmacharis* chantèrent *Arikil Unden-kilum.*

O Mère, bien que Tu sois proche,
J'erre toujours incapable de Te connaître ;
Bien que j'aie des yeux, je Te cherche,
Incapable de Te voir.

Es-Tu la lune merveilleuse qui s'épanouit
Dans le ciel bleu de l'hiver ? Je suis une vague
Qui, incapable d'atteindre le ciel,
Se brise sur le rivage.

Lorsque j'ai compris la vanité
De tous les plaisirs du monde,
J'ai aspiré à Te connaître
En versant des larmes jour et nuit.

Ne viendras-Tu pas me consoler,
Moi qui suis si las du poids de la douleur ?
Désirant que Tu viennes, sans cesse, je T'attends.

La fusion avec dieu grâce à l'amour

« Comment l'amour de Dieu culmine-t-il dans la fusion ? » interrogea un dévot.

Amma répondit : « Fils, lorsque, grâce aux pratiques spirituelles, l'esprit parvient peu à peu à la concentration, les vagues de pensées diminuent et l'esprit, en même temps que les pensées, disparaît et se dissout dans l'Esprit universel, l'Esprit cosmique. Les pensées sont comme un mur qui sépare notre esprit de l'Esprit cosmique. C'est comparable à deux pièces séparées par un mur. Démolissez le mur et il ne reste qu'une seule pièce. Dans l'amour pur et innocent, le mur n'existe pas. Le mur des pensées disparaît.

L'esprit de l'amante se fond dans celui de l'aimé. L'amour désintéressé lui fait tout oublier. Le passé et le futur disparaissent, l'amour seul demeure. Un seul mobile pousse l'amante à aimer : le désir de ne faire qu'un avec l'aimé. Le souvenir de Dieu est constant. En se souvenant sans cesse, avec concentration, du bien-aimé, on oublie tout ce qui touche au monde.

Lorsque Krishna quitta Vrindavan, les *gopis* devinrent folles d'amour pour Lui. Elles pensaient qu'Il reviendrait, mais Il ne revint jamais. En se rappelant Krishna et Sa divine Musique, les *gopis* perdirent conscience du monde extérieur. Il disparut peu à peu de leur vision. Tout ce qu'elles percevaient se transformait en Krishna ; tout ce qu'elles voyaient était la forme enchanteresse de Krishna ; tout ce qu'elles entendaient était le son mélodieux de Sa flûte. Elles ne voyaient pas les vaches comme des vaches, mais comme leur Bien-aimé ; elles ne voyaient pas leur mari ou leurs amis, mais contemplaient à la place la forme de Krishna ; le souffle du vent et le clapotis de l'eau dans la rivière résonnaient pour elles comme la divine Musique de Sa flûte. Leur adoration atteignit son point culminant et elles devinrent réellement folles d'amour. Une *gopi* vit un jour deux empreintes sous un arbre en fleurs ; elle pensa aussitôt : « Ce sont Ses empreintes, les empreintes de mon Krishna bien-aimé. » Elle songea : « Pourquoi les traces sont-elles si profondes ? Je sais ! Une heureuse *gopi* se trouvait avec Lui. Elle aura désiré quelques fleurs de cet arbre ; comme les branches étaient trop hautes pour qu'elle puisse les atteindre, Krishna l'a prise sur Ses épaules pour lui permettre de cueillir les fleurs ; voilà pourquoi les empreintes sont si profondes. O comme cette *gopi* est fortunée ! Elle est la plus heureuse des femmes, d'avoir été ainsi portée par Krishna ! »

Voilà quel était l'état d'esprit des *gopis* ; tout ce qu'elles voyaient, elles le reliaient à Krishna. Leur ardent amour pour Krishna était si intense, que leur individualité disparut. Leur esprit fut consumé par ce brûlant amour. Inspiration et expiration, le battement de leur cœur et la pulsation de leur sang étaient rythmés par la pensée de Krishna. Les flammes dévorantes de l'amour anéantirent le monde des pensées ; Krishna seul demeura. Elles oubliaient de manger ou de dormir et finirent par tout oublier, s'identifiant totalement à leur Krishna bien-aimé.

Folles d'amour, les *gopis* conversaient ainsi : « Chère amie, regarde-moi : je suis Krishna ; regarde la plume de paon qui orne ma tête, observe ma démarche, vois mes mains bleu sombre et la flûte que je tiens. » Les *gopis*, intoxiquées par l'amour, s'oublièrent et se fondirent en Krishna.

Dans cette fusion avec la divinité d'élection, le petit « moi » disparaît, car l'esprit cesse de fonctionner. Grâce au souvenir constant du Bien-aimé, vous devenez Lui-même. Il devient votre nourriture et vous Le mangez. Notre alimentation est à présent constituée d'une variété d'objets. À travers les organes des sens nous jouissons d'objets de plaisir : nos yeux voient des objets désirables, nos oreilles entendent des sons mélodieux ou des paroles flatteuses, notre nez respire des parfums exotiques, notre langue goûte une nourriture délicieuse et la peau éprouve la sensation de toucher ou d'être touchée. Ce sont différentes façons de manger, mais cette nourriture-là profite à l'ego. Cette façon de manger, de goûter les plaisirs des sens, prend fin lorsque vous consommez votre Bien-aimé. Le mental cesse alors automatiquement de se nourrir des plaisirs des sens qui s'engouffrent par les organes sensoriels. Un processus ininterrompu de purification spirituelle se déroule en vous au travers du processus simultané d'abandon du « moi » et du « mien ». Les objets de plaisir ne sont plus séparés de vous lorsque vous mangez votre Krishna, Rama, Dévi, Jésus ou Bouddha. Lorsque vous arrêtez de goûter les plaisirs des sens et commencez à Le manger à travers ces objets, la diversité prend fin. Votre Bien-aimé devient votre nourriture ; peu importe ce que vous goûtez, c'est votre Bien-aimé et vous ne faites qu'un avec Lui. L'Un seul existe.

C'est seulement votre attachement pour le monde faiblit que vous pouvez vous rappeler Dieu. Tant que nous nous accrochons au monde, cela fait obstacle au souvenir de Dieu. Mais une fois que vous serez établis dans ce souvenir, vous percevrez et concevrez tout comme Dieu. Dieu étant enchâssé dans votre cœur, la vie dans le monde ne constitue plus un obstacle. Liez-Le donc avec la corde de l'amour. Si vous vous oubliez totalement, alors ce que vous voyez, sentez, goûtez et touchez est Lui. Vous vous unissez à Lui. Le petit monde de l'ego disparaît et vous devenez le pur Soi.

Mes enfants, connaissez-vous l'histoire de la femme de Vidoura ? Vidoura était le frère du roi aveugle Dhritharasthra et occupait à sa cour le poste de premier ministre. Sri Krishna s'apprêtait à rendre visite à Vidoura ; le couple fit donc les préparatifs nécessaires pour le recevoir. L'épouse de Vidoura était bien entendu surexcitée ; elle arrangea tout en vue d'une cérémonie d'accueil élaborée et lorsque ce fut prêt, alla prendre son bain. Imprévisible, Krishna arriva plus tôt que prévu et la nouvelle fut annoncée à l'épouse de Vidoura. En apprenant que son Seigneur était arrivé, elle oublia tout ; elle ne pouvait plus penser qu'à Sri Krishna. Son esprit s'absorba complètement dans la contemplation de son Seigneur. Dans cet état d'intoxication divine, elle prit une banane, la pela, jeta le fruit et nourrit Krishna avec la peau. S'oubliant elle-même et inconsciente de ce qui l'entourait, elle répéta ce geste encore et encore. Sri Krishna dégusta les peaux avec grande joie et bonheur.

L'amour nous fait tout oublier. Notre amour désintéressé et innocent est le plus grand cadeau que nous puissions offrir à Dieu ; c'est pour Lui le plus délicieux des mets. Cette histoire révèle l'essence de l'amour pur. L'amour pur nous fait tout oublier, même notre existence physique. Cet oubli de soi-même culmine dans l'Union. Le petit « moi » disparaît au fur et à mesure que vous vous identifiez à votre Bien-aimé. L'amour pur est Union.

Amma s'arrêta de parler et recommença à donner le *darshan*. Les résidents chantèrent un *bhajan Adi Parasakti*.

O Énergie suprême et primordiale,
Donne-nous Ta bénédiction,
Délivre-nous de la douleur.

O Déesse aux dix-huit bras
Dont la monture est un lion,
Même les pétales de lotus
Vénèrent Tes yeux.

Ton visage est rayonnant
Et Tu maîtrises parfaitement les sept vertus.
Ta colère est semblable à celle d'un éléphant fou
Et Tu es vénérée des Dieux comme Ajan.

O Déesse de l'Univers ;
Danse pour toujours dans mon cœur,
En m'accordant toutes les bénédictions.
Prends en considération celui qui Te supplie !

Tandis qu'ils chantaient les derniers vers, Amma fut ravie dans un autre monde ; elle ferma les yeux et resta sans bouger. Ses mains formaient deux *mudras* différents. Le chant atteignit son apogée, tous chantaient et la hutte résonnait de « *Om Shakti Om Shakti Om Shakti.* » Amma revint lentement au plan de la conscience normale ; le *bhajan* s'estompa puis s'acheva et le silence régna. Amma accueillit les quelques dévots qui n'avaient pas encore reçu sa bénédiction. Après avoir béni la dernière personne, Amma se leva du divan et se prosterna sur le sol ainsi qu'elle a coutume de le faire pour nous montrer l'exemple, puis quitta la hutte. Elle marcha jusqu'à la rive de la lagune où elle demeura un moment avant de regagner sa chambre. Ayant savouré la nourriture spirituelle dispensée par Amma, les dévots se rendirent au réfectoire pour déjeuner.

CHAPITRE 9

Le jeune homme de Rishikesh

2 mai 1984

Peu après la méditation du matin, un des *brahmacharis* remarqua un jeune homme assis devant le temple. Sa barbe et ses cheveux étaient longs et toute sa personne respirait le calme et la tranquillité. Le *brahmachari* fut très impressionné par la posture méditative du jeune homme et par son regard serein. Après le petit déjeuner habituel de gruau de riz servi aux résidents comme aux visiteurs, le *brahmachari* retourna au temple pour voir si le jeune homme avait bougé de sa méditation, mais il le trouva profondément absorbé. Une demi heure plus tard, le jeune homme était toujours assis devant le temple, mais ses yeux étaient maintenant ouverts. Le *brahmachari* lui demanda : « Avez-vous pris votre petit déjeuner ? Si vous n'avez pas mangé, je vous en prie, venez vous restaurer. »

Très poliment, le jeune homme répondit : « Non, je n'ai pas mangé, mais je ne veux pas manger avant d'avoir vu Amma. »

S'asseyant près de lui, le *brahmachari* s'enquit : « D'où venez-vous et comment avez-vous entendu parler d'Amma ? »

Le jeune homme révéla qu'il venait de Rishikesh et raconta comment il avait découvert l'existence d'Amma.

« Je suis moi aussi un *sadhak* ; par la grâce de Dieu, je suis sur la voie spirituelle depuis quinze ans. Je vis dans un ashram à Rishikesh, situé à quelques mètres du Gange ; chaque jour je passe un certain temps à méditer et à chanter mon *mantra* sur la rive du fleuve. Le fleuve sacré est certes un lieu propice à la méditation, mais ces temps derniers l'agitation qui régnait dans mon mental me créait des problèmes de concentration. Il y a deux semaines, alors que j'essayais de méditer, j'entendis quelqu'un appeler mon nom, une fois, puis plusieurs ; je n'ouvris pas les yeux, pensant qu'il s'agissait de mon imagination ; je restai donc assis les yeux fermés, essayant de me concentrer sur le bruit du flot de la rivière. De nouveau, la voix m'appela. C'était une voix de femme, elle m'appelait encore et encore. Le son était si net que je ne doutai plus : quelqu'un m'appelait. J'ouvris donc les yeux et regardai alentours ; la voix se fit alors entendre à nouveau : « Par ici, regarde par ici » ; la voix semblait venir du Gange lui-même. Je regardais l'eau fixement, et, tandis que je fixais le fleuve, une forme émergea lentement des eaux.

La forme devint de plus en plus nette et révéla une femme vêtue de blanc, d'un blanc immaculé. Elle était entourée de nombreux saints personnages qui lui marquaient grande révérence et dévotion. Je me frottai les yeux et regardai encore, ce n'était pas un rêve, c'était bien une réalité ; mes yeux étaient grands ouverts, je pouvais voir cette femme et ceux qui l'entouraient, mais je n'en reconnu aucun. Elle était nimbée d'une aura divine et je ne pouvais détacher mon regard de sa forme. Rayonnante de paix et de béatitude, elle me sourit d'un air gracieux. Peu à peu, je perdis totalement conscience du monde extérieur ; les saints personnages qui l'entouraient disparurent eux-aussi. Rien n'existait plus hormis la dame en blanc et moi-même. Le temps et l'espace n'existaient pas ; j'étais seul en sa présence. Elle devint de plus en plus grande, aussi vaste que l'univers ; rien n'existait, sinon elle. Une grande lumière émanait de tout son être et j'étais totalement enveloppé par cette lumière. Puis soudain, la forme disparut, il ne resta plus qu'une pure lumière qui remplissait l'univers. En une fraction de seconde, cette lumière se condensa en un point gros comme une tête d'épingle. C'est tout ce dont j'ai le souvenir. Je revins à mon état de conscience normal en entendant une voix résonner en moi : « Viens à moi, viens à moi, viens à moi. »

Retrouvant peu à peu ma conscience ordinaire, je regardai autour de moi et fus stupéfait de constater qu'il faisait déjà nuit. Je jetai un coup d'œil à ma montre, qui marquait vingt heures trente. J'avais commencé à méditer vers dix-sept heures cet après-midi là, trois heures et demies s'étaient donc écoulées. Les eaux du Gange mugissaient ; le reste n'était que silence.

Je rentrai à l'ashram. Les résidents voulaient savoir où j'avais passé tout ce temps, car il n'était pas dans mes habitudes de demeurer aussi longtemps sorti. Ma visite quotidienne au Gange durait d'ordinaire une heure, jamais plus d'une heure et quart. À mon regard et à mon comportement soudain intériorisé, les résidents soupçonnaient bien qu'il m'était arrivé quelque chose. Mais je me tus ; je n'avais pas envie de parler. Il s'agissait d'une expérience si formidable et d'une telle plénitude. Je ne fermai pas l'œil de la nuit, hanté par la vision de cette forme qui m'était apparue ; mon cœur et mon âme entiers étaient immergés en elle.

Cette journée marqua un grand tournant dans ma vie. Le matin suivant, j'étais une personne différente. Mes compagnons résidents de l'ashram remarquèrent le changement qui s'était produit en moi et se montrèrent fort curieux, me posant d'innombrables questions. Mes pensées étaient cependant sans cesse fixées sur la forme enchanteresse de cette femme qui m'était apparue et mon cœur débordait encore de la béatitude de cette expérience. Non que je souhaitasse éviter les autres, mais j'étais incapable de parler.

La nouvelle de mon comportement parvint enfin aux oreilles d'un *swami* qui vivait lui aussi à l'ashram ; il était lui-même un *sadhak* et une bonne âme. Il me convoqua et s'enquit avec beaucoup d'affection de la raison de mon changement ; sans savoir pourquoi, je me sentis enclin à tout lui révéler au sujet de cette expérience. Je lui en fit le récit complet et lui dit aussi que mon esprit était maintenant totalement absorbé dans la vision de cette forme. Je lui demandai s'il savait quelque chose au sujet de cette femme en blanc. Il me fut facile de la lui décrire, tant la vision était claire. Il m'écouta attentivement et me promit d'essayer de découvrir qui elle était.

Au fil des jours, mon aspiration devenait de plus en plus ardente. J'étais comme fou, incapable de dormir, et je cessai de manger. Quelques jours plus tard, le *swami* m'appela de nouveau. Il arborait un large sourire et, sans préliminaires, tira de sa poche une photo et me demanda si c'était la femme de ma vision. Je sautai et dansai de joie, car c'était une photo d'elle ! Il me la donna, me dit qui elle était et où se trouvait son ashram. Il me confia également qu'en écoutant le récit de mon expérience, il avait éprouvé une formidable paix intérieure et le fort pressentiment qu'il s'agissait d'un *Mahatma*. C'est pourquoi il s'était aussitôt mis à investiguer ; il finit par rencontrer un autre *swami*, vivant à Rishikesh, mais originaire du Kérala. C'est par ce *swami* qu'il apprit l'existence d'Amma. »

Le jeune homme montra la photo au *brahmachari*. Très ému, les yeux mouillés de larmes, il demanda : « Pourrai-je voir Amma aujourd'hui ? » Le *brahmachari* lui assura qu'il en aurait sans nul doute la possibilité car elle est toujours disponible pour ses enfants. De nouveau, il invita le jeune homme à prendre quelque nourriture. Celui-ci répondit : « Frère, cela fait maintenant plusieurs jours que je n'ai pas mangé ; cela ne me dit rien, je n'ai pas faim. De toutes façons, je veux d'abord voir Amma. Si elle me demande de manger, j'obéirai ; d'ici là, n'insistez pas pour que je touche à aucune nourriture. »

Le *brahmachari* s'apprêtait à le quitter, lorsqu'il aperçut Amma qui descendait l'escalier. « Voilà Amma, »dit-il doucement.

D'un bond, le jeune homme se mit debout et regarda autour de lui ; comme l'oiseau légendaire *chataka* se précipite pour attraper les gouttes de pluie (car il ne boit rien d'autre), il se précipita vers Amma et se prosterna à ses pieds. Avec amour, Amma le releva, et, lui tenant les mains, le ramena vers le temple. Il sanglotait comme un petit enfant tandis qu'elle exprimait un amour et une compassion infinis en lui tapotant le dos et en frictionnant sa poitrine. Essuyant ses larmes, elle mit sa tête sur son épaule et le consola : « Mon fils, pourquoi pleures-tu maintenant ? Tu as trouvé ta Mère, n'est-ce pas ? Fils, ne pleure pas. Amma est là pour toi. » Ces paroles tendres et aimantes l'apaisèrent et il retrouva peu à peu le contrôle de ses émotions.

Une fois qu'il fut calmé, Amma lui révéla ce que lui seul pouvait comprendre : « Fils, Amma ne voulait pas que tu tombes dans cette « autre chose » qui perturbait ton esprit. Comprends-tu ce que signifie « l'autre chose » ? »

Le jeune homme, étonné, regarda le visage d'Amma et fit un signe de tête en disant doucement : « Oui, Amma, je comprends. »

« Amma désirait affermir en toi *vairagya* (le détachement) et la détermination. Elle pensait qu'une telle expérience t'aiderait à approfondir ta foi et ta dévotion, et par conséquent à abandonner complètement cette idée ; fils, ton destin aurait été tout à fait différent si tu n'avais pas reçu cette vision. Où qu'il soit en ce monde, un *sadhak* sincère ne devrait pas s'égarer. Amma sait que tu es très sincère dans ta pratique spirituelle et elle ne voulait pas que tu te perdes. Cette expérience avait pour but d'éveiller en toi la dévotion et de rendre ton aspiration plus intense. Amma le répète, un *sadhak* sincère ne devrait pas se fourvoyer. Fils, comprends-tu ce que dit Amma ? »

Stupéfait, le jeune homme regardait Amma ; il ne pouvait parler et fit donc « oui » d'un signe de tête. Tandis que les témoins de la scène se demandaient ce que pouvait bien être cette « autre chose », le jeune homme pleurait à nouveau comme un enfant innocent. À travers ses larmes, il dit : « Il est clair pour moi maintenant que c'est toi qui m'est apparue. Tu es venue me sauver d'un piège. Amma, je sais maintenant pourquoi tu m'as accordé une vision aussi merveilleuse ; tu voulais transformer mon esprit, tu voulais provoquer un changement dans ma vie. Oui, Amma, tu as raison, si je n'avais pas eu cette vision, je n'aurais pas changé d'avis. Amma, Tu m'as protégé, tu m'as empêché de perdre ma vie et d'être pris dans les rêts de *maya*. Amma, Amma, tu m'as tout révélé ! »

Aucun des résidents témoins de la scène ne comprit le sens des paroles d'Amma ou n'eut la curiosité d'en savoir plus. Mais avant de quitter l'ashram, le jeune homme parla au *brahmachari* qu'il avait d'abord rencontré. « Je ne voulais pas dévoiler cette partie de mon histoire avant d'avoir eu le *darshan* d'Amma. Mais maintenant j'ai le sentiment que cela constituerait une bonne leçon pour tous les chercheurs authentiques et leur prouverait que la protection du *Guru* est toujours avec eux si leur désir d'atteindre le but est réel. Le jeune homme raconta donc le reste de l'histoire. Il s'agissait du conflit qui l'opposait à sa famille au sujet du mariage. Bien qu'il eût deux frères et deux sœurs, il était le fils aîné et toute la famille, parents et enfants, insistait pour qu'il se marie. Il vivait dans un ashram, ayant voué sa vie au *brahmacharya* (célibat) et à la spiritualité, mais rendait régulièrement visite à sa famille. Celle-ci n'était pas enthousiasmée par son désir de se faire moine et le pressait sans arrêt de se marier. Ils lui parlèrent de différentes filles qu'il pourrait rencontrer pour choisir une épouse. Il avait jusqu'alors eu confiance en sa détermination à mener une vie religieuse, loin des affaires du monde, mais sa confiance en lui finit par être ébranlée par l'insistance de sa famille. Leurs appels et leurs supplices avaient une telle force, qu'il se prit à considérer que l'idée de mener une vie alliant la spiritualité et le mariage n'était au fond peut-être pas si mauvaise. Un jour qu'il rentrait à l'ashram après avoir baigné dans les vibrations non-spirituelles de la maison familiale, il se dit qu'après tout, même les sages et les saints des temps védiques étaient mariés et avaient des enfants. Il se mit même à rêver tout éveillé de différentes filles qu'il pourrait épouser.

En même temps, intérieurement, il pleurait et priait, implorant Dieu de l'aider et de le protéger. Il s'aperçut qu'il n'était pas capable de rester ferme dans sa décision d'être moine, puisque ses désirs et son imagination le rongeaient. À la fin, ces idées prirent une telle force qu'il ne trouvait plus aucun réconfort sur les rives du Gange. Il était si agité et troublé, si incapable de trouver la paix intérieure, qu'il était au bord du suicide et songeait à sauter dans le fleuve lorsqu'Amma lui apparut.

Il termina son histoire : « Cette expérience me redonna courage et confiance en moi. Elle me procura une telle béatitude spirituelle que je pus aisément surmonter mon agitation mentale et mon instabilité. Voilà ce qu'entendait Amma lorsqu'elle m'a adressé ces paroles ; elle ne voulait pas que je sois pris dans les filets du monde. C'est pourquoi elle m'a accordé une faveur aussi rare, qui m'a complètement transformé. »

C'est ainsi que le jeune homme de Rishikesh conclut son histoire. Il prit congé du *brahmachari* ; en quittant l'ashram, il semblait rempli de joie et d'enthousiasme.

La nature du Guru

À onze heures trente Amma était assise devant le temple. Presque tous les résidents étaient présents. Un des *brahmacharis* posa une question à propos des *sadhaks* : « Amma, nombreux sont les *sadhaks* sincères en ce monde, n'est-ce pas ? Cependant Dieu ne protège que peu d'entre eux de tels dangers, semble-t-il. »

Amma répliqua : « Fils, premièrement un *sadhak* sincère ignore le danger, car il accepte tout comme étant la volonté de Dieu. À ses yeux tout est *prasad*, le mauvais comme le bon. Le mot « danger » n'a pas de sens pour lui. Il est toujours optimiste, jamais pessimiste. Deuxièmement, comment sais-tu que Dieu n'aide que peu d'entre eux ? Ce jeune homme est le seul que tu aies vu. Un *sadhak* sincère trouve toujours un moyen de surmonter les situations difficiles de l'existence car il se fie à la grâce divine. Dieu part alors à sa recherche pour l'aider et l'élever. Un *sadhak* sincère ne peut manquer de recevoir la grâce. Amma l'affirme de façon absolue, car elle parle à partir de sa propre expérience. La sincérité jaillit du plus profond de votre cœur. Elle ne peut être superficielle. Certaines personnes ne sont sincères qu'en paroles, pas en actions. Elles ne reçoivent pas la bienveillance de la Providence et aucune main divine ne vient les secourir parce qu'elles sont superficielles. Aucun *sadhak* sincère ne s'écartera du chemin, Amma peut vous le garantir. D'une façon ou d'une autre il ou elle sera sauvé. Dieu ou le *Guru* ne peut abandonner de tels *sadhaks*. Comme une couvée de petits poussins est protégée par les ailes de la maman poule, les *sadhaks* sincères seront toujours l'objet de la protection et de la grâce du *Guru* ou de Dieu. Où qu'ils soient, ils se trouveront toujours sous les ailes protectrices de l'Être suprême.

Amma ne dit pas que les *sadhaks* moins sincères seront tout à fait abandonnés par le *Guru*. Cela ne peut se produire. Mais juste pour leur donner une leçon, le *Guru* ou Dieu peut les laisser chuter... pour les sauver plus tard.

Voyez ce fils de Rishikesh. Il avait bien sûr des désirs. Mais Amma sait combien de souffrances il endura afin de les surmonter. Il a essayé de toutes ses forces ; son cœur était déchiré. Il voulait vraiment se libérer des désirs qui interféraient avec son désir de réaliser Dieu. Il ne resta pas inactif. Il pria et implora Dieu en pleurant de lui montrer une issue à sa confusion et à ses doutes. Dieu se devait donc de l'aider. Dieu doit secourir un vrai dévot, c'est sa responsabilité. Alors que tous sont plongés dans le bourbier de l'illusion et du désir, un vrai *sadhak* est celui qui s'efforce d'en émerger et de connaître Dieu. Il est celui qui offre sa vie en sacrifice à Ses Pieds. Il désire sacrifier son corps et son mental pour sa propre évolution spirituelle et pour l'élévation du monde. Dieu est avec celui ou celle qui est prêt à cela. C'est pourquoi ce fils a eu cette vision. Mes enfants, c'est une excellente leçon pour vous. »

Un autre *brahmachari* remarqua : « Qui lui a donné la vision ? Je ne crois pas que c'est Dieu. C'est toi Amma. Tu lui as accordé cette rare bénédiction. C'est ta forme qui lui est apparue, non celle de quelque divinité. »

« Ce fut le fruit de ses prières » expliqua Amma. « Cette vision fut le résultat de sa foi innocente, de sa détermination et de son ardente aspiration. » Au sujet de la nature du *Guru*, Amma ajouta : « Le *Guru* est pareil au soleil. Il se contente de briller car telle est sa nature immuable. Il brille, et quiconque ouvre les portes de son cœur reçoit la lumière. Dieu EST, tout simplement. Il ne pose pas de condition et ne connaît pas de limite. Il donne sans condition. Si la porte de votre cœur est fermée, Il n'entrera pas. Il attendra dehors, mais Il ne forcera pas la porte. Il n'est pas agressif, car Il est amour. L'amour n'est pas agressif. L'amour est un flot constant et ininterrompu que rien ne peut briser. La compassion ressemble à un fleuve, un fleuve sans fin. Jamais elle ne blesse ; blesser est dans la nature des êtres humains ; l'amour ne blesse jamais. Mais nous blessons autrui parce que nous avons un ego ; l'ego se réjouit du malheur d'autrui. L'ego est heureux de voir les autres se débattre et souffrir.

Le *Guru* n'a pas d'ego, il n'est pas non plus sans ego. Il est au-delà des deux. Le *Guru* n'est ni le ciel, ni les nuages, il est au-delà. Il EST, simplement. Vous pouvez voir votre souffrance comme votre joie se refléter chez le *Guru*. Quant à lui, Il n'est ni heureux ni malheureux. Il est pareil à un miroir. L'ego ne peut refléter les sentiments de qui que ce soit. Un ego est voilé de nuages, obscur et poussiéreux. Il ne peut rien voir, il est aveugle. L'ego ne voit pas voir les autres. Il ne peut voir que soi, le petit soi.

Le *Guru* n'est pas un ego. Il est l'univers. Il est tout et peut tout accueillir. Vous pouvez voir sa forme extérieure mais non ce qui est à l'intérieur. Intérieurement, il est inaccessible. Le *Guru* est imprévisible. Impossible de dire qu'il est « comme ceci » ou « comme cela ». En réalité, il est même impossible de dire ce qu'est un être humain ordinaire, comment pourriez-vous définir un *Guru*, qui est extraordinaire ? Bien qu'extraordinaire, il est aussi ordinaire. Il est les deux. N'essayez pas de lui mettre une étiquette ou de le juger. Et n'attendez pas de lui qu'il corresponde à une certaine image ou rentre dans un moule particulier. Il n'existe pas de stéréotype du *Guru*. Votre intellect limité n'est pas apte à je juger. Tout ce que vous pourrez dire à son sujet sera faux car il est impossible d'expliquer le *Guru*, de le réduire à des mots. Tout ce que vous pourrez dire de lui sera cependant également correct, car il est tout. Il est la nuit et le jour, l'obscurité et la lumière.

Sri Krishna fut un grand Maître. En tant que personne Il joua tous les rôles. Il porta des centaines et des milliers de masques et les gens Le confondaient avec ces masques. Tout ce qu'ils affirmèrent à Son propos était faux, car Il était au-delà de tous les jugements. Kauravas et Pandavas firent de nombreuses déclarations à Son sujet. Tous étaient dans l'erreur. Ceux qui avaient saisi un soupçon de la nature de Krishna se taisaient ; ils savaient qu'en parlant de Lui, ils passaient à côté de Son essence réelle. Même les épouses de Krishna étaient incapables de Le comprendre. Arjouna, Son disciple et ami, vit une part infime de Son Être et tel fut le cas de Bhisma, Ouddhava et Vidoura (dévots de Krishna dont il est question dans les classiques transmis par la tradition). D'autres personnes encore obtinrent Sa vision, une vision limitée. Mais Il restait toutefois bien au-delà de ce qu'ils pouvaient comprendre. Arjouna vit Sa forme cosmique mais ne put faire l'expérience de Son aspect sans forme. De nombreux savants ont essayé d'expliquer Krishna. Nombreux sont ceux qui, encore aujourd'hui, tentent d'interpréter Krishna et de dépeindre ce qu'Il est, mais ces interprétations et représentations ne révèlent en réalité rien à Son propos. Même Vyasa, qui écrivit l'histoire de Sa vie dans le *Srimad Bhagavatam*, ne put expliquer Krishna entièrement parce que toutes ses explications et descriptions dépendaient des mots. Les mots viennent de l'intellect et du mental, qui sont tous deux limités. Mais le *Guru* est bien au-delà du mental et des mots. Telle est la nature d'un Maître authentique. »

Les auditeurs restaient absorbés en méditation, contemplant les paroles d'Amma. Chacun semblait avoir reçu un avant-goût de cette nature indicible du *Guru*. Ces paroles étaient chargées de vérité et d'une grande puissance. Chacun sentait qu'Amma parlait d'elle-même, bien qu'elle n'y eût pas spécifiquement fait référence. Certains des *brahmacharis* eurent le sentiment qu'Amma leur disait : « Vous parlez beaucoup de « moi », mais ce n'est pas « moi ». Vous continuez à parler, mais toujours vous manquez l'essentiel, mes enfants. Vous passez à côté de « moi ».

Personne ne disait mot. Le visage d'Amma, empreint de majesté, rayonnait de splendeur et de gloire spirituelles. Assise parmi les résidents et les dévots, elle semblait détachée de ce qui l'entourait. Peut-être sa propre nature réelle lui revenait-elle à l'esprit. Ses yeux, grands ouverts, fixaient un point précis, difficile à déterminer, mais ils étaient cependant parfaitement immobiles et pendant cinq ou six minutes Amma ne cilla pas. Sa colonne vertébrale était droite ; elle ne semblait pas respirer. Ses mains reposaient sur ses genoux, les paumes vers le ciel. Il fallut à Amma quelques minutes encore pour revenir de cet état, puis elle reprit son apparence habituelle, tout en murmurant son *mantra* favori : «Shiva, Shiva!» et en effectuant de la main droite un geste circulaire.

Un *brahmachari* demanda des éclaircissements. «Amma, Tu as dit que le Guru n'a pas d'ego et qu'il n'est pas non plus sans ego, qu'il n'est ni les nuages ni le ciel. Nous essayons de nous libérer de l'ego, n'est-ce pas? Pourquoi donc as-tu dit que le Maître n'est pas non plus sans ego? Dans l'image «ni les nuages ni le ciel», si le ciel est l'infini, tu dis alors que le *Guru* n'est pas infini? Mais d'après ce que nous comprenons, l'infini est le but final. Cela semble contradictoire. Amma, peux-Tu s'il te plaît nous donner une explication?»

Amma répondit : «Mes enfants, une qualité ne peut exister sans son opposé. Quand tu dis «il est bon», tu sous-entends la notion de «mauvais». Si nous disons «sombre», cela implique la notion de «pas sombre» ou de lumière. Si l'obscurité seule existait, nous ne pourrions la décrire car il n'y aurait aucun contraste. Lorsque nous affirmons : «la fleur est belle» nous possédons sans conteste la notion de «non beau» ou de laid. Cela vaut pour toutes les affirmations. Pour dire «beau», il faut que le contraire existe. Sinon, il n'y a aucun point de comparaison. Dans ce monde des noms et des formes, dans ce monde de la dualité, nous ne pouvons penser qu'en termes d'opposés et de contrastes. En disant que le *Guru* n'a pas d'ego mais qu'il n'est pas non plus sans ego, nous indiquons de même qu'il se situe au-delà du monde de la dualité. Il n'existe pas de mots pour décrire l'état dans lequel le *Guru* est établi. Lorsque nous disons : «ni les nuages ni le ciel», ce sont encore des mots qui indiquent des formes. Quels que soient les mots que nous employons, ils constituent toujours une limitation. Ils indiquent une limite. Certes, nous pouvons utiliser la métaphore du ciel pour exprimer l'infini, mais ceci n'est que relatif : nous comparons un ciel sans nuages et un ciel nuageux.

La notion de « ciel » suppose malgré tout une limite. Dire que le *Guru* est « sans ego » pose une limite. Toute description implique une limite et dès qu'une limite existe, le contraste est possible. Le contraire doit nécessairement exister. Quand vous prononcez le mot « infini » cela implique inévitablement l'idée de « fini », tandis que l'état suprême dans lequel le *Guru* est établi est au-delà de toute comparaison et de tout contraste. En vérité, il ne peut être exprimé par les mots. Mais pour nous qui ne connaissons rien hormis les noms et les formes, le seul moyen de nous faire une idée de cet état inexprimable est de recourir aux comparaisons, aux contrastes et aux analogies. L'état d'Unité suprême se situe toutefois bien au-delà.

Dans l'État suprême dans lequel le *Guru* est établi en permanence, la dualité n'existe pas. Il n'y a ni contrastes ni opposés. Cet État suprême est au-delà de toute limite. Impossible de dire : « cela s'arrête ici. » C'est sans fin. Vous pourriez dire alors que *maya* ou l'ignorance n'est qu'une projection de la Réalité suprême. Elle ne peut exister sans *brahman*, l'absolu. *Brahman* est totalement indépendant, alors que l'existence du monde dépend de *brahman*. *Brahman* seul est. C'est pourquoi, dans l'Un, dans le Tout, toutes les comparaisons et toutes les paires d'opposés disparaissent. Ce dont nous parlons dépasse infiniment la compréhension humaine. Nous ne pouvons rien en dire, car cela transcende tout. Il y a une apparente contradiction, mais celle-ci se situe dans votre tête. Cessez de raisonner et vous verrez qu'il n'y a pas de contradiction du tout. »

Un autre *brahmachari* posa la question suivante : « Amma, tu as dit que le *Guru* ne blesse jamais personne, mais tu nous réprimandes parfois et cela nous froisse. »

Amma fit le tour de la question : « Fils, tu dis qu'Amma vous réprimande, mais tu n'as pas dit pourquoi. Amma vous gronde-t-elle pour une petite faute commise une seule fois ? Non. Elle vous indique vos erreurs répétées, les défauts qui sont de sérieux obstacles à votre croissance spirituelle et elle vous corrige. Tu peux appeler cela réprimander. Mais si Amma vous dispute, c'est pour vous rendre forts. Les enfants d'Amma devraient avoir la force d'affronter toutes les difficultés de la vie, quelles qu'elles soient. Cet ashram est un véritable *kalari*, un lieu où les guerriers s'entraînent aux arts martiaux en maniant l'épée et le bouclier. Vous devriez devenir de vrais combattants, animés d'un réel courage.

Les seuls sentiments d'Amma envers vous sont l'amour, la compassion, et elle est très patiente avec vous. Mais cette manifestation extérieure d'amour, de compassion, d'affection et de patience ne vous aide pas toujours à croître. Vous restez égoïstes. Vous oubliez le but et agissez sans discernement. Vous éprouvez de la jalousie et vous disputez pour obtenir l'amour d'Amma. Jamais elle ne vous a réprimandés. Elle tente au contraire de vous rappeler ce qu'il faut faire, quand et comment. Amma essaye de vous insuffler plus de soin et de vigilance et exprime ainsi son amour pour vous.

Maintenant, à propos de réprimandes : Amma fait une remarque lorsque vous répétez sans cesse les mêmes fautes. Si elle vous voit commettre plusieurs fois une faute qui entrave votre croissance, elle vous tancera peut-être pour vous corriger. Mais elle ne le fait pas pour le plaisir de gronder.

Si Amma pense que la seule façon de vous rendre conscients de votre but est la fermeté, elle s'adressera à vous d'un ton ferme afin que ses paroles se gravent en vous. À quoi bon vivre ici si vous ne modifiez pas vos habitudes et vos attitudes pour que votre vision de la vie devienne plus vaste ? Vouloir rester vous-mêmes sans croître spirituellement, c'est faire échouer le dessein même de votre venue ici.

Mes enfants, savez-vous combien de réprimandes, d'épreuves et de tribulations Amma eut à subir dans le passé ? Damayanti amma observait minutieusement les moindres gestes d'Amma. S'il restait la moindre trace de détritus dans la cour après qu'Amma eût balayé, elle battait Amma. Elle scrutait les pots lavés et grondait Amma pour la moindre trace de saleté. Lorsqu'Amma balayait, si un seul brin du balai d'osier lui échappait par inadvertance, Damayanti amma ne l'épargnait pas. Si un grain de poussière ou de la cendre tombait dans le récipient pendant la cuisson, Amma était punie. Quand Amma ramassait de l'herbe pour les vaches, Damayanti amma observait de loin pour s'assurer qu'Amma ne bavardait pas avec d'autres personnes et la battait si elle s'arrêtait pour parler. Amma n'était pas blessée par les réprimandes ni même par les coups, car pour elle toutes ces expériences lui étaient envoyées par la bienveillance de la Providence et elle les accueillait comme telles. Amma n'éprouvait ni amertume ni ressentiment, mais son esprit se tournait vers l'intérieur.

Mes enfants, la souffrance que vous éprouvez lorsqu'on vous blâme pour une erreur commise n'est pas le fait de la personne qui vous réprimande. Le plaisir et la peine sont le lot de l'ego. Votre ego est blessé, c'est pourquoi vous souffrez. Vous voulez agir à votre idée, mais quelqu'un s'y oppose et vous le dit. C'est pourquoi vous êtes tristes, vous souffrez. Vous ne songez pas que votre désir est peut-être injuste. Sans considérer les problèmes qui pourraient surgir si vous agissez à votre guise, vous ne réfléchissez pas aux conséquences de votre comportement erroné. Vous ne prêtez pas attention aux autres, à ce qu'ils ressentent en conséquence de vos actions égoïstes, au mal que vous pouvez leur faire. Vous ne pensez qu'à votre propre souffrance. Vous vous sentez blessés, votre ego est blessé.

Quelqu'un montre du doigt votre ego et vous ne pouvez le supporter. Vous êtes blessés parce que votre ego est remis en question. Le sentiment de votre propre importance s'en trouve diminué et vous réagissez négativement parce que vous ne pouvez le supporter.

Vous ne voyez rien d'autre que votre petit moi égoïste et le petit monde créé par votre ego. Si quelqu'un crée une petite bosse dans votre minuscule petit monde en essayant de vous corriger, vous vous mettez en colère. Vous l'insultez, le critiquez et faites rejaillir tout le blâme sur lui. Vous vous croyez innocent. Vous pensez que vous essayez d'être un bon garçon, net, pur et sans tache. Puis vous affirmez que l'autre personne vous a blessé, qu'elle vous a grondé et que tout est sa faute. Mais quelle idée avez-vous donc de vous-même ? Pensez vous être une âme parfaite ? Non, ce n'est pas le cas. Vous n'êtes qu'un ego limité. Vous pouvez atteindre la perfection, mais pour cela il faut que quelqu'un vous guide, vous corrige et vous discipline. C'est ce que le disciple doit accepter. Si vous ne permettez pas à quelqu'un (et ce quelqu'un signifie le *Guru*) de travailler sur vous, il vous sera difficile d'évoluer.

Les réprimandes du *Guru* ne doivent pas être considérées comme de simples jongleries verbales. Ce sont des bénédictions. Lorsque le *Guru* commence à vous réprimander, cela signifie que sa grâce et sa compassion ont commencé à couler vers vous. Il a posé son regard sur vous et veut vous sauver. Il désire vous donner la liberté éternelle. Le *Guru* ne peut blesser personne. La rivière, le vent et le soleil ne peuvent vous blesser. Ils sont, simplement. Ils sont présents, voilà tout. La rivière ne peut changer de nature, pas plus que le vent ou le soleil. Le *Guru* ne saurait lui non plus modifier sa nature. Il répand la lumière. Comme le vent ne peut s'arrêter de souffler, la rivière de couler ou le soleil de briller, le *Guru* ne peut cesser d'être ce qu'Il est. Une personne peut vous blesser parce qu'elle a un ego et vous voit comme différent d'elle-même. Elle a le sentiment de l'« autre ». Son ego et votre ego entrent en conflit. Mais le *Guru* ne perçoit aucune différence. Il est au-delà de toutes les différences. Il n'a pas le sentiment de l'« autre ». Il n'a pas d'ego car il n'est pas une personne. En réalité, il n'y a là aucune personne, rien que la pure Conscience. La Conscience ne peut blesser personne. Tout ce qui vient du *Guru* est pour votre bien. Vous êtes celui ou celle qui perçoit cela comme douloureux et vous vous plaignez que c'est la faute du *Guru*.

Les êtres humains cultivent les fleurs odorantes et piétinent les herbes ordinaires. Ils plantent des arbres bénéfiques et utiles et coupent ceux qui leur sont inutiles. Ils tuent les animaux sauvages et féroces et élèvent ceux qui sont doux et utiles. Ils ont derrière eux tout un passé d'exploitation. Tuer ainsi, c'est exploiter. Ils sont mus par l'égoïsme, non par l'amour. Ils cultivent des fleurs et des arbres fruitiers, mais c'est afin de les exploiter pour leurs propres desseins. Ils utilisent les fruits pour apaiser leur faim et étancher leur soif. Les fleurs servent à orner leurs cheveux, leurs maisons et leurs jardins. Si la plante cesse de fleurir ou l'arbre fruitier de produire, ils les coupent ou les arrachent pour les jeter.

La domestication des animaux illustre le même processus. Les humains ont besoin de lait pour nourrir leur corps, ils élèvent donc des vaches. À peine la vache cesse-t-elle de donner du lait qu'elle devient du beafsteack. Si elle ne sert plus l'une de leurs fins égoïstes, ils la tuent pour qu'elle en serve une autre. Ils exploitent la vache pour ensuite la détruire. Ils élèvent chats et chiens pour leur propre plaisir, non parce qu'ils éprouvent envers eux un amour véritable. Au contraire, l'animal les aime et ils ont besoin de cet amour, tel est leur motif. Si le chien les mord ou si le chat vole leur nourriture, leur amour pour l'animal disparaît et ils se mettent à le haïr. C'est la même chose au sein de la famille. Oui, la même chose se produit. Les gens s'exploitent mutuellement. Le père et la mère deviennent un fardeau lorsqu'ils sont faibles et vieux; on les met alors à l'hospice. Les enfants aiment leurs parents tant qu'ils dépendent d'eux pour leur nourriture, leurs vêtements et leur abri. Une fois qu'ils sont indépendants, leur amour disparaît. À sa place surgissent conflits et dissensions. Mes enfants, telle est la situation dans le monde. Voilà comment les êtres humains vivent : ils dépendent des autres, les exploitent pour leur propre satisfaction et finissent par les détruire une fois leurs besoins satisfaits. Telle est la nature du monde.

Mais les *Mahatmas* ne sont pas ainsi. Les *Mahatmas* sont comme le vent. Tandis que les êtres humains goûtent le parfum des fleurs odorantes mais piétinent les « mauvaises herbes », le vent souffle doucement et caresse aussi bien les fleurs que les « mauvaises herbes » ; il ne s'arrête pas pour respirer le parfum suave de la rose ou du jasmin ; il ne cesse pas de souffler lorsqu'il passe sur des excréments malodorants. Il n'a aucune préférence et ne fait pas de différence. Telle est l'attitude du *Mahatma*. Il aime et il accepte tout, ce que nous appelons le « mal » comme le « bien ». Il est au-delà de toute attirance et de toute répulsion. Il EST, simplement. Quiconque souhaite bénéficier de la présence d'un *Mahatma* le peut. Ceux qui ne désirent pas venir à lui peuvent s'en abstenir. Ils sont libres de le critiquer, de l'insulter, de le dénigrer ou de médire de lui si bon leur semble. Mais ne pensez pas que son comportement envers eux sera différent. Il demeurera le même. Il reste toujours le même, car il ne perçoit aucune différence. Il voit tout et tous comme étant la pure Conscience. Mais vous êtes différents. Vous percevez des différences. Rappelez-vous cependant que votre différence et votre perception des différences n'appartiennent qu'à vous. Elles n'ont rien à voir avec le *Guru*, car il demeure le même. Vous ne pouvez le diviser en projetant sur lui votre propre état, votre perception des différences. »

Ces paroles d'Amma constituaient une source d'inspiration formidable pour les auditeurs, *brahmacharis*, dévots mariés et visiteurs, qui tous étaient captivés. Comme le flot du Gange sacré, cristallin et spontané, ce flux ininterrompu de pure connaissance dispersa leurs doutes. Chacun sentait qu'en parlant du *Guru*, Amma parlait d'elle-même et décrivait sa propre expérience. Les dévots peuvent vous raconter des centaines d'histoires qui témoignent de l'amour et de la compassion illimitées d'Amma. Ils peuvent narrer de nombreux incidents qui démontrent à quel point elle est au-delà des différences.

Lorsqu'Amma s'arrêta de parler, le *brahmachari* qui avait déclaré que les réprimandes le blessaient eut honte. Il dit d'un ton plein de remords : « Amma, je te demande pardon d'avoir fait ce commentaire. Je ne protestais pas. Je ne voulais pas dire qu'il n'est pas nécessaire que tu nous grondes. » Il s'interrompit, la gorge nouée. Les larmes aux yeux, il reprit : « Amma, je t'en prie, ne cesse pas de me corriger. S'il te plaît, continue. Je voulais simplement dire que tes reproches provoquent en moi un peu de souffrance à cause de mon ego, bien que je sache qu'ils ont pour but mon progrès spirituel. Pardonne-moi mes fautes, pardonne-moi, mon Amma. »

La scène qui suivit fut un autre exemple de l'infinie compassion d'Amma pour ses enfants. Son innocence fit venir les larmes aux yeux d'Amma qui le combla de son amour sans limite. Elle essuya ses larmes, le releva lentement de ses genoux sur lesquels il s'appuyait, posa sa tête sur son épaule et prononça ces paroles apaisantes : « Fils, il n'y avait rien de mal dans ta question. En fait Amma a apprécié ta franchise. Il est bon, dit-on, de poser des questions au *Guru* comme on affronte un cobra : un cobra garde son capuchon replié la plupart du temps. Mais si vous le frappez, il le déploie aussitôt. Plus vous le provoquez, plus il l'ouvre. Lorsque vous posez des questions au *Guru*, soyez donc exigeants. En posant des questions provocatrices, vous obtiendrez des réponses plus profondes.

Un chercheur sincère et sérieux pose spontanément des questions. Inutile de fabriquer des questions pour le seul plaisir d'interroger : dans ce cas vous ne recevrez peut-être pas de réponse appropriée. Le facteur déterminant est la soif intérieure et le désir de savoir qui animent celui ou celle qui pose la question ; cela interpelle le *Guru* qui par nature préfère demeurer dans le Soi, dans le silence intérieur. Il lui faut lutter pour descendre au niveau du corps physique et communiquer. Il ne souhaite pas parler de la Vérité suprême. Les mots déforment la Vérité. Il ne veut pas déformer la Vérité, car sa parole et son esprit sont établis dans l'expérience intérieure de la Vérité. Il faut un ego pour parler. Un Maître parfait est contraint de créer un ego pour parler et enseigner. Mais lorsqu'il parle, c'est à partir de sa propre expérience ; c'est elle qu'il transmet par ses paroles, qui ne dénaturent pas la Vérité. Pour amener le *Guru* à parler, il faut que le dévot ou toute personne qui pose des questions soit sincère. Ils doivent être mus par le besoin de savoir. Devant un chercheur sérieux, le *Guru* ne peut garder le silence. Il est obligé de parler. »

La tête du *brahmachari* reposait toujours contre l'épaule d'Amma qui la souleva doucement en rendant son message plus clair encore : « C'est pourquoi, fils, ne t'inquiète pas au sujet de la question que tu as posée. C'était une question sincère et spontanée. Une question mûrement réfléchie peut manquer de sincérité, car elle perd son caractère spontané. Les questions sincères et spontanées sont souvent de vraies questions qui jaillissent sans effort. Ne sois pas triste. »

Les paroles réconfortantes d'Amma rendirent la paix au *brahmachari*. Un autre *brahmachari* remarqua : « S'il est permis de rester aussi longtemps sur l'épaule d'Amma, j'aimerais moi aussi poser une question sincère. » Tous éclatèrent de rire, y compris Amma qui semblait ravie. Son rire se prolongea un moment et l'atmosphère en fut plus légère.

CHAPITRE 10

Le travail comme adoration

3 mai 1984

À six heures trente du matin, Amma balayait le sol de l'ashram. En voyant cela, Gayatri, Kunjumol et quelques *brahmacharis* se précipitèrent pour tenter de lui ôter le balai. «Amma» la suppliaient-ils «s'il te plaît, nous allons le faire.» Courbée sur le court balai de genêts, Amma continuait à balayer le sol avec ardeur. Malgré les prières de ceux qui lui demandaient de s'arrêter, elle ne levait pas les yeux. Certains allèrent chercher d'autres balais, espérant ainsi pouvoir l'aider en balayant une autre partie du terrain. Lorsqu'Amma les vit arriver, Elle dit : «Non, non, aucune aide n'est nécessaire. Remportez ces balais.»

Ils continuèrent à l'importuner jusqu'à ce qu'elle s'arrête et se redresse pour les tancer : «Cessez de parler. Ne faites pas de bruit. Quand Amma travaille, elle veut le faire avec concentration. Amma considère cet acte comme une adoration. Dans cette tâche, Amma ne voit pas seulement l'acte de balayer, elle voit Dieu.»

Sur ces mots, Amma se remit à l'œuvre. Les autres continuaient à la suivre mais ils se tenaient cois. Amma balayait vite et avec grande efficacité. Non seulement le sol était propre, mais les traces laissées par les roseaux du balai formaient un joli motif sur le sol. Amma surpassa tout le monde dans l'exécution de ce travail.

Comme c'était une activité quotidienne, les résidents se relayaient pour balayer le terrain, ce qui prenait en général quarante-cinq minutes. Amma nettoya l'ashram en vingt minutes, soit moins de la moitié de la durée normale.

Le travail terminé, Amma s'assit du côté sud du temple. Elle était en sueur après avoir balayé avec tant de vigueur, mais elle n'était pas fatiguée. Le groupe qui l'avait suivie s'assembla autour d'elle sans oser approcher trop près. Amma ne disait rien ; elle s'essuya le front avec une serviette offerte par Gayatri. Kunjumol lui apporta une tasse de thé, mais elle se contenta de rester debout le verre à la main, n'osant pas demander à Amma de boire. Surmontant enfin sa crainte, Kunjumol dit : « Du thé, Amma » et Amma répondit : « Non, je n'en veux pas. Je ne veux rien boire ni manger aujourd'hui. »

Amma donna alors un véritable *satsang* : « Les enfants, vous n'avez pas de réelle *shraddha*. Il était six heures du matin et personne n'avait balayé le sol de l'ashram. Ne savez-vous pas que ce travail doit être achevé avant l'aube ? Ignorez-vous que cet endroit est un ashram, un lieu d'adoration ? Combien de *brahmacharis* vivent ici ? Combien, dites ? Et ces filles sont elles aussi devenues négligentes. Votre devoir est de garder ce lieu propre et soigné. Aucun de vous ne possède assez de sens commun ou de discernement pour le faire. Pouvez-vous vous asseoir et méditer dans un lieu où règnent le chaos, la saleté et la laideur ? Non, c'est impossible. Il faut pour cela un lieu propre et soigné. Si l'endroit est sale et en désordre, votre mental en sera affecté. Vous ne pourrez pas vous concentrer. Si vous ne tenez pas l'ashram propre, les visiteurs en conclueront que les résidents sont sales et désordonnés. Les gens ne perdent aucune occasion de juger Amma. Ils penseront qu'elle n'élève pas convenablement ses enfants. C'est dans votre intérêt qu'Amma se soucie du jugement que les gens portent sur l'ashram. Amma n'est pas affectée par ce qu'ils disent. Elle peut vivre n'importe où, sans souci du qu'en dira-t-on. Amma y est habituée. Elle a bien entraîné son esprit. Pendant sa période de *sadhana*, Amma passait ses jours et ses nuits dehors, qu'il pleuve ou qu'il fît soleil. Elle s'est allongée sur le sable, dans la boue de la lagune et au milieu des ordures. Amma a mangé des morceaux de verre, du marc de café et même des excréments humains. Elle a fait cela afin de tout transcender. Elle possédait le détachement nécessaire. Mes enfants, ne croyez pas que les paroles ou les actes d'Amma sont pour son propre bénéfice. Elles ne visent qu'à votre seul intérêt. Amma n'a rien à gagner, rien à perdre. Pour elle tout se vaut. Mais il n'en va pas de même pour vous. Vous percevez encore des différences entre les objets. Il vous reste un long chemin à parcourir.

De plus aucun de vous n'a dans sa vie fait l'expérience du malheur. N'ayant jamais peiné ni sué, vous ignorez les difficultés que rencontrent les autres gens. La plupart d'entre vous viennent de familles aisées. Il vous suffisait de mettre les pieds sous la table et la nourriture vous était servie sans que vous ayez à vous inquiéter de rien. Vous n'aviez aucun travail à fournir, pas même à laver vos vêtements. Vous avez grandi habitués à ce que vos parents satisfassent tous vos désirs. Mais la vie spirituelle n'est pas pour de telles personnes. Pour mener une vie spirituelle authentique, il faut avoir traversé la souffrance et le chagrin. Il est difficile pour une personne habituée à l'opulence de mener une vie spirituelle véritable. Il lui faut descendre et toucher le sol. Elle doit être prête à supporter les épreuves de la vie réelle, une vie de travail acharné. Il faut lui donner l'occasion de respirer l'odeur de sa propre sueur. Mes enfants, vous ignorez la valeur du travail. Savez-vous que le travail est Dieu? Amma avait l'habitude de prier ainsi : « O Seigneur, donne-moi du travail ; donne-moi Ton travail. »

Un *brahmachari* prit la parole et essaya d'expliquer que la personne chargée de balayer avait quitté l'ashram très tôt ce matin-là pour aller faire une course. Amma l'interrompit en disant : « Mes enfants, savez-vous que dès l'âge de neuf ans, Amma devait se lever à trois heures du matin pour commencer son travail quotidien? Elle était sans cesse occupée à différentes tâches. Elle commençait par nettoyer la maison et balayer le sol alentour. Puis il lui fallait accomplir cent autres travaux : aller chercher l'eau, cuisiner trois fois par jour, nettoyer et nourrir les vaches, les traire, nettoyer les récipients utilisés pour la cuisine, laver les vêtements de toute la famille et battre la coque des noix de coco pour fabriquer de la corde avec la fibre. Parfois, Amma devait battre les coques brutes, ce qui est encore plus dur. À force de porter sans cesse sur la tête des jarres d'eau et des récipients de *kanji* (gruau de riz) chaud, une calvitie apparut sur la tête d'Amma. Elle perdait ses cheveux, mais ne s'en souciait guère. De tout le jour, jamais le simple vêtement d'Amma n'était sec. Il lui fallait patauger dans la lagune afin de ramasser l'herbe pour les vaches. Elle allait chercher l'eau et lavait les vêtements de la famille, elle était toujours trempée. Amma aurait bien voulu avoir des vêtements secs, mais elle ne murmura jamais une plainte. Bien qu'elle eût tant de travail, Amma priait Dieu de lui en donner plus afin d'être constamment occupée à Lui dédier chaque action. Amma était sévèrement grondée et même battue physiquement, mais elle mit ces mauvais traitements à profit pour tourner son esprit vers l'intérieur, au lieu d'éprouver de l'amertume et du ressentiment.

En plus de ses devoirs dans la maison familiale, Amma était envoyée servir dans la famille. Chez sa grand-mère Amma accomplissait toutes sortes de travaux, servant même parfois de batelier pour permettre à ses cousins d'aller à l'école, située sur l'autre rive de la lagune. »

Amma marqua une pause ; personne ne bougeait. Puis elle poursuivit : « Mes enfants, Amma était sans cesse occupée, de l'âge de cinq ans jusqu'à ses vingt ans. Aujourd'hui encore Amma n'aime pas rester inactive. Elle ne peut tout simplement pas. Si un *sadhak* ne travaille pas, il gruge le monde et Dieu au nom de la spiritualité. Aucun de vous n'a souffert comme Amma. Même aujourd'hui vous n'avez aucune difficulté à affronter, aucune vexation à subir. Vous n'avez aucun problème, aucun souci. Voyez Amma. Elle n'a besoin d'accomplir aucun travail, et pourtant elle travaille. Elle travaille, mais ce travail n'est pas pour elle-même, pas pour gagner de l'argent, ni pour la gloire, ni pour la renommée, ni pour plaire à quiconque. Et cependant accomplir cet ouvrage lui procure joie et béatitude. Elle travaille simplement parce qu'elle en a envie.

Mes enfants, il y avait d'autres membres de la famille auxquels Amma aurait pu demander de l'aide pendant son enfance et sa jeunesse, alors qu'elle travaillait tant. Elle aurait même pu dire : « Je ne peux pas assumer tout ce travail, il y a d'autres enfants, demandez-leur d'en faire une partie. » Mais non, jamais elle ne murmura une plainte ni ne demanda l'aide de quiconque. Amma accepta tout comme une bénédiction de la Providence. Jamais elle ne considéra son travail comme un fardeau. Elle était au contraire trop heureuse de le faire car elle le voyait comme le travail de Dieu, envoyé par la volonté de Dieu. Son travail était sa *sadhana*.

Dire : « C'était la responsabilité d'un tel de balayer aujourd'hui, mais parce qu'il était absent, le travail n'a pas été fait. » dénote un manque de sincérité et de conscience. Un aspirant spirituel ne devrait pas avoir cette attitude. Vous ne diriez pas cela s'il s'agissait de votre propre maison. « Si cette tâche m'est attribuée, je l'accomplirai, si elle a été confiée à quelqu'un d'autre, je m'en moque. Je ne vais pas le faire à sa place. » Ceci est l'attitude d'une personne égoïste qui ne pense qu'à « moi » et au « mien ». « Je ne veux pas mettre mon nez dans les affaires d'autrui » est toujours l'attitude des égoïstes. Mes enfants, nous essayons de nous libérer de cette vision étriquée. Nous désirons cultiver l'attitude : tout est mien, tout appartient à Dieu. Je ne suis qu'un instrument entre Ses mains pour effectuer Son travail.

Vous êtes ceux à qui il appartient de planer haut dans le vaste ciel de la spiritualité. Pour cela, il vous faut les ailes du désintéressement et de l'amour. Nous devrions être capables de tout accomplir avec amour et dévotion et considérer l'occasion d'aimer et de servir autrui comme un cadeau précieux, comme une bénédiction envoyée par Dieu. Nous devrions nous en réjouir et Le remercier. Un chercheur spirituel devrait toujours avoir une attitude positive et éviter les sentiments ou attitudes négatifs. Il faut de la force et du courage pour être positif et un esprit audacieux pour abandonner de vieilles habitudes, en développer et cultiver de nouvelles, fondées sur les principes spirituels. C'est possible ; c'est le but de la *sadhana*.

Le commun des mortels se contente de choisir et d'effectuer un travail plaisant. L'attitude d'un chercheur spirituel devrait être différente. Surmontant attraction et répulsion, sans souci de l'heure et des circonstances, il devrait être prêt à accomplir n'importe quelle tâche. En cela réside sa grandeur. »

Sans ajouter un mot, Amma se leva et partit. Comme l'heure de la méditation allait sonner, tous se levèrent pour aller méditer, pleins de regrets mais cependant inspirés par les paroles d'Amma.

Deux mères

Au cours du *darshan*, l'un des dévots laïcs posa à Amma la question suivante : « Amma, je T'ai entendu dire un jour qu'il y a deux Mères, la Mère extérieure et la Mère intérieure. Je ne comprends pas ce que tu veux dire par là. Peux-tu s'il te plaît m'expliquer cette division ? »

Amma fit la réponse suivante : « Fils, il existe deux aspects différents de la Mère : la *maya rupam* (la forme illusoire) et la Mère qui est la « Conscience des consciences ». (*Dans la Kena upanishad, *manaso manah* , que l'on peut traduire par la « Conscience des consciences» signifie l'Être Suprême, le *Purusha*, la Conscience Absolue, la Conscience-Témoin)

La *maya rupam* est la forme extérieure, le corps. Vous considérez ce corps comme étant Amma et vous appelez cette forme «Amma». Mais dans les profondeurs de la «Conscience des consciences» il existe une autre Mère. Vos yeux de chair ne peuvent pas voir la Mère qui est établie dans cette Conscience suprême. Ils ne voient que la Mère extérieure. La Mère extérieure, la *maya rupam*, rit, joue, parle, mange, dort et agit à l'image des êtres humains ordinaires. Cette forme se mêle à vous et communique avec vous. Cette forme change. Elle vieillit. Elle est née et devra donc périr. Elle a un commencement et une fin. En étant proche de ce corps, vous pouvez dans une certaine mesure comprendre cette Mère, la Mère extérieure. Vous pouvez lui parler, lui poser des questions. Les enfants aiment cette forme et Amma aussi aime ses enfants. Vous pouvez parfois plaire à la Mère extérieure. Vous la rendez heureuse et vous la faites pleurer. Vous pouvez la nourrir, la servir et la faire se reposer. Elle aime plaisanter. Elle s'inquiète pour ses enfants, elle montre parfois de l'attachement. il se peut qu'elle exprime des goûts et des dégoûts. Cette Mère extérieure «dansera» parfois au rythme de vos caprices et de vos fantaisies. La Mère extérieure est tout aussi importante que la Mère intérieure, car sans elle, vous ne pouvez vous faire la moindre idée de la Mère intérieure.

La Mère intérieure, dont la nature réelle est l'infini, le silence, se manifeste de façon visible à travers ce corps, pour que ses enfants puissent avoir un aperçu de la Mère cachée dans les profondeurs.

Ce corps est puissant, il a la capacité d'exprimer le pouvoir infini lové en lui. Si cette Mère extérieure existe, c'est à seule fin de vous aider à atteindre la Mère intérieure, la Mère qui est la «Conscience des consciences». La Mère intérieure n'a aucune des qualités extérieures. Elle est parfaitement silencieuse et dépourvue de tout attribut, établie dans la Conscience suprême. Le silence est le langage de la Mère intérieure. Les pratiques spirituelles ont pour but de satisfaire cette Mère intérieure. Tout service que vous effectuez pour la Mère extérieure, la *maya rupam,* est fait pour plaire à la Mère intérieure. En réalité, on ne peut pas même employer le mot « plaire » dans le cas de la Mère intérieure. Si par les pratiques spirituelles votre cœur s'ouvre, vous ferez l'expérience du jaillissement de la Grâce en vous. Alors elle sera là, en vous. Elle a toujours été là.

Vous ne pouvez pas même appeler « Mère » la Mère intérieure, silencieuse, car « Mère » est un nom et dans la « Conscience des conscience » , là où se trouve la Mère intérieure, il n'y a ni noms ni formes. Cette Mère intérieure est complètement détachée. Elle n'éprouve ni attraction ni répulsion, ni enthousiasme ni inquiétude . Elle ne dort ni ne mange. Elle n'aime personne et ne hait personne. Elle EST simplement. Tout ce qui s'exprime à travers ce corps est pour vous, pour votre croissance spirituelle. Sans lui vous ne pouvez pas même avoir un aperçu de la Mère intérieure. En fait cette Mère extérieure telle que vous imaginez la voir, n'existe pas. Seule existe la Mère intérieure, immobile, silencieuse, éternelle, immuable. »

Amma ne termina pas sa phrase. Avant qu'elle ait pu ajouter un autre mot, elle éclata soudain d'un rire extatique. Ce rire sonore ne dura que peu de temps, car Amma prit aussitôt une inspiration longue et profonde et resta ensuite complètement immobile. Elle était assise dans une parfaite posture de méditation, les yeux fermés, la tête légèrement levée. Après l'inspiration profonde du début, aucune expiration ne suivit. Le temps passa. Les dévots dans la hutte étaient tendus et anxieux. Il semblait que leur respiration s'était également arrêtée. Certaines personnes suggérèrent de secouer Amma avec vigueur, mais cette idée fut abandonnée lorsqu'un *brahmachari* chanta un *sloka* sanscrit extrait du *Saundaryalahari* :

> *Uni à Shakti,*
> *Shiva est doté du pouvoir*
> *de créer l'univers.*
> *Sinon il est incapable*
> *d'effectuer le moindre mouvement.*
>
> *Qui donc, excepté ceux pourvus*
> *de grands mérites acquis dans le passé,*
> *peuvent avoir la fortune de Te saluer*
> *et de Te glorifier, O Mère Divine !*
> *Toi qui es adorée même*
> *par Vishnou, Shiva et Brahma.*

Tout le monde entonna ensuite avec une intense dévotion le *Karunalaye Dévi.*

> *O Déesse, Hâvre de Compassion,*
> *Toi qui exauces tous les désirs*
> *O Katyayani, Gauri, Shambhavi, Shankari.*
>
> *O Essence du « OM », O Mère.. Mère.. Mère..*
> *Tu es l'Essence du « OM »*
> *Toi qui aimes le son « OM »*
> *Lorsque Tu entends le mantra « OM Shakti »*
>
> *O Mère, Tu viens en courant, O grande Maya !*
> *Création, préservation, destruction de l'univers,*
> *Tout résulte de Ton action, O Mère,*
> *Tout est Toi-même ; Tu es Toi-même tout.*

Il n'y a personne d'autre que Toi, O Mère,
Ce suppliant n'a pas d'autre support que Toi,
Le Soi de Béatitude. O Soi plein de Béatitude,
Accorde moi une grâce.

Les cœurs débordaient d'amour et la plupart des gens sanglotaient, incapables de retenir leurs larmes. Ils chantaient, gardant les mains jointes en signe de respect, les yeux rivés sur Amma.

L'ampleur du chant atteignit son apogée lorsque le soliste appela « *Amma, Amma, Amma !* » Au moment où le chœur répondit, ce fut comme si une digue s'était brisée. Des vagues d'amour et de dévotion déferlèrent. Chacun était transporté dans une intensité émotionnelle que les mots ne peuvent décrire.

Quelques villageois, entendant ce chant si intense auquel se mêlaient des pleurs à une heure aussi inhabituelle, vinrent à l'ashram s'enquérir de ce qui se passait. Ils restèrent à une courte distance et regardèrent Amma et les dévots, assis sous le porche du temple. Les chants continuèrent. D'autres *slokas* du *Saundarya Lahari*.

La poussière de Tes Pieds est l'île
D'où provient le lever de soleil radieux
De l'illumination spirituelle,
Dissipant les ténèbres de l'ignorance
Dans le cœur des dévots.
Cette poussière forme les grappes de fleurs en bouton
D'où jaillit le nectar de l'intelligence.
Vivifiant les esprits obtus,
C'est un véritable collier de pierres précieuses,
Exauçant les désirs de ceux qui sont dans la misère.
Les êtres plongés dans l'océan du samsara,
Cette poussière les élève,
*Comme la défense de Vishnou**

O épouse du Parabrahman ! Les érudits
Qui connaissent le sens réel des agamas (écritures)
Te décrivent en tant que Sarasvati,
Déesse du Savoir et épouse de Brahma.
Ils Te nomment aussi Lakshmi, née d'un lotus,
Épouse de Vishnou ; ainsi que Parvati,
Fille de la montagne et épouse de Shiva.
Et Tu es cependant la « Quatrième »,
Cette unique Énergie qui est la Source
Des trois divinités précédentes.
D'une majesté inconcevable et sans limite,
Tu es l'insaisissable Mahamaya
Qui met en mouvement la roue de cet univers.

O Mère ! Les cimes des Védas
Portent Tes Pieds comme leur couronne.
Daigne placer Tes Pieds sur ma tête aussi ;
Tes Pieds, les offrandes d'eau
Qui y sont versées forment le Gange
Dans les cheveux emmêlés de Shiva
Et la poudre d'un rouge éclatant
Dont ils sont ornés donnent leur éclat
*Aux joyaux du diadème de Vishnou.**

Enfin le corps d'Amma bougea imperceptiblement. Tous les yeux étaient fixés sur elle, exprimant l'angoisse et la peur, et chacun notait attentivement le moindre de ses mouvements. Ses mains s'animèrent les premières, lentement, puis ses pieds se balancèrent doucement d'avant en arrière. Ce furent ensuite ses lèvres qui remuèrent, comme si elle murmurait quelques paroles. Peu à peu le mouvement ascendant et descendant de sa poitrine indiqua le retour de sa respiration ; tous poussèrent un soupir de soulagement et les regards anxieux disparurent. Il y avait peut-être dix minutes qu'Amma était entrée en *samadhi* et maintenant qu'elle émergeait de cet état, les chants reprenaient de plus belle. Quand le *bhajan* fut terminé, elle ouvrit les yeux. Puis vint le geste circulaire, si familier mais inexplicable, qu'Elle exécute avec la main droite tout en murmurant doucement le mantra « *Shiva Shiva* ». En quelques secondes Amma retrouva son état habituel. Tout le monde avait perdu la notion du temps. Il était déjà une heure de l'après midi ; trois heures s'étaient écoulées depuis le début du *darshan*.

Le temps passe toujours très vite en présence d'Amma. Nous sommes si captivés que nous n'avons plus conscience du temps ou du lieu. Les Écritures disent que celui qui atteint l'état de Perfection n'est plus lié ni par le temps ni par l'espace. C'est un truisme de dire que chacun vit cette même expérience en présence d'une Âme réalisée. Les Maîtres parfaits peuvent facilement dérober le mental de ceux qui viennent les voir. Une fois que le mental a disparu, le monde lui aussi disparaît. Le concept de temps et d'espace n'existe qu'aussi longtemps qu'il y a un mental et que nous sommes conscients du monde extérieur. Par conséquent, lorsque nous transcendons la conscience du monde extérieur, le temps et l'espace disparaissent eux-aussi.

Un *Mahatma* possède la faculté innée d'attirer l'attention des gens sur lui et de leur faire oublier le monde extérieur. Tous les *Mahatmas* authentiques ont cette aptitude et Amma ne fait pas exception. Son comportement spontané, ses paroles et ses actes, son amour qui embrasse tout, détendent et apaisent profondément chacun. En sa présence, la notion de temps disparaît. Les gens ont le sentiment de n'avoir passé que quelques minutes avec Amma, pour se rendre compte ensuite qu'ils sont restés plusieurs heures auprès d'elle. C'est ce qui arriva ce jour-là.

Il ne restait plus que quelques dévots dans la file, le *darshan* se terminait. Personne n'avait songé au déjeuner, si bien qu'à la fin du *darshan* Amma s'exclama : « Oh, aucun de mes enfants n'a déjeuné. Quelle misère ! Quelle mère cruelle je suis ». Elle courut à la cuisine et, après avoir mis le riz et le curry dans les récipients appropriés, elle apporta la nourriture au réfectoire et commença à servir tout le monde de ses propres mains.

Les paroles d'Amma, tout d'abord, avaient constitué la nourriture de l'esprit ; maintenant, de ses propres mains, Amma distribuait la nourriture du corps. La joie éclairait le visage de tous ceux qui participaient à ce repas spécial.

On demanda à Amma si elle voulait manger, mais elle répondit : « Amma est rassasiée lorsqu'elle sert la nourriture à tous ses enfants et les voit manger ensemble ». Adressant à tous un large sourire, elle se dirigea ensuite vers sa chambre.

CHAPITRE 11

Amour spirituel et amour profane

7 mai 1984

Aujourd'hui Amma a répondu à une question posée par un dévot au sujet de la différence entre l'amour spirituel et l'amour profane en donnant l'explication suivante : « Fils, l'amour est l'amour, mais l'intensité et la profondeur de l'amour varient. L'amour spirituel est comme un puits sans fond. Insondable, infini, impossible d'en prendre la mesure. L'amour spirituel est sans limite, sans borne, alors que l'amour profane est superficiel et peu profond. Le rythme en est fluctuant, il va et vient. Au départ, cet amour est toujours beau et enthousiasmant, mais peu à peu la beauté et l'exaltation s'évanouissent et il ne reste qu'un sentiment superficiel. Dans la plupart des cas, tout se termine dans la rancœur, la haine et un profond chagrin.

L'amour spirituel est différent. Le début est beau et paisible. Peu après ce commencement paisible vient la période de l'agonie due au désir d'union. Son intensité ne cesse de croître, devenant de plus en plus intolérable. Cette agonie est la source d'une douleur atroce et la souffrance de l'amour prévaut jusqu'au moment qui précède l'union avec le Bien-Aimé. La splendeur de cette union passe celle du début de l'amour ; elle est encore plus indicible. La beauté et la paix de cette union dans l'amour sont éternelles. Un tel amour jamais ne tarit ou ne diminue. Toujours vivant, à l'intérieur comme à l'extérieur, son flot est constant et vous vivez à chaque instant dans le sein de l'amour. L'amour vous avale, vous dévore complètement jusqu'à ce qu'il n'y ait plus de «vous»: il ne reste que l'amour. Votre être entier est mué en amour. L'amour spirituel culmine dans l'union, dans l'Unité. La relation entre deux êtres, lorsqu'elle est pure, peut atteindre cette union.

Amma raconta l'histoire du pur amour unissant Aroun et Manohari. La fille du roi Shaktivarman, Manohari, était très belle et de plus un parangon de vertu. Sa mère, la reine, avait de nombreuses servantes. Aroundhati, l'une d'entre elles, était très pieuse. Elle avait un fils nommé Aroun. Lorsqu'elle vint au palais servir la reine, Aroun bien entendu l'accompagna. La princesse Manohari et Aroun devinrent compagnons de jeux. Comme ils étaient enfants, personne n'attacha d'importance au temps qu'ils passaient ensemble à jouer. Les années passèrent et leur étroite amitié n'en fut pas affectée. Ils se confiaient mutuellement ce qu'ils faisaient, leurs sentiments. Dès qu'Aroun venait au palais, Manohari était impatiente de lui confier ce qui la touchait, ce qui concernait sa vie au palais. «O mon cher ami, la reine a donné l'ordre de façonner pour moi un lit magnifique, orné de pierres précieuses. Cette robe tissée de fil d'or m'a été offerte par le roi. Sais-tu que la reine a ordonné qu'un magnifique jardin soit créé pour moi? Nous pourrons y jouer ensemble.» Voilà ce qu'elle lui disait. Aroun écoutait avec intérêt les histoires de la princesse et lui racontait comment sa mère suait et peinait tout le jour afin de l'élever. Manohari étant le modèle de toutes les bonnes qualités éprouvait une profonde sympathie, une profonde compassion pour la situation d'Aroun et pour sa vie difficile.

Le temps passa et lorsqu'ils furent de jeunes adultes, leur relation était plus forte que jamais. Ils étaient liés par une chaîne d'amour que rien ne pouvait rompre. Leur amour n'était pas creux, superficiel; il était au contraire très profond. Il leur était difficile de rester éloignés l'un de l'autre, car ils commençaient à ressentir l'agonie de la séparation. Comme ils n'étaient plus des enfants, mais un jeune homme et une jeune femme, il leur était difficile de se voir aussi librement et aussi fréquemment qu'auparavant. Ils s'arrangeaient cependant pour se rencontrer en secret et épancher leur cœur. Ils se regardaient sans mot dire, les yeux dans les yeux, et oubliaient le monde extérieur.

Même lorsqu'ils étaient physiquement séparés, Aroun et Manohari songeaient l'un à l'autre, perdus à ce monde. Leur esprit était toujours occupé par la pensée de l'autre. Où se trouvait-il? Que faisait-il? L'atroce souffrance de la séparation brûlait dans leurs cœurs. Lorsqu'ils pouvaient se rencontrer, être ensemble, leur rencontre devenait une sorte de méditation. Assis face à face, ils se regardaient dans les yeux. Les cœurs communiquant par le regard, la communication verbale cessa presque totalement. Il n'y avait aucun contact physique mais ils éprouvaient la chaleur et la profondeur du pur amour. »

Amma marqua une pause et fit quelques commentaires au sujet du pur amour : « Mes enfants, lorsque l'amour est pur, il n'est teinté d'aucun désir. Là où est Rama, Ravana ne peut prospérer ; cela signifie qu'un amour pur et sans tache (Rama) exclut la luxure (Ravana). Amma se rappelle une autre histoire : Ayant enlevé Sita, la divine épouse de Rama et l'ayant transportée à Lanka, Ravana, le roi-démon, tenta par différents moyens de gagner le cœur de Sita. Mais tous ses efforts furent inutiles. Jamais Sita ne cessait de chanter le nom de Rama et son cœur était uni à celui de Son Seigneur.

Bien que Ravana fût un démon, son épouse était vertueuse et honorable. Désireuse de plaire à son époux, elle lui suggéra une façon de conquérir le cœur de Sita. « Mon seigneur, » lui dit-elle « vous possédez de nombreux pouvoirs magiques. Vous pouvez prendre l'apparence qui vous plaît. Transformez-vous en Rama et approchez Sita. Sans aucun doute elle sera vôtre. »

Ravana répondit aussitôt : « Une fois devenu Rama, il n'y aura plus en moi aucune luxure (*kama*). Quel intérêt y a-t-il donc pour moi à approcher Sita ainsi ? »

L'amour pur transcende le corps. Il coule de cœur à cœur. Il n'a rien à voir avec le corps. »

Amma reprit l'histoire d'Aroun et de Manohari.« Les deux amants perdirent tout intérêt pour le reste du monde. Manohari passait son temps dans ses appartements privés, en proie à la souffrance atroce de la séparation. Aroun errait ; loin de sa bien-aimée, sa vie n'était que tourment. La flamme de l'amour brûlait et consumait les amants. Leurs cœurs étaient deux cierges enflammés. Le roi et la reine s'aperçurent du changement de leur fille. Se demandant ce qui lui arrivait, ils appointèrent des espions pour découvrir ce qu'elle faisait et qui elle voyait. En peu de temps l'histoire de la relation entre Aroun et Manohari éclata au grand jour. Ce fut le scandale du palais.

Le roi envoya aussitôt Aroun en exil dans une île éloignée. Il donna en outre aux soldats l'ordre de tuer Aroun en empoisonnant sa nourriture, puis de l'enterrer. Les soldats obéirent. Espérant éviter les soupçons, ils n'utilisèrent pas de cercueil pour enterrer Aroun. Ils mirent le corps dans un simple coffre en bois et l'enterrèrent au milieu de la nuit. »

Marquant une pause, Amma ferma les yeux et s'assit, absorbée dans la contemplation de son propre Soi. Elle éclatait de temps à autre d'un rire extatique. Peu après, Amma rouvrit les yeux et décrivant de la main droite des cercles, dit : « Shiva, Shiva, Shiva, Shiva. » Le silence s'installa jusqu'à ce que quelqu'un lui rappelle l'histoire. Amma reprit : « Bon. Où en étions-nous ? Ah, oui ! Les soldats enterrèrent Aroun à un certain endroit de l'île. Ils n'avaient pas remarqué deux voleurs cachés derrière les buissons et qui observaient toute la scène. Comme il faisait nuit noire, ils ne purent distinguer ce que les soldats enfouissaient ; ils ne virent qu'un grand coffre que les soldats portaient sur les épaules. Pensant qu'il s'agissait d'un trésor, ils le déterrèrent dès que les soldats se furent éloignés. Excités et heureux, ils croyaient que Dieu leur avait apporté la fortune. Dans leur exaltation, dans la joie anticipée d'avoir découvert un trésor, il furent choqués en ouvrant la boîte de constater qu'il ne s'agissait pas d'un trésor, mais d'un homme.

Ils crurent d'abord voir un cadavre, mais remarquèrent que la poitrine d'Aroun se soulevait et comprirent qu'il était encore en vie. Aroun était certes inconscient, mais il respirait encore. Prenant pitié de cet homme enterré vivant, ils aspergèrent son visage avec un peu d'eau et le sortirent du coffre. Lorsqu'Aroun revint à lui, ils lui donnèrent de l'eau à boire. Il se mit alors à vomir ; cela dura un certain temps, jusqu'à ce qu'il ait éliminé tout le poison. Aroun regarda autour de lui, étonné d'être encore en vie. Les voleurs lui posèrent de nombreuses questions mais il ne leur fit aucune réponse. Il ne parla pas ; il se contenta de les regarder. Les deux voleurs furent submergés d'une mystérieuse sympathie, de compassion envers cet homme. Jamais ils n'avaient rien éprouvé de semblable. Émus par cette étrange compassion, ils cessèrent de lui poser des questions et le laissèrent partir. Retrouvant son équilibre physique, Aroun s'éloigna dans l'obscurité, comme un être transporté dans un autre monde.

Les ordres du roi au sujet de l'exil et de l'exécution d'Aroun étaient restés secrets. Les soldats et la reine avaient juré de n'en rien révéler. Bien qu'ignorant le destin d'Aroun, Manohari fut en proie à une grande agitation et à une terrible souffrance intérieure au moment même où Aroun fut banni. Cette douleur culmina au moment où Aroun était enterré vivant. La princesse traversa alors une véritable agonie. Aucune nouvelle ne lui parvenait d'Aroun. Cela faisait longtemps qu'ils ne s'étaient vus, longtemps, bien longtemps que les amants n'avaient été réunis. Jour après jour, languissant au milieu de vagues de souffrance, la princesse dépérissait. Oubliant de manger et de dormir, elle ne pensait qu'à son bien-aimé. La famille royale était très inquiète. Sa santé déclina rapidement et elle ne quitta bientôt plus son lit. De nombreux médecins éminents furent appelés à son chevet. Ils essayèrent différents traitements, différents remèdes, mais sans succès. Rien ne pouvait rendre la santé à Manohari. Son visage était émacié et pâle, mais ses yeux restaient grand ouverts. Bien qu'elle fût plongée dans une profonde douleur, désirant être avec son bien-aimé, Aroun, l'amour les faisait briller.

Des bleus et des coupures apparaissaient parfois mystérieusement sur son corps. C'était là un fait inexplicable, car il n'y avait dans la chambre aucun objet dangereux. Les docteurs étaient médusés. Elle tombait parfois de son lit comme si on l'en avait jetée. À d'autres moments elle marchait à quatre pattes sur le lit. Elle murmurait parfois des sons étranges, en apparence dénués de sens. Mais à côté de ces phénomènes inexpliqués et troublants, elle était tout à fait calme et paisible. Gardant le maintien dû à son rang de princesse, elle semblait normale, excepté le fait qu'elle ne disait rien et ne remarquait pas la présence des visiteurs. Nul ne comprenait le sens de ces symptômes et le mystère demeurait entier pour tous les habitants du palais. Pendant ce temps Aroun était seul, sans personne à qui ouvrir son cœur. Il errait par monts et par vaux, traversant rivières et forêts en quête de sa bien-aimée Manohari. Il se précipitait parfois, pris de frénésie, comme un fou. Son apparence extérieure était celle d'un fou, d'un homme dérangé aux cheveux longs et emmêlés, à la longue barbe. Peu à peu son corps émacié devint maigre comme un squelette. Ses yeux, profondément enfoncés dans les orbites étaient caves, mais ils brillaient d'un amour ardent. Il ne mangeait ni ne dormait. Le nom de sa bien-aimée Manohari était sans cesse sur ses lèvres. Bien qu'il semblât échappé d'un asile de fous, une aura particulière émanait de lui. Les gens de l'île s'habituèrent à Aroun et à son comportement étrange ; ils l'aimaient beaucoup.

Avec le temps, l'amour d'Aroun crut en intensité. Il s'écriait parfois : « Manohari ! » Il se mit à interroger les gens qu'il rencontrait : « Où est-elle, la bien-aimée de mon cœur ? L'avez-vous vue ? » Comme il passait le plus clair de son temps dans la forêt, il interrogeait aussi les animaux, les oiseaux, les arbres, les plantes grimpantes, les buissons et même les grains de sable : avaient-ils vu sa bien-aimée ? »

Amma partit soudain dans un autre état de conscience. Elle avait les yeux clos et des larmes roulaient le long de ses joues. Amma racontait l'histoire de façon si émouvante que les auditeurs se mirent eux aussi à pleurer. Chaque fois qu'Amma parle de l'amour pur, elle s'envole loin de ce monde. L'Amour est sa nature réelle ; les occasions où il lui faut parler de l'amour sont donc un véritable « test » pour elle, car il lui faut lutter pour garder son mental à un niveau de conscience inférieur.

Au bout d'un moment, Amma revint au plan de la conscience ordinaire et reprit le fil du récit : « L'amour brûlant d'Aroun pour Manohari atteignit un tel degré que même les animaux sauvages et féroces étaient calmes et paisibles en sa présence. Les lions et les tigres devinrent ses amis ; ils étaient apprivoisés par l'amour au point de s'allonger tranquillement à côté du daim et des lapins. Ils ressentaient sa tristesse et versaient eux aussi des larmes quand il pleurait. Ils se joignaient à sa danse extatique lorsqu'il virevoltait dans la béatitude de l'amour. Puis, lorsqu'il était en proie à l'atroce douleur de la séparation, il perdait conscience.

Au cours de ses errances il lui arrivait de tomber, de trébucher et de se blesser à une pierre tranchante, à une branche, ou bien de rentrer dans un arbre. Pluie ou soleil, il était toujours dehors, complètement inconscient de l'état de son corps. Les deux amants étaient si identifiés l'un à l'autre que tout ce qui arrivait à Aroun se manifestait sur le corps de sa bien-aimée. Telle était la cause des mystérieuses blessures, coupures et bleus qui apparaissaient sur le corps de Manohari.

Depuis que la princesse Manohari était alitée et avait sombré dans le coma, son corps dépérissait. Elle était allongée comme un cadavre. Ses lèvres remuaient parfois légèrement et si quelqu'un prêtait l'oreille et écoutait attentivement, il pouvait l'entendre dire : « Aroun, Aroun, Aroun ! » Hormis cela, elle respirait à peine. Ses parents en éprouvaient un profond chagrin. Ils abandonnèrent tout espoir de guérison. Les servantes de la princesse, qui l'aimaient tendrement, se réunissaient autour de son lit et se lamentaient. Le royaume entier était plongé dans la tristesse. Même les récoltes étaient mauvaises.

Telle était la situation, lorsqu'un saint homme apparut au palais. Une aura de sérénité et de paix profonde émanait de lui. Lorsqu'il vit le chagrin qui tourmentait le roi et la reine, affligés par l'étrange maladie de leur fille, il demanda à voir Manohari. Il pénétra dans les appartements de la princesse et vit la jeune fille allongée, dans le coma. Après avoir contemplé en silence cette forme pitoyable, il s'assit et entra en méditation. Lorsqu'il ouvrit les yeux, le saint fit appeler le roi et la reine. Il leur dit : « Votre fille peut être sauvée, mais... » il s'interrompit.

Le roi, vivement, le conjura : « O, très saint homme, je suis prêt à tout. Dis-nous je t'en prie, de quoi il s'agit. »

Le saint révéla alors la vérité : « Votre fille est liée à un homme par un amour profond. Lui seul peut la sauver. Il n'y a aucune autre issue. Sinon elle mourra bientôt. Appelez cet homme, qu'il touche la princesse. Cela lui rendra la vie. »

Le roi fut stupéfait et tomba aux pieds du saint. Il raconta toute l'histoire : comment il avait exilé Aroun dans une île éloignée et ordonné aux soldats de l'empoisonner et de l'enterrer.

La conscience du roi était lourde de remords ; il pleurait et se repentait, assis aux pieds du saint.

Après avoir entendu la confession du roi, le saint se plongea de nouveau en méditation. Sortant de sa transe méditative, il sourit et rassura le roi : « Ne vous inquiétez pas, le jeune homme est encore vivant et se trouve sur l'île dans laquelle vous l'avez exilé. » Avant de quitter la pièce, il donna à la princesse une caresse douce et affectueuse, comme s'il lui donnait sa bénédiction pour que tout s'arrange bientôt. »

Amma, de nouveau, marqua une pause. Au cours de ce bref intervalle, l'un des nouveaux *brahmacharis* s'apprêtait à poser une question quand il se rappela qu'il est déplacé d'interrompre lorsque le *Guru* parle. Percevant son désir, Amma lui demanda : « Fils, n'hésite pas. Quelle question voulais-tu poser ? »

« Amma » dit le *brahmachari*, « Tu as dit qu'Aroun interrogeait même les animaux et les oiseaux à propos de sa bien-aimée Manohari. Cela n'a pas de sens à mes yeux ; il faut être fou pour agir ainsi. »

Amma répliqua : « Fils, tu as raison. Il était fou, fou d'amour. Un fou d'amour ne voit pas les objets sous leurs formes multiples mais perçoit sa bien-aimée en tout. À ses yeux, seule la vie qui pénètre tout vibre en chaque objet. Son esprit est concentré en un seul point. Il est vigilant et attentif. Son esprit est tourné exclusivement vers sa bien-aimée. Dans ce type de folie, tout le reste cesse d'exister.

Dans la maladie mentale ordinaire, la personne perd toute concentration et transforme aussi bien le monde que son esprit en un chaos infernal où règne une confusion absolue. Mais la folie engendrée par le pur amour concentre au contraire l'esprit sur un seul point, à la perfection. La folie est alors divine et possède un pouvoir divin de purification.

Mes enfants, que firent les *gopis* de Vrindavan ? Elles aussi voyaient en chaque objet, animé ou inanimé, un messager de leur amour. La souffrance provoquée par la séparation d'avec Krishna était si intolérable qu'elles pensaient que même une abeille serait un bon ambassadeur, capable d'intercéder en leur faveur auprès du Seigneur. Une des *gopis* envoya le message suivant : « O abeille, prie le Seigneur qu'Il daigne porter la guirlande de mon adoration. »

Une autre *gopi* : « Dis à mon bien-aimé Seigneur qu'Il vienne et illumine les ténèbres de mon cœur. » Et Radha : « Supplie mon bien-aimé Seigneur de rendre verdoyants les sables désertiques du cœur de Radha, afin que Ses pieds, si légers, si doux, puissent s'y poser. » Que fit Rama après l'enlèvement de Sita par Ravana ? Lui aussi interrogea les arbres, les plantes grimpantes, les oiseaux et les animaux à propos de Sa Bien-aimée. Finissons maintenant l'histoire.

Le roi envoya immédiatement un bataillon de soldats dans l'île pour y trouver Aroun. Les soldats qui avaient enterré le corps les guidèrent vers le lieu où ils avaient enfoui le coffre. Ils creusèrent à l'endroit précis et ne découvrirent rien ; ils ne décelèrent pas la moindre trace d'un objet enterré, encore moins d'un cadavre. Les soldats furent divisés en plusieurs groupes et envoyés fouiller la campagne à la recherche d'Aroun. Partout où ils passaient, ils demandaient aux habitants s'ils avaient vu le jeune homme. Ils finirent par entendre parler d'un vagabond fou qui rayonnait d'une aura spéciale. Poursuivant leur recherche ils arrivèrent enfin à la forêt où vivait Aroun. Ils furent stupéfaits de voir un homme danser, chanter, rire et pleurer au milieu des lions, des tigres, des daims, des écureuils, des oiseaux et des autres animaux de la forêt. Les animaux ne firent aucun mal aux soldats. Ils ne se sauvèrent pas non plus ; ils restèrent calmes, tranquilles et amicaux. Les soldats voulaient savoir si cet homme étrange était bien Aroun ; ils ne pensaient vraiment pas qu'il puisse s'agir de la personne qu'ils avaient connue au palais. Comment s'en assurer ? Quelqu'un eut finalement une bonne idée : la meilleure façon de découvrir s'il s'agissait d'Aroun était de prononcer le nom de la princesse assez fort pour qu'il puisse l'entendre. Un soldat fut donc désigné pour approcher le fou et appeler :« Manohari, Manohari, Manohari ! »

Aroun, percevant ces douces sonorités, sentit son cœur se remplir d'ambroisie. Il se dirigea vers la source du son. Les yeux pleins d'un amour extatique, il accourut vers le nom de sa bien-aimée et s'effondra à l'endroit où se trouvaient les soldats. Certains qu'ils s'agissait bien d'Aroun, ils le prirent alors sur leurs épaules pour l'emporter. Les animaux et les oiseaux, témoins silencieux de la scène, versèrent des pleurs en voyant partir leur ami, cet esprit qui était devenu leur proche parent.

Aroun fut reconduit au royaume. Lorsqu'il arriva au chevet de Manohari, son être tout entier s'illumina. Sa simple présence suffit à ramener la vie et la vitalité dans le corps de Manohari. Il la toucha et comme quelqu'un qui s'éveille d'un profond sommeil, elle se réveilla doucement. Voyant son bien-aimé, il lui sembla être en extase. Ils se sourirent ; leurs yeux buvaient l'amour à grands traits. C'était comme s'ils n'avaient jamais été séparés et en un sens, ils ne l'avaient jamais été.

Leur fille revenue à la vie, le roi et la reine débordaient de joie et de gratitude. Tous les serviteurs de la cour se précipitèrent pour annoncer à tous avec un sourire rayonnant que la princesse était éveillée et en bonne santé. Mais le monde de la cour ne correspondait pas au désir des amants. Ils ne voulaient rien qui fût de ce monde. Leurs cœurs avaient été unis bien avant l'exil et leur monde était le monde de l'amour. Tous deux choisirent de mener une vie spirituelle, ils renoncèrent donc au monde pour devenir des *sannyasis,* leurs cœurs demeurant unis à jamais. »

Amma termina ainsi l'histoire des deux amants Manohari et Aroun. Ce conte enchanteur émut tous les cœurs. Le silence régnait. En proie à l'émotion, toute l'assistance gardait le silence et contemplait Amma. Les dévots éprouvaient le sentiment que l'Incarnation de l'Amour se tenait devant eux. Il leur semblait parfois que s'ils la regardaient intensément, ils trouveraient le secret de ce dont ils étaient en quête mais qui toujours leur échappait. Le silence fut enfin rompu par Amma, qui se mit à chanter *Nin Premam.*

> *O Mère, rends-moi folle de Ton amour!*
> *Quel besoin ai-je de la connaissance ou de la raison?*
> *Enivre-moi du vin de Ton amour!*
> *Dans ce monde, cette maison de fous*
> *Qui T'appartient, certains rient, d'autres pleurent*
> *Et d'autres encore dansent de joie.*
>
> *Gauranga, Bouddha, Jésus et Moïse,*
> *Tous sont ivres du vin de Ton amour.*
> *O Mère, quand me béniras-Tu,*
> *Quand pourrai-je enfin jouir*
> *De Ta bienfaisante Présence?*

Par ses paroles et par le chant, Amma exprimait la beauté et la fragrance du pur amour, telle était l'impression de tous. Elle s'arrêta un moment. De nouveau, il y eut un profond silence. Les regards étaient fixés sur Amma, dont les yeux restaient clos. L'histoire était si émouvante que tous semblaient faire l'expérience intérieure des profondeurs silencieuses de l'amour.

La brise rafraîchissante venant de la Mer d'Arabie à l'ouest souleva doucement le voile qui couvrait les cheveux d'Amma. Quelques mèches dansèrent dans le vent. Amma rouvrit les yeux et remit son voile en place.

Un *brahmachari* saisit l'occasion pour poser une question: «Amma, quelle est la conclusion?»

« Mes enfants, » répondit Amma, « l'amour reste l'amour, qu'il s'agisse d'amour spirituel ou d'amour ordinaire, la différence se situe dans l'intensité de l'amour. Même si l'amour est au départ teinté par des attentes ordinaires il peut atteindre le sommet de la pureté s'il est concentré sur un seul objet et désintéressé. L'amour pur n'a rien à voir avec le corps. Il lie et unit l'âme de l'amante et celle de l'amant. Mais comme Amma l'a déjà dit, l'amour pur requiert une somme formidable de sacrifice de soi. Cela peut à certains moments engendrer une grande souffrance, mais le pur amour culmine toujours dans la béatitude éternelle.

Dans cet état ultime d'unité, même si l'amant et l'amante conservent leurs corps, c'est-à-dire même s'ils existent en tant que deux corps, dans les profondeurs de leur amour ils ne font qu'un. Comme pour les deux rives du fleuve : les rives sont différentes ; vues de l'extérieur elles sont deux mais au fond elles sont une, unies dans les profondeurs. Les amants véritables sont ainsi : bien qu'ils semblent être deux personnes, au fond ils sont un, unis par l'amour. »

Un dévot demanda alors : « Pourquoi y a-t-il tant de souffrance et de douleur dans l'amour pur ? »

Amma expliqua : « Ce qui est impur doit devenir pur. Toute impureté doit fondre et disparaître dans la douleur brûlante de la séparation et de l'aspiration. Cette souffrance est *tapas*. Grâce à elle, les *gopis* s'identifièrent totalement à Krishna. Leur douleur était si profonde et intense que leur individualité disparut complètement et qu'elles se fondirent en leur Bien-Aimé Krishna. L'impureté est le sentiment du « moi » et du « mien », l'ego. L'ego ne peut être détruit à moins de flamber dans cette fournaise d'amour. L'amour est à la fois chaud et frais. Tout d'abord il vous consume et cela est un peu douloureux. Mais si vous avez la force de supporter la douleur, vous pouvez ensuite vous détendre et goûter la fraîcheur apaisante que l'amour insuffle à votre cœur, savourer l'unité de l'amour.

Amma peut vous donner l'exemple de la *gopi* Niraja. Originaire d'une autre province, elle épousa un *gopa* de Vrindavan. Avant de venir à Vrindavan, elle avait été mise en garde à propos de Krishna. Mais lorsqu'elle vit Krishna au cours du festival de Govardhana, elle fut subjuguée au point d'offrir son cœur tout entier au Seigneur. Niraja dut affronter de nombreuses épreuves douloureuses, mais elle les supporta avec grand courage. Lors de sa première rencontre avec Krishna, le Seigneur jouait de Sa Flûte divine, au son si envoûtant, au pied de la colline de Govardhana. Par la suite, Niraja se rendit souvent dans le bosquet où elle L'avait vu pour la première fois, pour en respirer l'air sacré.

Lorsque Krishna quitta Vrindavan pour Mathoura, la séparation causa à Niraja une douleur intolérable. Mais elle souffrit en silence pendant des années et des années. Comme toutes les autres *gopis*, elle pensait que Krishna reviendrait un jour. Niraja attendit et attendit. Elle passait ses jours et ses nuits dans le bosquet.

Les années passèrent et Krishna ne revint jamais. Pour Niraja, la douleur de la séparation devint atroce. Son agonie était intolérable et un jour elle s'effondra, incapable d'en supporter davantage. Alors qu'elle était allongée dans le bosquet, sur le point de mourir, Krishna lui apparut. « J'ai toujours eu la nostalgie d'entendre de nouveau le son de Ta Flûte divine, » dit-elle à Krishna. Le Seigneur répondit : « Je ne l'ai pas apportée. » Mais juste pour exaucer son désir, Krishna cueillit un roseau dans le bosquet et en fit une flûte sur laquelle Il joua une mélodie qui fit fondre le cœur de Niraja. Tandis qu'elle écoutait cette mélodie, allongée sur les genoux de son Bien-Aimé Seigneur, Niraja, amante et dévote véritable, se fondit en Krishna pour l'éternité.

Le pur amour dissout tous les sentiments négatifs. Détruisant tout égoïsme, il n'attend rien et donne tout. L'amour pur est un renoncement permanent : il consiste à renoncer à tout ce qui vous appartient. Mais qu'y a-t-il qui soit véritablement nôtre ? Seulement l'ego. L'amour consume dans ses flammes toute idée préconçue, tout préjugé ou jugement, bref, tout ce qui découle de l'ego. L'amour pur consiste à vider l'esprit de toutes ses peurs et à ôter tous les masques. Il dévoile le Soi tel qu'il est.

Pour l'amante qui s'ouvre pleinement à l'Aimé et l'accueille, l'amour pur prépare l'esprit en chassant les ennemis de l'amour. Un flot d'amour constant s'écoule alors librement du cœur de l'amante vers celui de l'Aimé. Une soif insatiable de boire l'Aimé, une faim insatiable de le dévorer et un désir indicible de devenir Amour s'emparent de l'amante. Vivre dans l'amour signifie la mort de l'ego. Mais une fois que vous avez atteint l'unité avec le Bien-Aimé, seuls la paix, l'amour, la lumière et le silence vous habitent. Tous les conflits cessent et vous brillez dans la lumière de l'Amour suprême. Pour atteindre ce sommet de l'amour il faut endurer quelque souffrance. Mais cette souffrance n'en est pas une si vous considérez le flot éternel de béatitude qui sera vôtre lorsque vous atteindrez le but.

Pour parvenir à destination il faut voyager et il se peut que vous ayez à traverser quelques épreuves en chemin. Peut-être vous faudra-t-il passer de longues heures en avion ou bien plusieurs jours dans le train sans pouvoir vraiment dormir ni manger. Une fois parvenu à destination, vous pouvez toutefois vous allonger, vous reposer et vous détendre. Pour atteindre la mer, un fleuve doit parcourir bien des kilomètres. Le profit vient avec des pertes. La paix éternelle de l'amour vient après quelques épreuves et tribulations. Pour obtenir la béatitude suprême, il faut se soumettre à une purification. La purification consiste à chauffer le mental pour en ôter les impuretés et ce processus engendre inévitablement de la souffrance. Même pour obtenir le moindre gain matériel, un certain degré de sacrifice est nécessaire. Tandis que le bonheur éphémère procuré par le monde nous entraîne finalement dans des chagrins sans fin, la souffrance spirituelle nous élève vers le royaume de la paix et de la béatitude éternelles. »

Un dévot ajouta : « L'amour pur et innocent peut résoudre tous les problèmes, qu'ils soient d'ordre mental ou physique. C'est là l'unique but de la vie d'Amma. Son amour universel apporte la paix et la tranquillité à tous ceux qui viennent à elle. »

Amma reprit : « Mes enfants, il n'est rien que l'amour ne puisse accomplir. Il peut guérir des maladies, guérir les cœurs blessés et transformer les esprits humains. Grâce à l'amour il est possible de surmonter tous les obstacles. Il peut nous aider à renoncer à toutes les tensions physiques, mentales et intellectuelles, nous apportant ainsi la paix et la joie. Il est l'ambroisie qui constitue le charme et la beauté de la vie. L'amour peut créer un autre monde dans lequel vous êtes immortel, ignorant la mort.

Le pur amour est le meilleur remède pour le monde moderne. C'est ce qui manque à toutes les sociétés. La racine de tous les problèmes, qu'ils soient d'ordre individuel ou global, est l'absence d'amour. L'amour est le facteur qui lie et unit. Il crée un sentiment d'unité parmi les gens. Il unifie une nation et les citoyens qui la constituent. L'égoïsme et la haine hachent l'esprit des gens en morceaux. L'amour devrait régner. Il n'existe aucun problème que l'amour ne puisse résoudre.

À notre époque, l'esprit humain est avide. Trop de raisonnement a gâté l'esprit contemporain. Les gens utilisent leur intellect pour tout. Ils ont perdu et leur cœur et leur foi. La beauté réside dans le cœur. C'est la foi qui constitue la beauté et le cœur est la demeure de la foi. L'intellect et le raisonnement sont nécessaires mais il ne faut pas les laisser submerger la foi en nous. Nous ne devrions pas permettre à l'intellect de dévorer notre cœur. L'intellect est savoir et le savoir est ego. Des connaissances excessives ne signifient rien d'autre qu'un ego infatué et un tel ego est un lourd fardeau.

Lorsque l'intellect prédomine chez une personne, elle est incapable d'apprécier la douceur, la beauté, incapable d'aller au-delà de la surface des choses et de plonger profondément à l'intérieur. Elle ne perçoit que l'extérieur. Assise sur une plage, au lieu de contempler la beauté des vagues et l'infini de l'océan, elle s'interroge sur l'origine de l'océan. Occupée par ces pensées, elle ne perçoit même pas la douce caresse de la brise de mer, immense, infinie. Une personne essentiellement intellectuelle est incapable de ressentir la magie et l'enchantement du clair de lune, de s'en imprégner. Elle ne peut apprécier un objet tel qu'il est ; il lui faut l'analyser. Elle tentera d'analyser la lune en tant que corps lumineux, d'expliquer scientifiquement l'existence de la lune et la provenance de son rayonnement. Elle ne peut penser en d'autres termes.

En buvant une tasse de thé ou de café cette personne réfléchira au moyen de produire une nouvelle espèce de café ou de feuilles de thé. Elle ne pourra apprécier le parfum du thé ou du café. L'intellectuel dépourvu d'amour passe ainsi toujours à côté de la beauté et du charme de ce que l'existence lui apporte. Imaginez la vie d'un tel être. Peut-on appeler cela une vie ? C'est la mort, rien d'autre que la mort. Nous désirons vivre cette vie le mieux possible. Nous ne voulons pas la gâcher. Nous souhaitons donc qu'y règne une harmonie parfaite, sans excès, sans déficiences. À présent l'intellect prédomine et l'amour fait défaut. Nous devons alors nous efforcer de vider notre intellect de pensées inutiles et de remplir notre cœur d'amour. Telle est la solution à la détresse et aux conflits qui règnent dans la société moderne. »

Une autre question fut posée au sujet de l'amour et de la guerre. « Amma, Tu affirmes que l'amour devrait régner et qu'il n'y a aucun problème qu'il ne puisse résoudre. Mais ceci s'applique-t-il au monde moderne dans lequel chaque pays ne songe qu'à accroître son potentiel militaire pour attaquer et conquérir les autres pays ? Comment une nation peut-elle rester fidèle à la théorie de l'amour et la mettre en pratique lorsque des ennemis alignent de l'artillerie à ses frontières ? »

« Mes enfants, dans l'amour pur, il n'y a aucun attachement. », expliqua Amma. « Il faut transcender tous les petits sentiments humains pour atteindre l'Amour suprême. En d'autres termes, l'amour naît lorsque vient le détachement. Les attachements envers d'autres objets quels qu'ils soient doivent tomber et le mental doit se concentrer totalement sur un seul point. Là, l'amour seul est le sujet et l'objet. Un tel amour ne vient pas de l'attachement, il est le produit d'un détachement total. C'est pourquoi, lorsque la nation doit affronter un tel défi, il faut combattre pour le bien du pays, si la cause est bonne, mais avec détachement. Afin de combattre sans attachement, la bataille doit être engagée non contre ceux qui font le mal, mais contre le mal. La lutte n'est pas dirigée contre une personne isolée dans l'armée adverse mais contre l'ego, la force destructrice. Ce n'est pas la haine qui vous pousse à combattre, mais le détachement et l'amour, c'est-à-dire l'amour détaché, l'amour sans attachement. Toutes les guerres et les conquêtes ont leurs racines dans l'ego, dans la plupart des cas l'ego national, l'ego collectif des nations. Il s'agit rarement d'ego personnel. Lorsqu'un conflit naît, il apparaît entre deux egos collectifs. Chaque camp peut bien s'époumoner à proclamer qu'il lutte pour le bien commun, pour protéger la liberté de la nation, pour apporter la paix à l'humanité entière etc. Mais si vous examinez la cause réelle, vous découvrirez que ce sont les egos qui s'affrontent. Si un pays ou un dirigeant constitue une menace pour une nation ou bien pour le monde, vous pouvez vous battre, mais faites-le avec amour. Si vous partez en guerre, combattez avec amour pour l'humanité. Luttez contre le mal et contre l'injustice. Combattez avec détachement, car le véritable amour naît du détachement.

L'amour véritable ne naît que lorsque tout attachement à des personnes, des objets ou des intérêts personnels s'évanouit. La bataille devient alors un magnifique jeu. Elle devient service désintéressé de l'ensemble du genre humain par amour et par compassion. Dans cette lutte, ce n'est pas l'ego qui combat mais l'amour qui désire consumer l'ego et le transformer en amour.

Le Seigneur Krishna était «l'amour incarné», même alors qu'Il participait à la bataille décrite dans l'épopée du *Mahabharata*. Bien qu'Il fût du côté des vertueux Pandavas, Il ne haïssait pas les mauvais Kauravas. Il les aimait, mais détestait le mal qui les motivait. Il voulait sauver le pays d'une destruction totale, par amour de la justice. La cause qu'Il défendait était universelle. Si les Pandavas avaient agi de manière injuste, Krishna aurait sans nul doute pris le parti des Kauravas. Il n'était pas attaché aux individus. Bien au contraire, il protégeait le *dharma*. Il était parfaitement détaché de tout, même de Sa propre demeure. C'est pourquoi Il put sourire même lorsque Sa ville de résidence, Dwaraka, fut engloutie par l'océan. Krishna participa à la bataille avec un détachement complet car Son amour n'était pas divisé. Son amour était entier. L'amour pur n'est pas divisé. L'amour pur voit l'unité ; il ne voit ni caste, ni croyance, ni secte, ni religion. L'amour pur peut combattre, tuer ou détruire ; il n'y a là cependant aucune haine, rien que l'amour. Lorsque l'amour pur guerroie, il ne s'agit pas d'une personne luttant contre une autre. C'est la nature supérieure qui bataille contre la nature inférieure. L'amour pur est sans forme. Même lorsqu'il y a une forme, elle n'existe que pour avoir un nom qui puisse l'identifier, comme Krishna. Derrière cette forme se trouve l'amour sans forme, car l'amour a consumé la forme dans ses flammes.

Ce qui s'oppose au pur amour est l'ego. Ce sont des individus ignorants, limités, qui combattent pour une mauvaise cause. Mais l'amour ne regarde pas la forme ou les personnes. L'amour voit à travers la forme et veut brûler l'ego dans ses flammes dévorantes. Cela n'implique aucune haine de la part de l'amour, car le pur amour n'a pas d'ego. L'amour pur en action peut lutter, tuer, et dans le même temps quitter les lieux sans aucune émotion, car celui ou celle qui est l'incarnation de l'amour est aussi l'incarnation du détachement. C'est pourquoi Krishna pouvait se battre et continuer à aimer. Rama pouvait combattre Ravana et l'aimer. Jésus put fouetter les marchands corrompus et les aimer. Ce même détachement permit à Krishna d'accorder la plus grande des bénédictions, le salut, au chasseur qui Le blessa d'une flèche, Lui faisant ainsi quitter Sa forme humaine. Jésus pardonna et pria pour ceux qui torturaient Son corps. Krishna, Jésus et Rama étaient détachés, non-divisés. Entier et pur, Leur amour transcendait toutes les formes d'attraction et d'aversion. Il n'y avait rien en Eux que l'amour et la compassion. À Leurs yeux, il n'y avait pas d'individus, pas d'entités séparées : tout était un.

Mes enfants, nous devrions Les prendre pour exemple. Suivez Leurs pas et luttez si la société vous y appelle, à condition qu'il s'agisse d'une bonne cause. Accomplissez votre devoir comme il convient, mais soyez détachés. Ayez de l'amour et de la compassion pour tout le genre humain.

À notre époque moderne il est difficile de rester détaché au milieu d'une guerre car presque toutes les nations ont leurs droits établis. Il est donc quasiment impossible de s'en tenir aux principes qui viennent d'être mentionnés. La plupart des soldats sont contraints d'obéir aux ordres qui leur sont donnés. Mais même dans ces circonstances, une personne sincèrement dévouée au *dharma* ne luttera pas pour une mauvaise cause. Elle aura une vision universelle de la situation. Cependant si quelqu'un se trouve pris dans une telle situation, sans pouvoir y échapper, il devrait combattre avec l'idée qu'il s'agit de son devoir envers son pays et prier sincèrement le Seigneur de le purifier de tous les péchés qu'il pourrait commettre. Il ne devrait éprouver à l'égard de la nation adverse aucune envie, aucun sentiment égoïste. »

À l'ouest, sur la Mer d'Arabie, le ciel embrasé flamboyait rouge et or, tandis que le soleil déclinait à l'horizon, marquant la fin du jour. De la pointe sud-ouest du terrain de l'ashram, on pouvait embrasser du regard les eaux bleu sombre et le soleil couchant. De hautes lames s'élevaient pour retomber, avec un bruit de tonnerre, sur le rivage de sable noir, et de grands chalutiers longeaient la côte, attendant le changement de marée pour partir au large. L'ashram recevait l'écho du grondement constant de l'océan. Amma était assise du côté sud du temple, face à l'ouest, dans une posture de lotus parfaite, les yeux ouverts ; elle était immobile et comme pétrifiée, révélant au regard extérieur une profondeur spirituelle tangible. Une extraordinaire aura de divinité émanait d'elle. Peu à peu, elle glissa dans un état d'extase. Les yeux mi-clos, elle était assise, sans bouger. Le fils de sa sœur Kastouri, Shivan, arriva en courant et se campa devant Amma, contemplant son visage. Au bout d'un moment, il s'accroupit à côté d'elle. Peut-être inspiré par l'extase d'Amma, il s'assit lui aussi comme un petit yogi et se mit à méditer. Les yeux fermés, il chanta « OM ».

Amma resta encore quelque temps en extase. La marée changea et les vagues clapotaient sur la rive tandis que les pêcheurs poussaient leurs barques élancées dans la mer. Le temps était favorable à une bonne prise ce soir-là, ils étaient donc excités et joyeux, chantant leurs chants traditionnels rythmés et créant ainsi un cadre ancien à la qualité intemporelle de l'extase d'Amma.

Amma ouvrit lentement les yeux. Puis elle se tourna vers Shivan, qui répétait toujours « OM », et le regarda. Très satisfaite de lui, Amma appela : « Shivan-*mon*, Shivan-*mon*(fils) ! ». Il ouvrit les yeux et demanda aussitôt à sa façon innocente: «Ammachi, pourquoi m'as-tu appelé? Je méditais.» Amma fut profondément émue par son innocence et sourit l'air ravi en venant à lui. Lui caressant doucement la tête de la main droite, Amma dit: «Brave garçon, tu as médité longtemps. Cela suffit pour l'instant. D'accord?» Shivan approuva d'un signe de tête. Le prenant par la main, Amma dit: «Maintenant, lève-toi, fils. Viens avec Amma.» Montrant les rives de la lagune, elle ajouta: «Allons nous asseoir là un moment.» Main dans la main, ils marchèrent ensemble vers le côté sud de l'ashram. Amma y resta assise quelque temps, Shivan à côté d'elle.

Les *bhajans* du soir commencèrent à l'heure habituelle. Amma se joignit aux *brahmacharis* et aux résidents alors qu'ils chantaient *Idamilla*.

> *Je suis un vagabond sans âtre ni foyer.*
> *O Mère, donne-moi refuge et guide-moi vers Toi!*
> *Ne me laisse pas m'enfoncer dans les eaux profondes.*
> *Tends-moi la main pour me hisser au rivage!*

> *Comme le beurre sur le feu,*
> *Mon mental est brûlé en ce monde.*
> *Un oiseau peut au moins tomber à terre,*
> *Mais pour un être humain,*
> *Qui, sinon Toi, est le support?*

> *Désirant accéder à Tes Pieds de Lotus,*
> *O Mère, je croyais qu'en appelant Ton Nom*
> *Même une seule fois, Tu n'oublierais pas*
> *Cet enfant innocent. Était-ce faux?*
> *Je ne sais pas, O Mère!*

Quand recevrai-je la bénédiction
De voir Tes Pieds, que mon mental
Espère tant approcher ? O Mère de l'univers,
Ne mérité-je pas au moins cela ?
Quand, dis-moi, quand viendras-Tu
Par Ta Présence illuminer mon mental ?

Une courte pause suivit le chant. Tout le monde attendait qu'Amma choisisse le prochain *bhajan*. Elle chanta *Kali Maheshvari*.

Je me prosterne devant Kali,
La Divine Parèdre du Seigneur Shiva,
Qui est en vérité la Mère de l'Univers.
O Mère, que la magie de ce monde est puissante,
Empêchant le mental de penser à Toi
Et de méditer sur Ta forme divine,
Sur Ton Nom divin !

O Grande Déesse Kali,
Il est dit que Tu es la Cause Première
De ce monde sans queue ni tête,
Sans alpha ni oméga, mêlant la vérité et l'erreur.
O Mère, ce que Tu as fait est vraiment fou !

O Kali, O Grand pouvoir d'Illusion,
Toi qui es ivre de la Béatitude Éternelle,
Peut-on déceler la moindre trace de raison
Dans ce drame universel que Tu mets en scène ?

O Kali, Toi qui provoques la dissolution finale,
Et tisses les kilomètres du voile sans fin de maya,
Quelle vision étrange de Te voir porter autour de la taille
Les mains coupées de tes ennemis !

Amma passait des pleurs au rire extatique. À un certain moment, elle s'intériorisa, absorbée dans la Béatitude du Soi. Les *brahmacharis* la relayèrent pour mener le chant. Ses gestes étaient ceux d'un enfant innocent appelant sa mère, les deux mains tendues, Elle appelait «Amma, Amma, où es-Tu?» ou bien «Hé, Kali, Kali! Viens!»

Différents aspects de la conscience suprême apparaissaient, disparaissaient et réapparaissaient au travers de la forme d'Amma, grâce à cette suprême dévotion.

Perchés sur les ailes de la divinité, les auditeurs étaient transportés du monde ordinaire au monde rempli de béatitude de l'amour suprême et de la dévotion. Amma essuyait parfois des larmes en chantant.

Chaque fois qu'elle parle de la voie de la dévotion, Amma dit: «Voyez, mes enfants, Amma sait très bien que tous les noms et toutes les formes sont limitées et que Dieu est sans nom, sans forme, sans attribut. Et cependant, la douceur et la béatitude que l'on éprouve à chanter la gloire du Seigneur est une expérience incomparable et inexprimable. Lorsqu'Amma chante pour Dieu, il lui est très difficile de contrôler son esprit et de le garder sur le plan de la conscience physique. Elle peut devenir folle d'Amour divin. Il lui faut réellement lutter pour garder son esprit à ce niveau de conscience. Amma jette donc un voile temporaire qu'elle peut lever à tout moment. C'est ce voile qui permet à l'esprit de demeurer sur le plan physique. Amma l'utilise à son gré. Mes enfants, l'amour innocent peut aisément nous mener à cette expérience ineffable. Efforcez-vous donc de cultiver cet amour en votre cœur.»

Les *bhajans* se terminèrent à huit heures trente. Amma ne bougeait pas, même après l'*arati*. Son regard était tourné vers un autre monde. La main droite était posée sur la joue droite, le coude reposant sur la jambe droite repliée à la verticale. Ses yeux, fixes, ne cillaient pas. Amma resta ainsi environ une demi heure, absorbée dans un autre univers, et ne remonta dans sa chambre qu'à neuf heures.

CHAPITRE 12

Kali : l'expérience d'un dévot

11 mai 1984

Un dévot qui avait eut une merveilleuse vision la nuit précédente au cours du *Dévi Bhava* la racontait à l'un des résidents. Il était très excité et désirait quelques éclaircissements. Voici son histoire : pendant que les résidents chantaient les *bhajans*, son esprit débordait d'amour et de dévotion pour Amma. Ils chantèrent un chant à la gloire de la Mère Divine *Entinamme Hara*.

> *O Mère, pourquoi es-Tu debout,*
> *Le pied posé sur le corps du Seigneur Shiva ?*
> *Et qu'as-Tu donc savouré*
> *Pour tirer ainsi la langue ?*
>
> *O Toi qui sais tout, sans cesse*
> *Tu Te promènes sous l'aspect*
> *D'une fille ordinaire et ignorante,*
> *Mais je sais au fond de moi*
> *Que telle est Ta nature,*
> *O Toi L'Omnisciente !*
>
> *Bien que Ton apparence soit féroce,*
> *Quelle beauté, quelle compassion en émanent, O Mère !*
> *Mon désir de m'endormir en Ton sein*
> *Devient chaque jour plus ardent.*

O Kali, Enchanteresse,
Les gens disent que Tu erres, ivre,
Après avoir bu à satiété.
O Vérité Éternelle,
Ton breuvage
Est le Nectar d'Immortalité
Mais qui le sait ?

En plaçant Ton Pied sur la poitrine de Ton Père
O Mère, Tu nous indiques que Tes Pieds Sacrés
Ne peuvent être atteints que grâce à sattva,
En cultivant les qualités sattviques de notre esprit.
O Mère, je T'en prie, accorde à cet humble dévot
Un esprit sattvique
Pour qu'il puisse lui aussi s'unir à Tes Pieds.

Le dévot contemplait le visage d'Amma lorsque soudain tout disparut de sa vue. Dans un tourbillon, tout sembla se dématérialiser, cependant que ses yeux restaient grand ouverts. Le temple, les gens et les objets alentour s'évanouirent. Il n'entendait plus les chants. L'univers entier avec sa dualité et sa diversité disparut. Il perdit le sens de son individualité et même la forme d'Amma s'effaça. Il voulut appeler et crier, mais il ne pouvait ni bouger ni parler. Il eut la sensation de sortir de son corps et d'être différent de son corps. Puis il vit l'univers entier baigné de lumière. Ses yeux ne purent supporter la lumière.

Cette lumière se solidifia peu à peu et une forme se dessina. Il éprouvait de grandes difficultés à voir ; la lumière prit l'aspect féroce mais enchanteur de Mère Kali dansant sur la poitrine de Shiva. Il contemplait la gloire et la splendeur spirituelles infinies de la Grande Mère, Sa langue pendante, Ses grands yeux rouges exorbités et les armes divines qu'Elle tient dans Ses nombreuses mains. Bien que Son aspect fût terrifiant, le dévot était si détendu et plein de béatitude que toutes ses peurs s'évanouirent.

« Son aspect aurait effrayé le Seigneur Shiva Lui-même, mais la compassion, l'amour et la béatitude spirituelle que je ressentais étaient comparables à l'ambroisie, si douces au cœur qu'elles dissipèrent ma peur et mon illusion. »

Tout reprit peu à peu son aspect ordinaire et le dévot fut ramené dans le royaume du temps et de l'espace. Revenant à la conscience normale, il s'évanouit et tomba à la renverse. Après quelques respirations haletantes, il resta un moment sans respirer et les gens finirent par s'inquiéter, ne sachant pas ce qui lui arrivait.

Amma avait observé toute la scène en souriant d'un air narquois. Elle envoya une rose qu'elle détacha de la guirlande qu'elle portait au cou, en précisant que la fleur devait être placée sous son nez. Dès que la rose fut près de lui, il se mit à respirer normalement. Puis il ouvrit les yeux et s'assit. L'expression de son visage était toute sérénité et béatitude. Comme s'il revenait d'un autre monde, le dévot regarda autour de lui pour se réorienter ; son regard s'arrêta enfin sur la forme d'Amma. Un sourire particulier, très doux, exprimant une joie ineffable, éclairait son visage. Il resta ainsi toute la nuit plongé dans une profonde méditation, jusqu'à la fin du *Dévi Bhava darshan*.

Le matin suivant, il était encore comblé de paix et de béatitude. Il avoua : « Je suis incapable de contrôler la béatitude spirituelle que j'éprouve et qui jaillit de mon être intérieur. Amma m'a accordé là une expérience rare. »

Le *brahmachari* qui écoutait ce récit envia cet homme d'âge moyen qui avait obtenu la rare bénédiction de contempler Kali.

Plus tard, dans la hutte, le dévot revit Amma alors qu'elle donnait le *darshan*. Il La supplia : « Amma, il n'y a pour moi aucun doute : Tu es en vérité Mère Kali. Il est tout aussi clair à mes yeux que c'est toi qui m'es apparue sous la forme de Kali. Qui d'autre que toi pourrait me donner le *darshan* de Kali ? Amma, peut-être est-ce dû à mon ignorance, mais j'ai cependant le désir de t'entendre dire : « Je suis Kali, c'est moi qui t'ai donné le *darshan*. » Tu es mon *Guru* et mon *Ishta Devata* (divinité d'élection), tu dois me dire ces paroles, je t'en prie, Amma, je t'en prie. »

Amma le regarda longuement, avec une expression d'amour maternel et de compassion infinis. Un moment s'écoula, Amma restait silencieuse, sans quitter le dévot des yeux. Il se mit à sangloter comme un petit enfant, se couvrit le visage des deux mains et s'affaissa dans le giron d'Amma. Avec beaucoup d'affection, Amma lui caressa le dos et s'efforça de le consoler en disant : « Fils, fils, ne pleure pas, ne pleure pas. » Mais il ne pouvait s'empêcher de pleurer. Elle le mit alors tendrement sur son épaule et lui murmura quelque chose à l'oreille. Aussitôt, il éclata d'un rire plein de béatitude. Il se leva d'un bond et se mit à danser. Riant et pleurant à la fois, des larmes de joie roulant sur ses joues, il criait : « Kali ! Kali ! Mahakali ! Kali est venue sous la forme de mon *Guru* et *Ishta Devata*. Kali ! Kali ! Kali ! » Il continua à répéter cela jusqu'à ce qu'Amma pose sa paume droite sur sa poitrine pour le calmer ; il revint alors à son état normal. Il raconta ensuite que cet état de béatitude s'était prolongé pendant environ deux semaines. Il révéla aussi qu'Amma lui avait en effet chuchoté à l'oreille qu'elle lui avait bien accordé ce *darshan* et qu'elle était Kali. Telle était la cause de la joie extatique qu'il avait éprouvée.

Ne jugez pas autrui

Pendant qu'Amma donnait le *darshan*, l'un des dévots mentionna le nom d'une autre personne et interrogea Amma : « Amma, pourquoi le laisses-tu venir ici ? C'est un personnage déplaisant ; il a fort mauvais caractère. » Amma répondit à cette remarque : « Fils, Dieu descend sur terre pour l'amour de ceux qui sont plongés dans l'ignorance. Ils ont besoin d'être transformés. Comment peux-tu juger autrui alors que tu es toi-même dans l'ignorance? Sais-tu à quel point ce fils a changé? Sais-tu combien il regrette son passé et se repent? De tels êtres sont ceux qui requièrent le plus d'attention. Lorsqu'ils s'améliorent, c'est un grand bienfait pour la société. Un peu de détachant suffit à ôter une petite tache, mais il faut en utiliser davantage pour une tache plus importante et qui a imprégné le tissu. Un être aux penchants spirituels ne demande pas beaucoup d'attention, mais celui qui, ignorant les principes réels qui auraient pu le guider, a gâché sa vie, requiert plus d'attention et de soin personnel. Il faut le rééduquer pour qu'il puisse vivre une vie digne de ce nom. Il suffit d'ajouter un peu de lait à un café léger, mais il en faut plus pour un café fort. Amma est prête à s'incarner autant de fois qu'il est nécessaire pour aider de telles personnes. Comment pourrait-elle les abandonner? Qui d'autre s'occupera d'eux?

Si, sur la foi de ton jugement, on empêche ce fils de venir voir Amma, alors tu dois être tenu à l'écart. Tu devrais recevoir le même traitement. Tu es plus ignorant que lui ; il admet du moins ouvertement ses fautes et exprime son repentir, tandis que tu ignores les ténèbres que tu portes en toi. Es-tu une âme parfaite? Non. Demandes-tu à Amma d'abandonner ceux qui errent dans l'ignorance? Le corps n'est-il pas un produit de l'ignorance? Mais nous ne l'abandonnons pas, n'est-ce pas? Ce monde tout entier n'est qu'ignorance, *maya*. Pourquoi nous efforçons-nous d'acquérir et de posséder toujours plus, alors que nous savons que tout cela n'est qu'illusion? Chacun de nous s'imagine qu'il est bon et que les autres sont mauvais. C'est une erreur. Si vous êtes bon, s'il y a de la bonté en vous, vous devriez être capable de voir la bonté partout. Vous voyez le mal chez les autres parce qu'il y a le mal en vous. Mes enfants, efforcez-vous de comprendre cette vérité. Ne montrez pas du doigt les défauts et les erreurs d'autrui. Prenez conscience de vos défauts et tâchez de les corriger. Que vos erreurs, que votre ego deviennent votre fardeau, non celui des autres.

Avant de pouvoir nous libérer de nos défauts, il faut prendre conscience du fardeau que constitue notre ego. À présent, l'ego des autres, leurs défauts, nous sont insupportables, mais les nôtres nous semblent très biens. « Mon ego est beau, mais le sien est laid. » Telle est notre attitude actuelle et elle doit changer.

Mes enfants, efforcez-vous d'être humbles. Notre but est de voir Dieu en tous les êtres, non le mal ou l'ignorance. Telle devrait être notre pratique. Nous n'avons pas besoin d'un *Guru* ou d'un ashram pour voir le mal en autrui. Mes enfants, pourquoi venez-vous ici ? Dans quel dessein ? Quel est votre but ? Il s'agit de vous libérer des vieilles habitudes, des anciennes tendances, cela est clair. Votre intention est de mener une vie plus noble, fondée sur les valeurs spirituelles. Ne l'oubliez pas, n'oubliez pas votre but. Lorsque vous voyez l'ignorance ou le mal en autrui, l'objet même de votre venue ici est mis en échec.

Le sentiment de « l'autre » devrait disparaître. Ce sentiment vient de l'ego. Efforcez-vous de voir l'unité, le tout. L'ego perçoit les différentes parties, le non-ego ne voit que l'ensemble. Voyant les branches, les feuilles, les fruits et les fleurs, nous oublions l'arbre et les imaginons séparés. C'est l'ego qui perçoit les branches, les feuilles, les fruits et les fleurs comme séparés. La perfection consiste à voir l'arbre en tant qu'arbre, comme un tout. C'est l'ego qui considère les mains, les jambes, les yeux, le nez et les oreilles comme des parties séparées. Voir le corps comme un tout, c'est la perfection. Mais nous en sommes incapables, voilà le problème. Nous ne prêtons attention qu'aux différentes parties. Nous nous préoccupons de distinguer, de voir « l'autre » comme séparé de nous. Amma ne perçoit que l'ensemble, non les parties. Elle ne voit que Dieu, le suprême *Atman*. Elle ne peut faire autrement. Mes enfants, voir l'autre crée la division en nous, mais considérer l'ensemble nous élève jusqu'à l'état libre de divisions. Efforcez-vous donc d'être sans ego ; efforcez-vous d'être humbles. »

Le dévot regretta sa remarque étourdie. Il dit d'un ton plein de remords : « Amma, je suis désolé d'avoir fait cette réflexion ; Amma, pardonne-moi mon ignorance. Tu sais ce qui est bon pour moi ; mon ignorance est si profonde que ton omniscience m'est sortie de l'esprit et que sans réfléchir, j'ai fait cette remarque »

Toujours pleine de compassion, Amma lui tapota affectueusement le dos et dit : « Aucun problème, fils. Cela arrive. C'est la nature du mental. Combien de fois un enfant tombe-t-il et se blesse-t-il avant de savoir marcher correctement ? L'erreur est humaine, mais tâchez d'éviter de répéter les mêmes erreurs. Essayez de tirer la leçon de chaque faute commise et de ne pas recommencer. Si cela arrive par accident, aucun problème. Ne vous inquiétez pas. Mais commettre sans cesse les mêmes erreurs, consciemment, est une tendance des instincts inférieurs. Évitez cela. Efforcez-vous de surmonter cette faiblesse. Si vous persistez, cela provoquera votre chute dans des ténèbres sans issue. »

Amma Se leva et marcha vers la cocoteraie ; les mains derrière le dos, elle se promenait sous les arbres. Puis elle s'assit à l'ombre, contemplant l'Infini du ciel. Voyant Amma assise seule et pensant qu'elle souhaitait peut-être rester un moment à l'écart, *brahmachari* Nealou accrocha un panneau à un cocotier, non loin de l'endroit où Amma était assise. Il était écrit : « Prière de ne pas déranger, Amma désire être seule un moment. »

Par amour pour elle, Nealou avait toujours le sentiment qu'Amma travaillait trop dur et qu'il lui fallait beaucoup de repos et de solitude. Il était très préoccupé de la santé d'Amma. Dès qu'il en avait l'occasion, il tentait donc de la servir en ce sens. Lorsqu'Amma se reposait, Nealou gardait parfois la porte de sa chambre et ne laissait rentrer absolument personne. Mais si Amma découvrait ses efforts pour lui procurer « paix et tranquillité », elle s'arrangeait invariablement pour les faire échouer. Mais tous les échecs, tous les revers subis n'avaient en rien modifié l'attitude de Nealou. Il était très ingénieux lorsqu'il s'agissait d'inventer de nouvelles idées pour accorder quelque repos à Amma. Il faisait là une nouvelle tentative.

Ayant accroché la pancarte à un arbre, Nealou s'assit à quelques mètres, prêt à repousser quiconque oserait transgresser l'injonction écrite sur le panneau. Peu après et sans raison apparente, Amma appela un *brahmachari* et se mit à lui parler. Bien vite, Amma fut à nouveau entourée de dévots, de *brahmacharis* et de résidents. Le pauvre Nealou était désemparé. Découragé et frustré, il ôta le panneau en murmurant : « Que faire ? Amma ne veut ni solitude ni repos ! »

Assise dans la cocoteraie, entourée des dévots et des résidents, Amma se mit à chanter *Hamsa Vahini*.

> *O Déesse montée sur un cygne,*
> *Mère Sarasvati (déesse de la sagesse)*
> *Tu es la lune qui éclaire l'Univers entier*
> *Tu résides sur le Mont Sringeri*
> *Et t'ébats joyeusement*
> *Dans la béatitude de la musique.*

Amma a ses propres voies. Il est insensé d'essayer d'aller à l'encontre de ses désirs. On ne peut limiter des *Mahatmas* tels qu'Amma. Impossible de les faire rentrer dans le cadre de règles ou de leur poser des conditions. Ces bornes sont pour les mortels ordinaires. Mais une fois dépassé le monde de la dualité, nos paroles et nos actes deviennent la loi. Rien, alors, ne nous limite plus.

CHAPITRE 13

Le caractère inéluctable de la mort

22 juin 1984

Une réception en l'honneur d'Amma, suivie d'un programme de *bhajans* avait été organisée à Allepey, une ville située à environ soixante kilomètres au nord de l'ashram. Sur la route, le véhicule transportant Amma et ses enfants dépassa le corps d'un garçon qui avait été renversé par une voiture. Amma leur enjoignit : « Mes enfants, ne regardez pas de ce côté de la route. La vision pourrait vous hanter pendant votre méditation. » Le silence régnait, tandis que le bus longeait le lieu de l'accident.

Amma reprit : « Si nous sommes réellement conscients que notre tour est le suivant, cette vie nous apparaît alors dans toute son absurdité. Lorsque nous en prenons vraiment conscience, notre détachement augmente. La mort nous suit comme notre ombre, sans cesse. Comprenant le caractère inévitable de la mort, tâchons de toutes nos forces de réaliser la vérité éternelle avant que le corps ne décline. Personne ne sait qui est le prochain. Personne ne peut le prédire.

L'un des *brahmacharis* cita un grand érudit, un *Mahatma*, qui rédigea le *Srimad Bhagavatam* en malayalam à partir de l'original sanscrit. « Même lorsque les gens voient les êtres qui leurs sont chers mourir sous leurs yeux, ils sont remplis d'espoirs et d'attentes. Hélas ! Jamais ils ne songent que la mort viendra un jour à eux. S'ils y songent, ils restent convaincus que cela ne se produira pas avant une centaine d'années. »

Amma répondit : « Ce *Mahatma* avait raison. Amma a entendu une histoire. Il était une fois un roi qui voulait connaître l'heure de sa mort. Il fit appeler un éminent astrologue, capable de prédire l'avenir. Celui-ci étudia l'horoscope du roi, fit des calculs astrologiques et découvrit que le roi était destiné à mourir ce même soir au crépuscule. Il est aisé d'imaginer la consternation du roi lorsqu'il apprit la nouvelle, car bien entendu il ne voulait pas mourir et se demandait comment il pourrait bien échapper à la mort. Rien d'étonnant à cela ; qui ne tenterait en effet de sauver sa vie s'il se savait menacé ou s'il apprenait qu'il doit mourir à une certaine heure ? Le roi ne perdit pas de temps. Il convoqua aussitôt les grands érudits du pays et leur ordonna de trouver une façon de vaincre la mort.

Les lettrés se réunirent, commencèrent à débattre et à disputer. Ils cherchèrent un moyen de sauver la vie du roi en consultant de nombreux textes des Écritures. Dès qu'un érudit suggérait un moyen, un rituel ou un *mantra*, un autre réfutait son idée et recommandait une autre méthode. La discussion se poursuivit ainsi indéfiniment sans qu'on parvînt à une conclusion. L'après-midi arriva et aucune solution n'était encore en vue. Le roi s'impatienta et cria aux savants : « Dépêchez-vous, dépêchez-vous ! Vite ! Il se fait tard. » Mais les savants, comme toujours, étaient pris dans les rêts des mots. Ils étaient incapables de dépasser le niveau de la rhétorique et de la dispute. À la fin, un courtisan sage et âgé murmura au roi : « Sire, ne vous fiez pas à eux. Ils ne trouveront pas d'issue. Si vous désirez sauver votre vie, prenez le cheval le plus rapide et couvrez la plus grande distance possible avant le crépuscule. Ne perdez pas de temps. Partez maintenant. Allez ! »

Le roi, désespéré, trouva que c'était une bonne idée. Chevauchant le meilleur cheval des écuries royales, il s'éloigna bientôt au galop. Avant le crépuscule, il se trouvait à des centaines de kilomètres du palais. Épuisé, le roi voulut se reposer ; il descendit

donc de sa monture et s'allongea sous un arbre. Allongé, il songea aux événements de la journée et se réjouit d'avoir trompé la
mort en quittant la cour avant la tombée de la nuit. Se sentant
en sécurité, il s'endormit. Le soleil se coucha et soudain, venue de
nulle part, la mort bondit sur lui. Ses yeux assoiffés regardaient
le roi pendant que, triomphante, elle déclarait : « Je savais que
tu viendrais. Je t'attendais près de cet arbre. Je commençais à
m'inquiéter, craignant que tu sois en retard, mais tu es arrivé
juste à l'heure. Merci. » En un instant, le roi impuissant fut dans
les griffes de la mort. »

Le véhicule continuait sa route. Amma ajouta : « Mes enfants,
qui peut échapper à la mort ? Lorsque vous naissez, la mort vous
accompagne. Chaque moment vous rapproche de la mort. Les
gens n'en ont pas conscience. Prisonniers des plaisirs du monde,
ils oublient cette vérité. Il n'existe pas d'instant où la mort ne soit
pas présente. En réalité, nous sommes toujours dans la gueule de
la mort. Les sages, conscients de la nature inéluctable de la mort,
s'efforcent de la transcender.

Au cours de cette vie, le sage acquiert la force mentale et spirituelle de vivre aussi la mort, c'est-à-dire de vivre dans l'éternité qui
est au-delà de la mort. Il meurt à son ego. Une fois l'ego mort, il
n'y a plus personne et qui pourrait donc bien mourir ? De tels êtres
sont si pleins de vie qu'ils ignorent la mort, ils ne connaissent que
la vie, la vie qui sans cesse vibre en chaque objet. Ils deviennent
l'essence même de la vie. Pour eux, la mort est un phénomène
inconnu et n'existe pas. La mort que nous connaissons lorsque le
corps périt peut leur arriver, mais cette mort n'est pour eux qu'un
changement. Ils ne craignent pas la mort du corps. Vivants ou
morts, ils demeurent l'essence même de la vie, qui prendra une
autre forme s'ils le désirent. Les vagues ne sont rien d'autre que
l'eau. Une lame s'élève et se brise, puis les mêmes eaux de l'océan
prennent la forme d'une autre vague en un autre lieu. Quelle

que soit la forme qu'elles assument, elles ne sont rien d'autre que les eaux de l'océan. De même, le corps d'une âme parfaite peut bien mourir comme le corps d'un être humain ordinaire. Mais la différence est la suivante : tandis qu'un mortel se considère comme une entité séparée —à part, différente de la conscience suprême comme une vague isolée de l'océan— une âme parfaite est pleinement consciente de son unité avec l'Absolu. Bien qu'elle ait pris forme humaine, elle sait qu'elle n'est pas une vague isolée mais l'océan lui-même et n'a donc aucune peur de la mort. Il s'agit d'un phénomène naturel, d'un simple changement, et elle le sait ; comme une vague s'élève, se brise et s'élève à nouveau en un autre lieu, le corps lui aussi doit subir la naissance, la mort et une autre naissance. Les *Mahatmas* savent qu'ils sont l'océan, non la vague. Ils sont l'*Atman*, non le corps. Mais un être ordinaire pense qu'il est le corps, une vague isolée, et qu'il périt à jamais lorsque le corps meurt. Cela l'effraye car il ne veut pas mourir. En songeant à la mort, il s'afflige donc. Il souhaite échapper à la mort. »

Un dévot cita un passage de la *Bhagavad Gita* dans lequel Krishna dit à Arjouna de ne pas s'affliger au sujet de la mort. Il paraphrasa le texte ainsi : « Arjouna, la mort est inéluctable après la naissance et la naissance suit la mort. Ne t'afflige donc pas en songeant à ce phénomène inévitable. Cela n'a aucun sens. » Les paroles d'Amma étaient une magnifique interprétation de celles de Krishna. (*Chapitre 2, Strophe 27 :* La mort de ce qui est né est certaine, la naissance de ce qui est mort est certaine. Tu ne devrais donc pas te lamenter au sujet de ce qui est inévitable.)

Un *swami*, auteur d'un livre de spiritualité fort populaire, voyageait aussi dans le véhicule. Il était assis juste devant Amma. Pendant tout le temps du voyage, il avait regardé le reflet d'Amma dans le rétroviseur. Comme un enfant, il s'exclama : « Je peux voir l'image d'Amma dans le miroir. »

Amma rit et rétorqua : « Tu pourras voir Dieu partout lorsque ton mental sera purifié de toutes ses impuretés, pareil à un clair miroir. »

Un *brahmachari* ayant encore en mémoire l'accident qu'ils avaient dépassé sur la route, interrogea Amma. « Amma, tu as dit que ceux qui n'avaient pas assez de force mentale ne devraient pas regarder le cadavre du garçon renversé par la voiture car cette vision les hanterait pendant leur méditation. Pourquoi as-tu dit cela ? »

« Fils, » répondit Amma en souriant, « telle est la nature de l'esprit. Ce à quoi nous ne voulons pas songer se présente en premier. Amma va vous l'expliquer à l'aide d'une autre histoire. Un roi chauve désirait vivement une chevelure noire et épaisse. Il était si susceptible au sujet de sa calvitie qu'il portait toujours un turban. Il essaya différents remèdes et suivit des traitements variés, mais rien ne réussit. Triste et désespéré, il convoqua finalement le médecin le plus renommé et le plus éminent du pays et lui ordonna d'inventer un médicament pour faire pousser les cheveux. « Si tu échoues, » menaça-t-il « tu auras la tête tranchée. »

L'ordre du roi plongea le médecin devant un grand dilemme. Bien qu'il sût parfaitement qu'il n'existait aucun remède à la calvitie, il ne pouvait pas le dire au roi. S'il le faisait, cela lui coûterait la vie. Le médecin décida donc d'aborder le problème de façon diplomatique, espérant pouvoir sauver sa vie par un moyen ou un autre. Se prosternant devant le roi avec la plus grande humilité, il répondit : « Votre Majesté, je considère comme un grand privilège le fait de fabriquer un tel médicament pour vous. Je suis fort honoré. Mais, Sire, ayez la bonté de m'accorder deux semaines pour fabriquer ce remède fort rare. »

Deux semaines plus tard le médecin fit son entrée avec le remède spécialement préparé. Il le présenta au roi dans les appartements royaux privés. Le roi exultait, ayant le sentiment que son rêve —une chevelure noire et épaisse— allait enfin se réaliser. Le médecin s'éclaircit la voix et dit : « Sire, voici une huile rare et précieuse. Je l'ai spécialement préparée pour votre Majesté. Elle fera effet en peu de temps, je n'en doute pas, mais... » Le docteur s'arrêta, hésitant. Piqué de curiosité, le roi se leva de son siège et demanda : « Mais, quoi ? Parle ! » Le médecin reprit : « Rien, rien de sérieux. Ce n'est qu'un détail. Pendant que vous appliquez le remède, ne pensez pas à des rats. C'est tout, rien d'autre et tout ira bien. »

Le roi se rassit et respira. Il pensa : « Cela n'est rien. Ne pas penser à des rats en appliquant l'huile. » Il renvoya le médecin avec la récompense promise.

Le matin suivant, le roi se leva tout heureux et, avec respect, sortit l'huile du placard. Après avoir psalmodié une prière, il en versa un peu dans sa paume droite et s'apprêtait à l'appliquer sur son crâne. Mais quelle image lui vint aussitôt à l'esprit ? Des rats, de gros rats, avançant en un long défilé. » Le bus résonna de grands éclats de rire. Les rires calmés, Amma termina l'histoire : « Le roi, choqué, remit l'huile dans la bouteille. Mais il n'était pas prêt à abandonner aussi aisément. Il essaya encore et encore, à différentes heures du jour, à l'extérieur du palais et dans son jardin, mais le nombre de rats augmentait chaque fois. Exaspéré, il finit par jeter la bouteille d'huile par la fenêtre. »

Des rires plus nombreux encore saluèrent la fin de l'histoire, puis Amma ajouta ce commentaire : « Mes enfants, telle est la nature de l'esprit : quel que soit l'incident, l'objet ou l'idée que nous voulons oublier, il nous suit et nous hante où que nous allions, quelle que soit l'heure du jour ou le moyen que nous utilisons pour l'oublier. *Shraddha* et la dévotion sont les seules cordes capables de lier ce mental.

Nous avons mené une vie incontrôlée pendant tant d'années que nous gardons aisément l'empreinte de ce que nous voyons ou entendons. Cela nous vient à l'esprit sans y avoir été invité. Il faut du temps pour parvenir à contrôler le mental. La pratique et la patience sont indispensables. »

Amma regarda les voyageurs avec un grand sourire, puis se mit à chanter *Sri Chakram* et tous reprirent le chant en chœur.

> *À l'intérieur de la roue mystique Sri Chakra*
> *Demeure la Déesse Sri Vidya.*
> *Cette Déesse est la nature du mouvement,*
> *Le pouvoir qui fait tourner la roue de l'univers.*
>
> *Elle Se manifeste parfois en tant que Pouvoir créateur*
> *Et Sa monture est tantôt un lion, tantôt un cygne.*
> *O Mère qui guide et contrôle la Divine Trinité,*
> *La Déesse Katyayani n'est-elle pas*
> *Une autre de Tes formes ?*
> *Pour alléger le fardeau de leurs peines,*
> *Les dévots rendent hommage à Tes formes.*
>
> *O Mère, qui, parmi les êtres humains fascinés par maya*
> *Pourrait comprendre que ce corps est impur ?*
> *O Mère, Toi qui chevauches un tigre,*
> *Comment un ignorant pourrait-il*
> *Glorifier Ta suprême majesté ?*

Le véhicule approchait du lieu du programme. Amma s'arrêta de chanter et resta assise les yeux clos pendant le reste du voyage, profondément absorbée dans son propre Soi. La plupart des *brahmacharis* méditaient ou répétaient leur *mantra*. Le véhicule arriva au temple où avait été organisée la réception. Après la réception, il y eut un *satsang* et des *bhajans* qui se prolongèrent jusqu'à dix heures. Puis Amma donna le *darshan* aux milliers de gens assemblés dans le temple pour recevoir sa bénédiction. Amma accueillit ses dévots pour le *darshan* jusqu'à deux heures du matin, jusqu'à ce que la dernière personne ait été reçue individuellement.

CHAPITRE 14

Se souvenir de Dieu pendant les repas

23 juin 1984

Pendant le déjeuner, deux *brahmacharis* servaient la nourriture tandis qu'un autre dirigeait le chant du quinzième chapitre de la *Srimad Bhagavad Gita*.

C'est la coutume en Inde dans les ashrams de chanter le quinzième chapitre de la *Bhagavad Gita* avant de partager la nourriture.

Seuls quelques uns des *brahmacharis* se joignirent au chant, les autres demeurant silencieux. Amma entra soudain dans le réfectoire, à l'improviste. Elle fut un peu irritée de voir le manque de *shraddha* des *brahmacharis*. « Pourquoi personne ne chante-t-il la *Gita* ? » demanda-t-elle. Puis elle ajouta ces paroles de sagesse : « On peut apprendre la patience en se rappelant Dieu et en restant assis devant la nourriture. La nourriture est toujours un point faible chez les êtres humains. Rien ne pénètre dans l'esprit lorsque nous avons faim. Nous oublions ce qui nous entoure et commençons à manger sans nous soucier d'autrui. Lorsque la faim s'empare de nous, notre patience s'envole : la faim nous l'a ôtée. Même si Dieu apparaissait soudain devant une personne affamée, elle n'en aurait cure. Si l'on observe une famille à la maison, nous pouvons voir le père, le fils ou la fille se mettre en colère si la mère est un peu en retard pour leur servir la nourriture lorsqu'ils rentrent du travail ou de l'école. Ce manque de patience dû à la faim est une faiblesse qui peut nous faire perdre tout discernement et lutter contre une autre personne, quelle qu'elle soit. Un chercheur spirituel devrait être à l'abri d'une telle faiblesse et capable de se rappeler Dieu, de garder son équilibre mental et son calme devant la nourriture, même s'il a très faim.

L'esprit humain est très attaché à la nourriture. Les aliments nourrissent le corps et comme nous sommes attachés au corps, nous sommes attachés à la nourriture. Le désir de mets savoureux est très puissant. La nourriture est dans l'ensemble un point faible chez les êtres humains. Exercer votre patience et vous rappeler Dieu tandis que vous êtes assis devant votre met favori n'est donc pas une mince part du travail que vous avez à faire pour vous détacher du corps.

De plus, mes enfants, nous rappeler Dieu avant de prendre la nourriture nous aide à prendre conscience que nous mangeons pour connaître Dieu, que cette nourriture destinée au corps est un instrument pour Le servir, pour Le prier, pour nous prosterner devant Lui. Une fois de plus, nous rafraîchissons notre mémoire du Principe suprême. Sans cesse, nous oublions Dieu, nous devrions donc nous efforcer de nous rappeler Son souvenir à tout moment. À chaque instant nous essayons de nous rappeler Dieu, jusqu'à ce que tout effort cesse. Considérez donc le moment où vous êtes assis devant la nourriture comme une excellente occasion pour cela.

Mes enfants, n'oubliez jamais que vous êtes ici pour réaliser Dieu, non pour réaliser un ashram ; soyez-en toujours conscients. Si nous chantons la *Gita* avant chaque repas, c'est pour que chacun se rappelle Dieu, non parce qu'il s'agit d'une simple coutume de l'ashram.

Le mental, le corps et l'intellect seront purifiés si vous mangez la nourriture après l'avoir offerte à *brahman*, le Principe absolu. Les vibrations négatives dans la nourriture, s'il y en a, disparaîtront si vous chantez la *Bhagavad Gita* et les *mantras* de purification avec concentration. Cela détruit aussi les impuretés de l'atmosphère. »

Pour enseigner aux résidents, Amma assumait à cet instant le masque de la colère, bien qu'elle soit au-delà des sentiments et des émotions. Un professeur a besoin de ce type de masque. Un *brahmachari* rit en écoutant Amma; il pensait que la « personne réelle » n'était pas le moins du monde identifiée au masque (en réalité, il n'y a aucune « personne »). « Pour Amma, cela aussi est un jeu », pensait-il. Amma se retourna et l'admonesta. « Ne ris pas. Pourquoi ris-tu? Penses-tu qu'Amma plaisante? Quel bénéfice y a-t-il pour toi à songer qu'il ne s'agit que d'un des nombreux masques d'Amma et qu'elle n'y est pas identifiée? Considérer qu'il s'agit d'une des *lilas* d'Amma ne t'aide pas; tu bagatellises et prends les choses trop à la légère. Il ne s'agit pas d'une vétille. Tu dois y réfléchir sérieusement. » Le *brahmachari* fut stupéfait de voir Amma lire ses pensées avec une telle exactitude. Avant qu'il pût exprimer son étonnement, Amma reprit : « Mes enfants, connaissez-vous la valeur de la nourriture? Savez-vous combien de milliers de personnes en ce monde désirent ne serait-ce qu'un grain de riz pour apaiser leur faim tandis que vous riez et vous ébaudissez devant votre assiette pleine? Aujourd'hui encore, Amma verse des larmes avant de manger en songeant aux pauvres, aux affamés, qui n'ont même pas un peu de gruau de riz coupé d'eau pour apaiser leur faim. Et vous riez? Comment pouvez-vous vous comporter ainsi? Cela revient à vous moquer de ceux qui ont faim. Mes enfants, pensez à eux. Que votre esprit soit plein de compassion et d'amour pour eux. Vous devez sincèrement vous soucier de leur sort et être capables de partager leur peine. Quand aurez-vous assez de renoncement pour cela? Mes enfants, la nourriture est Dieu. Ayez pour elle le respect qui convient. »

Amma marqua une pause. Puis elle se tourna vers les dévots qui se trouvaient près d'elle et s'adressa à eux : « Ces enfants n'ont jamais été confrontés aux difficultés de la vie. Ils n'ont aucune expérience de la vie réelle. Ils étaient chez eux comme dans un cocon. Ils étaient les maîtres; ils n'avaient qu'à commander et n'ont jamais appris à obéir. Il leur faut maintenant subir un bon entraînement pour devenir de parfaits serviteurs du monde. Pour leur faire comprendre le sérieux de la vie, Amma fait montre de colère. »

Amma se leva et alla à la cuisine. Elle revint avec quelques morceaux de racine de tapioca cuite. Amma en distribua un peu à tous, le leur mettant dans la bouche. Son humeur avait changé: elle choisissait maintenant un autre masque, celui de la mère qui prend soin de ses enfants et les aime.

Les paroles d'Amma au sujet des larmes qu'elle verse en songeant aux pauvres et aux affamés nous rappellent un incident qui s'est produit en 1980. Un jour, Amma refusa de manger. Toutes les prières furent vaines: elle ne mangeait pas. Il n'y avait à cela aucune raison apparente et personne ne savait pourquoi elle jeûnait. Elle ne but pas même un verre d'eau et ne répondait rien à ceux qui l'interrogeaient. Elle semblait profondément absorbée dans ses pensées et pleurait parfois, assise seule sur la rive de la lagune. Vers dix heures du soir, Amma consentit enfin à prendre quelque nourriture.

Révélant la raison de son jeûne, Amma dit que quelques familles du voisinage souffraient de la faim. Elles n'avaient rien à manger et la pêche ne donna ce jour-là aucun résultat. Apprenant leur détresse, Amma n'avait pas envie de manger. Elle aurait désiré leur envoyer quelque nourriture, mais ces familles n'éprouvaient aucune sympathie pour l'ashram. En réalité, elles lui étaient même profondément hostiles. Quelques années auparavant, alors que les quelques résidents de l'ashram avaient eux-mêmes à peine de quoi manger, Amma leur avait envoyé des légumes et du riz, mais elles avaient refusé la nourriture. Cette fois, Amma dit: « Sans souci aucun de leur attitude envers l'ashram, Amma leur aurait fait parvenir des aliments, mais elle sait que ces familles ne les accepteraient pas et encourraient ainsi du mauvais *karma*. Amma veut leur éviter cela. Quel que soit leur comportement envers l'ashram, ils sont eux aussi les enfants d'Amma, n'est-ce pas ? Elle doit donc avoir la patience d'accepter leur attitude. Qui donc aura cette patience, sinon elle ? Ne nourrissons donc aucune haine, aucune colère à leur égard ; prions Dieu pour leur croissance spirituelle. Ils ont d'ailleurs maintenant à manger, c'est pourquoi Amma, elle aussi, a pris un peu de nourriture : pour participer à leur joie. »

À trois heures de l'après-midi, Amma s'apprêtait à se rendre à Kollam dans la maison d'un dévot. Quelques dévots l'accompagnaient et cette fois Amma n'avait pas demandé à Gayatri de venir, bien que celle-ci l'accompagnât d'ordinaire partout. Nul n'en connaissait la raison et Amma ne donna aucune explication. Gayatri en fut profondément blessée. Le cœur brisé, elle resta sur la berge pendant que le bateau qui transportait Amma et les dévots sur l'autre rive de la lagune s'éloignait. Arrivée de l'autre côté, Amma s'apprêtait à monter dans la voiture lorsqu'elle enjoignit soudain à l'un des dévots : «Va chercher Gayatri. Elle est très déprimée. Quelle misère! Hélas! Cette Mère cruelle ne l'a pas appelée. Comment une Mère aimante peut-elle oublier une enfant qui pleure. Son chagrin est aussi le chagrin d'Amma. Nous ne partons pas sans elle. »

Le cœur d'Amma débordait de compassion et d'amour pour sa fille. Gayatri arriva en quelques minutes. Elle était très heureuse. Elle versait des larmes, non plus de chagrin mais de joie, en songeant à la rapidité avec laquelle Amma avait répondu à la prière de son cœur douloureux.

Amma arriva enfin à Kollam vers quatre heures. La famille qui recevait Amma exultait. Éperdus d'amour pour elle, ils en oubliaient la manière traditionnelle d'accueillir un *Mahatma* et restaient immobiles à la regarder. (Lorsqu'un *Mahatma* arrive au seuil de la maison, la coutume en Inde veut qu'on lui lave les pieds, qu'on lui offre une guirlande et que l'on agite devant lui du camphre enflammé, manifestant ainsi le respect qui convient.)

Les enfants embrassèrent Amma, qui les caressa et les interrogea affectueusement entre autres au sujet de leurs études. Amma conversa avec chacun des membres de la famille et avec les voisins et amis présents. Caressant le dos d'une personne avec amour, frottant la poitrine d'une autre ou parlant avec sympathie avec une troisième, Amma apporta la joie dans les cœurs. Tous participèrent aux *bhajans* du soir, membres de la famille, amis, voisins proches ou éloignés. À la demande d'une des femmes, Amma chanta *Amme Bhagavati Nitya Kanye Dévi*.

> *O Mère divine, Vierge éternelle,*
> *Je me prosterne devant Toi*
> *Pour que Tu m'accordes*
> *Un regard miséricordieux.*

> *O Déesse de l'Univers,*
> *Ton jeu est de créer le monde*
> *Et de le sauver en le détruisant.*

> *O Toi dont la nature est semblable*
> *À l'ombre du Réel, Toi la cause de la Vie,*
> *Toi qui es pleine de maya,*
> *Je me prosterne devant Toi.*

Pendant qu'Amma, en extase, chantait, la jeune femme qui avait choisi le chant fondit en larmes, incapable de contrôler le sentiment d'amour qu'elle éprouvait.

Après le dîner, vers vingt-deux heures trente, la famille désirait montrer à Amma une vidéo dépeignant l'histoire des grands adorateurs de la Mère divine et leurs expériences. Pour exaucer leur désir, Amma accepta de regarder ce film. Il lui fut impossible de contrôler l'Amour divin dont elle était comme ivre. Une des histoires racontait la vie d'un pêcheur qui nourrissait un amour pur et innocent pour la Mère divine. Illettré, il éprouvait le désir ardent de voir Dieu en chair et en os. L'attitude (*bhava*) d'Amma changea complètement ; Elle bondit de son siège et se mit à chanter et à danser. Les sons qu'elle émettait étaient variés et ne peuvent être rendus par les mots. Éclatant d'un rire extatique, Amma étreignit et embrassa quelques-unes des filles ainsi que la femme âgée assise à côté d'elle avant de reprendre sa place. Elle regarda encore un peu le film, puis se leva et gagna sa chambre. Il semblait qu'elle voulût cesser de regarder le film pour éviter d'être transportée dans une extase tout à fait incontrôlable.

CHAPITRE 15

Un miracle à la cour

27 juin 1984

Il était près de midi lorsqu'un homme entre deux âges s'approcha du temple. Le *brahmachari* Balou le salua et l'homme, Monsieur V., lui confia : « Je suis déjà venu deux fois. Puis il y eut un long intervalle. Mais ma dévotion envers Amma est restée forte. En vérité, sans son aide et sa grâce, je serais aujourd'hui derrière les barreaux. » Il s'interrompit. Le *brahmachari* Balou lui demanda s'il pouvait lui apporter à boire. « Juste de l'eau » répondit-il. Lorsque Balou apporta le verre d'eau, il le trouva assis du côté sud du temple.

Après avoir bu, Monsieur V. reprit : « J'étais aux prises avec de grandes difficultés lorsque je suis venu la première fois pour le *darshan* d'Amma. En réalité, j'étais venu la prier de m'accorder son aide et sa bénédiction afin de sortir des ennuis dans lesquels je me débattais. »

Et il raconta son histoire. Un de ses parents avait apparemment porté plainte contre lui pour une fraude inventée de toutes pièces. Comme la famille de ce parent était très influente, il put fabriquer les preuves nécessaires pour le dénoncer. Monsieur V. savait que s'il était déclaré coupable, sa vie serait brisée. Il avait une femme et trois filles dont les vies seraient elles aussi frappées par le déshonneur. Une fois sa réputation ruinée, il pensait qu'aucun homme au monde n'aurait le courage d'épouser une de ses filles. Pour lui, il s'agissait d'une question de vie ou de mort, car il avait le sentiment que s'il perdait le procès, il ne lui resterait pas d'autre solution que le suicide, un suicide dans lequel sa femme et ses enfants le suivraient, ne voyant pas d'autre issue. Monsieur V. ne dévoila pas les détails du cas judiciaire mais à son expression, Balou comprit que le désastre eût été absolu pour lui et sa famille.

Monsieur V. ajouta que l'opinion publique le savait innocent et savait que ses adversaires, poussés par l'intérêt égoïste et apparemment dans leur droit, s'efforçaient de l'anéantir, lui et sa famille. Mais la preuve fabriquée contre lui était si accablante et convaincante qu'il n'avait aucun moyen de la réfuter ou de se défendre. Il ne pouvait entreprendre aucune démarche légale pour dévoiler leurs machinations. Il confia à Balou : « Je n'avais donc aucun recours pour me sauver, moi et ma famille, de la catastrophe imminente. Mais ma foi en Dieu, en Mère Kali, était forte. »

« Un jour, » poursuivit-il, « un de mes amis me parla d'Amma. Il me raconta même quelques-unes de ses expériences avec elle et cela me donna foi et confiance en elle, si déchiré et plein de souffrance que fût mon cœur. Ma conviction et ma foi qu'Amma était Mère Kali me redonnèrent force et courage. C'est ce qui m'amena à elle la première fois. Elle conquit mon cœur et m'assura que je gagnerais le procès. Je suis convaincu qu'Amma est Kali et elle me l'a clairement prouvé grâce aux expériences que j'ai eues depuis que je l'ai rencontrée. » Il s'interrompit.

Balou demanda : « Vos problèmes ont-ils été résolus ? »

Monsieur V. lui raconta qu'il priait sans cesse et que cependant, à chaque audience, il semblait plus difficile à son avocat de réfuter les points de l'accusation portée contre lui. Tout le monde était convaincu qu'il serait condamné et son courage, sa confiance faiblissaient. Il commençait à se demander : « Les paroles d'Amma ne vont-elles donc pas se réaliser ? M'a-t-elle abandonné ? » Mais sa foi en Amma demeurait inébranlable. Chaque jour il priait et suppliait, ignorant ce que ses adversaires allaient inventer contre lui.

Enfin, lorsque le verdict fut prononcé, il gagna le procès. « J'étais sûr de gagner, car qui aurait pu réfuter l'argument d'Amma, cette phrase-clé, cette clé qui ferma les portes du tragique destin qui m'attendait. » dit-il. La voix tremblante, Monsieur V. pleurait. À grand peine il contrôla ses larmes et s'essuya le visage. Balou, assis, attendait, se demandant ce que pouvait bien signifier la dernière partie de son affirmation au sujet de la phrase-clé.

Retrouvant la maîtrise de lui-même, Monsieur V. s'éclaircit la voix et dit : « Je sais que vous vous demandez comment cela a bien pu se produire. C'est entièrement la grâce d'Amma. » Et il raconta ce qui s'était produit au milieu de la nuit dans son salon, alors que lui et sa famille désespéraient. Assis dans le fauteuil, je m'assoupis. Peu après, je fus réveillé par une puissante lumière et par une divine senteur qui embaumait toute la pièce. Mes enfants et ma femme dormaient, allongés sur le ciment nu. Ils ne semblaient pas percevoir mon expérience. Je voulus les réveiller mais ne pouvais ni parler ni bouger. Je contemplais la lumière, émerveillé, rempli d'un effroi sacré, lorsqu'elle prit la forme d'Amma, en chair et en os ! Elle vint à moi, me donna une caresse affectueuse, me sourit et d'une voix douce, prononça deux phrases ; la première phrase était un fait caché et nouveau concernant le procès et que j'appelle la phrase-clé. Amma me dit ensuite : « Va dire cela à ton avocat maintenant, aussitôt après mon départ. » Puis elle me donna un peu de cendre sacrée comme *prasad* et disparut sans ajouter un mot. »

Lorsqu'il revint à la conscience ordinaire, Monsieur V. était toujours assis dans le fauteuil et sa famille toujours endormie sur le sol. Il lui fallut un moment pour retrouver ses esprits ; il vit alors dans sa main la cendre sacrée. C'était là une preuve de sa vision. Il réveilla sa femme et ses enfants, leur raconta l'événement et leur montra la cendre sacrée. Le divin parfum, évoquant celui du jasmin, flottait encore dans la pièce et ils le perçurent. Il regarda sa montre : il était deux heures trente du matin.

« J'enfourchai ma moto », raconta-t-il à Balou, « et roulai jusqu'à la maison de mon avocat, distante de cinq kilomètres. Lorsque je lui confiai le point secret et nouveau qu'Amma m'avait révélé au cours de la vision, son visage s'éclaira. Je lui narrai l'apparition d'Amma. Il y ajouta une foi totale, étant lui aussi un croyant. Le jour suivant, à la cour, un avocat plaida la cause sur la base de ce fait nouveau qui finalement me sauva. »

Comme il était près d'une heure Balou demanda à Monsieur V. de venir au réfectoire pour déjeuner. Refusant poliment, celui-ci répondit : « Non, pas maintenant. Comment pourrais-je manger avant d'avoir le *darshan* d'Amma ? » Il alla s'asseoir dans la hutte pour y attendre Amma.

Amma arriva pour le *darshan* vers quatorze heures trente. Monsieur V. fut le premier à avoir son *darshan*. Elle le reçut en s'exclamant : « Ah, fils, Amma savait que tu viendrais aujourd'hui. Tu as gagné le procès, n'est-ce pas ? Amma est heureuse. » Monsieur V. tomba aux pieds d'Amma et sanglota. Il étreignit et embrassa ses pieds, puis les mit sur sa tête. Il lava littéralement les pieds d'Amma de ses pleurs.

La scène émut toute l'assistance et beaucoup eurent grand mal à retenir leurs larmes, bien qu'ils ignorassent les épreuves que cet homme avait endurées au cours des dernières années. Se baissant, Amma le releva doucement et posa sa tête sur ses genoux. Elle le garda ainsi longtemps. Monsieur V. retrouva lentement la maîtrise de lui-même et Amma le fit asseoir à côté d'elle où il resta pendant le reste du *darshan*.

Pendant qu'Amma recevait ses enfants pour le *darshan*, les *brahmacharis* chantèrent *Samsara Dukha Samanam*.

Mère du monde, Toi qui dissipes
La douleur de la transmigration,

Tes saintes mains sont notre unique refuge.

Tu es le refuge des aveugles et des âmes perdues,
Se rappeler tes Pieds de lotus
Nous protège de tout danger.

Ceux qui, prisonniers de l'illusion,
Errent dans les ténèbres, n'ont d'autre solution
Pour échapper à leur sort misérable
Que de méditer sur Ton Nom et Ta Forme.

Lance-moi un regard de Tes beaux yeux brillants
O Mère, sans Ta grâce,
Nul ne pourrait atteindre Tes Yeux de lotus.

Puis Amma elle-même dirigea un chant *Govardhana Giri Kutayakki.*

O Toi qui as soulevé la montagne Govardhana
Toi qui joues dans le cœur des gopis, Tu protèges Gokoul
Tu aimes jouer et produis le doux son de la flûte.
Tu as dansé sur la tête du serpent Kalya
Afin de dissiper la crainte provoquée par son orgueil.

Toi qui détruis les désirs ou bien les satisfaits,
Ne tarde pas à venir, Toi dont les yeux
Sont pareils à des pétales de lotus.
Tu es Celui qui donne à chacun le fruit de ses actions.
Mon mental tremble comme une plume de paon
En essayant de contrôler les cinq sens.

O Krishna, quand pourrai-je m'unir à Tes Pieds ?
O Toi dont le corps est doux, aimable
Et charmant, Bien-Aimé de la déesse de l'Abondance

Toi qui donne la libération et dont la maya nous captive
Tu as sur Ta bannière le poisson,
Tu portes la gemme Kaustubha
Et une guirlande de fleurs sauvages.
O Seigneur, protège-moi et sauve-moi!

Au milieu du chant, Amma entra en extase. Les yeux fermés, la tête légèrement inclinée à droite, Amma demeurait immobile. La femme qui reposait sur les genoux d'Amma leva la tête pour voir son visage. Voyant la transe spirituelle dans laquelle Amma se trouvait, elle recula et s'assit les mains jointes, dans une attitude d'adoration.

Les *brahmacharis* et les dévots ont souvent été témoins des extases d'Amma au cours des *bhajans* ou lorsqu'elle chante le Nom divin, mais c'est pourtant chaque fois une expérience neuve. Ils méditent ou la contemplent, voyant en elle leur *Ishta Devata*.

Amma demeura un moment dans cet état puis, une fois revenue à la conscience normale, se remit à donner le *darshan*.

Une question à propos du tantra

Pendant le *darshan*, un des dévots posa une question : «Amma, les gens qui suivent la voie du tantrisme pensent qu'il peut amener des résultats rapides. Ils considèrent également que, comme tout est divin, il est inutile de renoncer à quoi que ce soit. Ils ne condamnent pas le corps comme le font les *védantins*. Pour eux, le corps est la résidence de *Tripura Sundari* (un aspect de la Mère Divine) ; ils le considèrent donc comme pur. Amma, je t'en prie, dis quelque chose à ce sujet.»

(La sadhana tantrique est la voie qui mène à l'état d'union de Shiva et Shakti en acceptant tout comme divin. Les *vedantins* qui suivent la voie de la non-dualité, la philosophie de l'Unité

ou *Védanta*, se distinguent par l'importance qu'ils accordent au renoncement comme moyen de nier la dualité.)

Amma répondit : « Tout chemin spirituel quel qu'il soit implique le renoncement. Sans la pratique du renoncement, le bénéfice désiré ne sera pas obtenu. Amma ne croit pas qu'un Maître parfait guidant des *sadhaks* sur le chemin du tantrisme les autorise à faire ce qu'ils veulent avec leur corps. Même s'ils considèrent le corps comme pur, ce n'est pas une excuse pour se livrer à des excès sans discernement ni contrôle de soi. Toutes les voies spirituelles peuvent mener rapidement au but si elles sont pratiquées comme il convient, sincèrement et avec *lakshya bodha*, pas seulement la voie du *tantra*. Les résultats rapides ne viennent pas de la maîtrise de techniques compliquées. La voie de la dévotion est la méthode la plus simple. Quoi qu'il en soit, toutes les voies mènent au même but et toutes incluent la dévotion ou l'amour comme une part essentielle de la pratique. Même dans le tantrisme l'amour joue un rôle essentiel. Comment peut-on progresser sans amour ?

Maintenant à propos de la condamnation du corps. Aucune voie ne condamne le corps ou le monde. Une *sadhana* védantique ne condamne pas le corps. Après tout, sans le corps il n'y a pas de pratiques spirituelles. Il est ridicule de songer que le corps est sans importance. Il ne s'agit pas de torturer le corps mais de l'entraîner et de le dompter. Un débutant ne peut se contenter de déclarer : « Tout est divin, y compris le corps, je vais donc jouir et me livrer aux excès. » Il n'atteindra pas le but ainsi. Une certaine dose de contrôle de soi est indispensable. Sinon, quelle est la différence entre un *sadhak* et une personne plongée dans les plaisirs des sens ? La réalisation ne viendra pas sans efforts.

Elle viendra si on peut se concentrer parfaitement sur son propre Soi en oubliant le reste sans admettre une seule pensée. Même pour bâtir un corps musclé il faut des années de pratique assidue. Combien d'efforts sont nécessaires pour devenir un bon maître de karaté ou de lutte ? Pour devenir un bon musicien ? Personne n'a jamais rien obtenu en ce monde sans accomplir quelques sacrifices, sans renoncement ni effort constant. Toutes nos activités exigent des règles. Pourquoi les gens proclament-ils que le renoncement est superflu dans le cas du but suprême qu'est la Réalisation de Soi ? Amma ne peut être de leur avis sur ce point. Ils peuvent proclamer qu'ils sont le Soi et que Dieu est en eux. Ils peuvent affirmer : « Tu es Cela, Tu es le Divin » et autres paroles du même style. Mais cela peut durer des éons et des éons, rien ne se produira.

Quel que soit le nombre de personnes qui vous soutiennent et vous glorifient, vous disant que vous êtes *brahman*, cela ne vous apportera pas la Réalisation. Vous resterez toujours la même personne. Regardez ceux qui ont atteint la Réalisation de Soi et méditez sur la vie des grands saints et sages. Ils incarnaient le renoncement, ils pratiquaient *tapas* et firent de grands efforts pour atteindre l'état de Réalisation. Ceux qui ont atteint cet état ne parlent pas. Ils ne se promènent pas en disant : « J'ai atteint le but ; je suis *brahman*. » Ils ne disent pas non plus : « Aucun renoncement n'est nécessaire. Vous êtes déjà Cela. Cela est en vous. » Les gens qui parlent ainsi sont superficiels. Les êtres superficiels aiment parler. Leurs paroles ne reposent sur aucune expérience. Ils n'ont pas l'expérience de la profondeur, car dans les profondeurs il n'y a aucun discours. Seul le silence y règne. Si les Êtres réalisés parlent, leur discours touche le cœur. Il purifie et transforme l'auditeur. Leurs paroles vont droit au cœur. Les paroles de ceux qui répètent que Dieu est en eux demeurent à la surface ; elles restent un moment dans l'intellect de l'auditeur, puis s'effacent jusqu'à ce qu'il les entende à nouveau.

Selon Amma la *sadhana* tantrique est l'une des voies les plus mal comprises et les plus mal interprétées. Au nom du tantrisme, les gens s'adonnent à la boisson, au sexe et à d'autres comportements licencieux et irresponsables. Ils prétendent qu'il s'agit d'une offrande à la Mère divine mais se noient finalement dans les excès. Leur ignorance concernant la véritable *sadhana* se fait de plus en plus dense et ils défendent leur comportement comme correct.

L'adoration tantrique est une offrande. Ce qui doit être offert en réalité est le principe derrière l'adoration. Cette offrande n'est pas extérieure, mais intérieure. Vous offrez votre individualité, votre ego au Divin. En outre les références à l'union sexuelle pendant l'adoration ne doivent pas être interprétée comme concernant une personne du genre féminin et une du genre masculin : il s'agit de l'union finale, de l'union du *jivatman* (Soi individuel) et du *paramatman* (le Soi suprême). Cette union est symbolique. Elle symbolise l'union ou l'intégration des qualités féminines et masculines — l'union de *Purusha* et de *Prakriti*, la fusion du mental avec la Réalité suprême, l'atteinte d'un équilibre parfait entre les natures intérieures et extérieures du *sadhak*. Cette union symbolise l'expérience de l'Infini qui vibre en toute chose et le fait d'y être établi qui résulte de l'union de Shiva et de Shakti.

Dans cet état le *sadhak* transcende tout et se fond dans le Principe suprême. Cette suprême Unité est la signification de l'union sexuelle dans la *puja* tantrique. Cela se produit en vous. Ce n'est pas extérieur. Cette union de Shiva (la Conscience suprême) et de Shakti (l'Énergie primordiale) se produit lorsque la semence du *sadhak* a été purifiée et transformée en *ojas* (pure énergie vitale) ; elle atteint le sommet de la tête, là où se trouve le lotus aux mille pétales. L'utilisation de la métaphore sexuelle comme symbole dans le tantrisme a pour but de dépeindre de façon extérieure et figurative cette transformation intérieure. L'union sexuelle est le symbole le plus adéquat pour suggérer l'éternelle union de Shiva et de Shakti. Les deux aspects, la Conscience suprême et l'Énergie primordiale, sont en nous. Tous les êtres humains sont sexués, l'aspiration à l'union avec le sexe opposé leur est donc familière. Les sages ont utilisé les termes et les symboles de l'union sexuelle, compréhensibles par tous, pour exprimer la qualité essentielle et le processus de l'union éternelle, pour tenter de nous donner une idée du mécanisme de l'union intérieure. Mais l'esprit humain est si grossier et si bas que les gens ont mal interprété l'ensemble et l'ont rabaissé à un niveau vulgaire ; ils en ont usé et mésusé comme une excuse à leur comportement licencieux et à leurs actes injustes, nuisibles à autrui comme à eux-mêmes. La *sadhana* tantrique ne devrait jamais être pratiquée que sous la direction d'un Maître parfait. »

Vers seize heures trente Amma monta dans sa chambre et revint une heure plus tard pour aller méditer sur la plage. Méditer sur le rivage en compagnie d'Amma est toujours une expérience merveilleuse. Les résidents et visiteurs suivirent ses traces vers la mer, formant une longue procession. Amma s'assit, immobile, face à l'océan, et tous s'assemblèrent autour d'elle, se préparant à méditer. Le soleil, ayant franchi la grande travée du ciel, s'apprêtait à effectuer sa plongée quotidienne dans l'océan. Les vagues caressaient doucement la rive avant de reculer lentement vers la mer, fredonnant leur berceuse ininterrompue. Il était difficile de dire si Amma se concentrait sur l'océan, sur les vagues, le soleil couchant, l'horizon infini ou si elle s'immergeait dans son propre Soi. L'expression calme et sereine de son visage semblait indiquer qu'elle voyageait dans le monde de sa solitude intérieure, un monde inconnu aux autres.

Tous étaient absorbés dans une profonde méditation. Amma ne fermait pas les yeux ; ils restèrent grands ouverts, sans même ciller. Elle était parfaitement immobile, sans jamais bouger, les mains posées sur les cuisses. Un sourire radieux de béatitude illuminait son visage.

Comme à l'accoutumée, les enfants des pêcheurs du village se rassemblèrent autour d'Amma, la regardant à une distance respectueuse. Ils attendent, contemplant Amma et ses enfants dans un silence absolu. Il était étrange de remarquer que ces enfants d'habitude bruyants et actifs, aimant à courir et à crier dans le sable et avec les vagues du rivage, se tenaient toujours cois lorsqu'Amma venait méditer. Bien sûr, Amma n'oubliait jamais de leur donner quelques bonbons avant de quitter la plage. Cette fois encore, elle réjouit les enfants en leur en distribuant. Un par un, ils s'avancèrent vers Amma pour recevoir leur bonbon. Parfois un enfant se montrait timide ou réticent et elle lui adressait un chaleureux et lumineux sourire, l'invitant à venir la voir. L'enfant surmontait toujours sa timidité et acceptait le bonbon avec joie.

Comme il était presque l'heure des *bhajans* de dix-huit heures trente, Amma et le groupe rentrèrent à l'ashram. En chemin, Amma s'arrêta à l'endroit où elle recevait les dévots lors des premiers *Krishna Bhavas*. L'endroit est indiqué par un petit temple de feuilles de cocotier tressées et encore aujourd'hui, les villageois font brûler une petite lampe à huile dans ce temple. Un petit banian se trouve juste à côté. Sur l'une de ses minces branches, Amma avait coutume de prendre la pose *Anantasayana* (la fameuse posture du Seigneur Vishnou reposant sur le serpent Ananta) au cours du *Krishna Bhava*. À l'intérieur du minuscule temple les images de Kali et de Krishna ont été installées. Amma se baissa et regarda à l'intérieur, tout en donnant quelques explications aux dévots.

Reprenant le chemin de l'ashram, Amma rencontra une femme de pêcheurs qui revenait du marché, de l'autre côté de la lagune. Une petite conversation s'ensuivit, Amma parlant avec elle comme une villageoise à une autre villageoise. Il était intéressant de voir Amma user les mêmes termes et employer les mêmes gestes que la femme.

Puis, peut-être pour éclaircir les doutes qui auraient pu s'élever dans l'esprit de dévots étonnés par les manières qu'elle avait temporairement adoptées, Amma expliqua : « Les villageois ne sont pas à l'aise si nous leur parlons à notre niveau. Ils ne comprennent pas l'attitude d'un *sadhak*. Si Amma passe sans lui accorder aucune attention, cette femme aura peut-être l'impression qu'Amma est hautaine, trop fière pour lui parler. Cela ne troublerait pas Amma, mais ces gens sont heureux et contents lorsqu'elle s'entretient avec eux. Il faut donc que cela se passe dans leur langage, car il est sinon inutile de parler. Nous devrions être capables de nous mettre à leur niveau pour les rendre heureux. Ils sont ignorants. Si nous philosophons et tentons de leur imposer nos idées spirituelles, présentant le sujet dans un langage raffiné et avec érudition, cela ne leur fera aucune impression. Parlez leur langage, agissez à leur manière et ils sauront l'apprécier. »

À peine Amma, suivie du groupe des dévots, avait-elle parcouru quelques mètres, que nous entendîmes la villageoise dire d'une voix forte à une autre femme rencontrée en chemin à propos d'Amma : « Elle est toujours très aimante. Sa nature n'a pas changé. »

Tout le monde sourit et on échangea des regards complices. Amma semblait ainsi démontrer la véracité de ses paroles.

Amma commença les *bhajans* du soir en chantant *Sri Lalitambike Sarvashaktye*.

> *O Mère Omnisciente Lalita,*
> *Cet humble enfant se prosterne*
> *À Tes Pieds Sacrés*
> *Qui procurent de bons auspices.*

> *Victoire à Mère, l'Incarnation de la Beauté,*
> *Inséparable du Seigneur Shiva,*
> *Victoire, victoire à Mère.*

Elle est en vérité Brahman personnifié.
Victoire, victoire à Celle
Qui est chère au Seigneur Vishnou.
O Mère, je Te salue, Mère de toute la Création.

O Mère, cet enfant, Ton enfant,
Ne connaît aucune méthode de méditation.
Ne me vois-Tu pas errer dans les ténèbres ?
O, Mère Ambika, viens et demeure à jamais
Dans le lotus de mon cœur.
Ne m'abandonne pas, pas même
L'espace d'un battement de cils.

Cette naissance humaine m'a été accordée
Après des centaines et des milliers d'autres naissances.
O Mère, laisse-moi offrir ce don rare
Qu'est une forme humaine
Sur l'autel de Tes Pieds de Lotus.

O Mère, j'ai commis de nombreuses erreurs
Et suis peut-être le plus mauvais de Tes enfants.
Cependant, O Mère, Toi qui es l'Incarnation
De la Compassion et de l'Amour,
Pardonne-moi je T'en prie mes erreurs
Et mes défauts, guéris-moi de ma faiblesse mentale.

La méditation sur le rivage avec Amma, suivie des chants dévotionnels avait transporté l'assemblée ; tous chantaient et dansaient
sur les voiles de l'amour pur. Amma dit : « Pour se rappeler Dieu, il
faut oublier le monde. Se souvenir consiste à oublier. » C'est ce qui
arrive aux dévots et aux disciples lorsqu'Amma chante. Ils oublient
leurs soucis, leurs ennuis, et boivent l'ambroisie du Nom divin.

Mental — absence de mental

Après les *bhajans* et l'*arati*, Amma était assise devant le temple, entourée des résidents et de quelques visiteurs. Elle avait sur les genoux un petit garçon, le fils d'un des dévots. L'enfant restait tranquillement assis, tandis que sa mère pleurait et riait de joie, s'exclamant : « Que mon enfant est béni d'être assis sur les genoux d'Amma, d'être touché et caressé par le Divin. »

Amma nourrit l'enfant d'un morceau de banane qu'il mangea en entier, continuant ensuite à lécher et à mordre le doigt d'Amma. Sa mère observa : « Cet enfant veut te manger, Amma. »

« Amma veut le manger », répartit Amma. Elle développa le thème des enfants et de leur innocence. « Les enfants ne sont pas touchés par *maya*. Leur innocence conquiert le cœur et l'âme. Qui peut s'empêcher d'aimer un enfant ? Même le cœur le plus endurci aimera un enfant. Ce sentiment d'amour provient de l'innocence de l'enfant. »

Regardez dans les yeux d'un enfant. Vous pouvez y voir Dieu ; vous pouvez voir Krishna, Jésus ou Bouddha dans les yeux d'un enfant. Mais une fois que les *vasanas* latentes commencent à se manifester, l'innocence disparaît. Les *vasanas* ne sont pas totalement absentes chez un enfant. Elles existent en tant que germe. Un germe se développe un jour ou l'autre. Telle est la différence entre un enfant et un yogi. Malgré son innocence, un enfant a encore des *vasanas* latentes qui attendent le moment propice pour se manifester. Un yogi, grâce aux pratiques spirituelles, éradique les *vasanas*. Il devient pur et innocent, sans aucune *vasana* qui puisse se manifester, car il en a détruit la source même. Il coupe les *vasanas* à la racine, elles cessent donc de germer. Il est propre et pur, il coule tel un fleuve auquel rien ne peut faire obstacle, que rien ne peut perturber, submergeant tout sans percevoir de différences.

Le mental doit disparaître. Il vous faut devenir « non-mental ». Celui qui est établi dans l'état de « non-mental » peut bien demeurer dans le monde de la diversité, mais en réalité il est Dieu. Vous pouvez le voir agir ou parler, mais il ne fait ni l'un ni l'autre. Il n'accomplit rien et ne parle pas ; il est calme et silencieux en toutes circonstances. Mais votre mental projette un corps, des paroles et des actes sur lui. Étant vous-mêmes divisés, vous essayez de le diviser. Vous pouvez essayer toute une vie, y investir toute votre énergie et appeler le monde entier à la rescousse, vous ne réussirez pas à le diviser. Vous vous effondrerez épuisés, sans parvenir à l'impossible.

Les Êtres unifiés sont toujours des étrangers à ce monde. Les mortels ordinaires ne les laissent pas libres de proclamer la vérité. Ils tentent de les lier et de les enchaîner. Mais c'est impossible. Le monde ne peut comprendre les Grands Maîtres. Les gens souhaitent détruire ce qu'ils ne comprennent pas ; ce qui dépasse l'intellect ordinaire leur paraît étrange, déraisonnable et illogique ; leur ego ne peut le supporter. Il ignorent l'état sans ego et veulent donc se débarrasser de tels phénomènes. Ils ont peur. Ils craignent que ces Êtres détruisent leur ego et rendent d'autres humains pareils à eux. Si le monde entier devient sans ego, alors les gros ego infatués n'auront plus d'existence. Ils souhaitent que l'ego et le monde durent éternellement, car sans eux ils ne pourraient posséder, acquérir, jouir ni se livrer aux excès. Ils pensent que la vie sert à cela, non à devenir sans ego. Sachez que les *Mahatmas* ne sont pas là pour détruire, mais pour créer —pour créer une attitude positive, saine et intelligente vis à vis de la vie. Ils vous laissent vivre et jouir, mais vous enseignent comment vivre la vie et en jouir.

Les gens ordinaires désirent la célébrité et la gloire. Ils luttent donc contre les saints dépourvus d'ego, purs et innocents. Pour cette raison, certains de ceux qui sont établis dans l'état de

Réalisation du Soi et choisissent de rester dans un corps créent un ego avec lequel combattre. Mais ce type d'ego est une ombre d'ego, le mirage d'un ego. Cela ressemble à un ego, mais en réalité il n'y a là aucun ego. Cette absence d'ego est décelable, mais ils conservent l'apparence d'un ego pour effrayer et menacer les gros egos infatués.

Plus que quiconque Krishna Se comporta ainsi. Il garda jusqu'à la fin l'apparence de l'ego. Il le voulait afin de pouvoir vivre au milieu des vagabonds et des mécréants. Lorsque c'était nécessaire, Il s'en servait comme d'une arme pour frapper. Comment aurait-Il pu autrement remplir Sa mission qui était de restaurer le dharma en déclin? Ses efforts pour amener la paix échouèrent à cause des egos inébranlables du roi aveugle et de ses fils. Ils tentèrent même d'enchaîner Krishna et Le forcèrent à frapper avec son ego universel, l'Esprit Cosmique. Il leur révéla alors Sa forme universelle pour leur signifier : « Ne vous amusez pas avec Moi. Je suis Tout. Je suis le feu, Je suis l'univers entier. Faites attention, Je ne vous épargnerai pas si vous continuez votre jeu. »

Pour manifester cela, il fallait un ego, le plus grand des egos, le substrat de tous les esprits, c'est-à-dire : « Je suis Tout, Je suis l'Esprit Universel. » Krishna fut contraint de le déployer afin de les avertir, de les menacer et de les désarmer. Sinon, ils ne L'auraient pas laissé travailler et poursuivre Sa mission, qui était d'établir le dharma. Le but même pour lequel Il S'était incarné aurait été mis en échec. Pour enseigner au monde, pour discipliner les gens et mettre les choses sur la bonne voie, les Grands Maîtres sont obligés de créer un ego apparent. Mais ils sont bien au-delà ; en profondeur, rien ne les affecte ; ils sont purs, innocents et silencieux. »

Amma s'arrêta. Chacun buvait la sagesse qui s'écoulait de ses lèvres. Le petit garçon qu'elle avait bercé était profondément endormi dans le giron de sa mère. Amma regarda l'enfant avec tendresse ; son visage rayonnait d'un magnifique sourire. Elle tendit la main et caressa le visage du garçon avec amour. Au même instant, l'enfant sourit avec innocence dans son sommeil. Le voyant sourire, Amma dit : « Il sourit ; peut-être fait-il un beau rêve. » La maman remarqua : « Ce beau rêve, c'est toi Amma ! »

GLOSSAIRE

Acchan Père.

Agamas Écritures.

Advaita vedanta Philosophie de la non-dualité.

Amma bhrant Folie d'Amma.

Ammachi La Mère. *Chi* est un diminutif qui indique le respect.

Anantasayana L'image du Seigneur Vishnou allongé sur le serpent Ananta, qui représente l'infini du temps.

Anoraniyan Mahatomahiyan Sanscrit: «Plus subtil que le plus subtil, plus grand que le plus grand,» une description de *Brahman*, la Réalité suprême.

Aparigrahyam «Incompréhensible», un épithète de *Brahman*.

Arati Culte consistant à décrire des cercles avec du camphre enflammé devant la Divinité.

Archana Adoration par la répétition des Noms de Dieu.

Arjouna Le troisième des frères Pandavas, un brillant archer.

Ashram Ermitage ou résidence d'un sage.

Ashwamedha Yagna Rituel védique élaboré dans lequel l'offrande est un cheval.

Atman Le Soi.

Avadhuta Une âme réalisée qui a transcendé toutes les normes sociales.

Avatâr (ou Avatâra Pourousha) Une incarnation du Divin dans un corps humain.

Balavat Qui a la nature d'un enfant (faisant allusion à la nature d'un Être réalisé.)

Bhadrakali *Voir* Kali.

Bhagavad Gita Les enseignements donnés à Arjouna par le Seigneur Krishna au début de la guerre du Mahabharata. C'est un guide pratique pour la vie quotidienne destiné au commun des mortels. Il contient l'essence de la sagesse védique. *Bhagavad* signifie «du Seigneur» et *Gita* signifie «chant»,également conseil.

Bhâgavatam Texte sacré décrivant la vie des Incarnations du Seigneur Vishnou.

Bhagavati La Mère divine.

Bhajan Chant dévotionnel.

Bhakti Dévotion.

Bhâva Attitude, humeur.

Bhâva darshan Audience au cours de laquelle Amma reçoit les disciples sous l'aspect de Krishna ou de la Mère divine.

Bhrantavat Ayant la nature d'un fou (allusion à la nature ou à l'apparence de certains Êtres réalisés).

Biksha Aumônes.

Brahmachâri Disciple célibataire se consacrant à l'étude des Écritures et à la pratique d'une discipline spirituelle sous la direction d'un *Guru*.

Brahmachârya Chasteté et contrôle des sens.

Brahman L'Absolu.

Brahmatvam L'état de *Brahman*, l'état d'union avec l'Absolu.

Chara Espion.

Darshan Audience ou vision de la Divinité ou d'un saint.

Devata Un Dieu ou une Divinité.

Dévi La Déesse.

Dévi Mahatmyam Un hymne sacré à la louange de la Déesse.

Dharma La droiture, la vertu; la loi juste en accord avec la Voie Divine.

Dhyâna La véritable méditation.

Gita Voir *Bhagavad Gita*.

Gopa Vacher, compagnon de jeu de Sri Krishna.

Gopi Vachères, connues pour leur suprême dévotion envers Sri Krishna.

Gouna Bonnes qualités; également les ttrois qualités de la nature: *Sattva* (clarté), *Rajas* (activité) et *Tamas* (passivité)

Gourou (Guru) Maître spirituel; guide.

Gouroukoula (Gurukula) École du *Guru* qui est aussi sa résidence et celle des étudiants.

Grihasta Homme ou femme mariés qui ne cherchent pas à mener la vie d'un véritable père ou mère de famille.

Grihastâshrami Celui qui mène une vie de famille strictement conforme aux prescriptions des Écritures et tournée vers la spiritualité.

Hanouman Un grand serviteur et dévot de Sri Rama qui franchit la mer d'un bond grâce au pouvoir du souvenir constant du nom de Rama.

Hari Bol «Loué soit le Seigneur»

Hatha Yoga La maîtrise du corps comme moyen de réaliser le Soi.

Ishta Devata Divinité d'Élection.

Japa Répétition d'un *mantra*.

Jîvanmoukta Celui qui a obtenu la Libération de son vivant.

Jivanmoukti Libération.

Jîvân Force de vie.

Jivatman Âme individuelle.

Jnâna La connaissance.

Kalari Temple; terrain d'entraînement aux arts de la guerre.

Kali La Mère divine. Elle est dépeinte sous de nombreuses formes.

Kali Yuga L'âge noir du matérialisme, dans lequel nous vivons actuellement.

Kalli Voleuse

Kâma Le désir, la luxure.

Kanji Gruau de riz.

Kanyakumari La pointe sud du sous-continent indien où se trouve un temple dédié à la Mère Divine sous l'aspect de la Vierge Éternelle.

Karma Action.

Karma phala Fruit des actions.

Karma yoga Le yoga de l'action.

Katala Pois chiches.

Kauravas Les ennemis des Pandavas lors de la guerre du Mahabharata, symbolisant l'injustice.

Kenopanishad Une des Upanishad (textes concernant la philosophie de la non-dualité) les plus importantes. Elle fait partie des Védas.

Kirtan(m) Répétition chantée du Nom de Dieu. Chant dévotionnel.

Koundalini La force vitale symbolisée sous la forme d'un serpent lové à la base de la colonne vertébrale. Quand elle se réveille, elle monte le long de la colonne en réveillant au passage les centres d'énergie vitale (*chakras*) pour s'épanouir dans le «lotus aux mille pétales» situé au-dessus de la tête.

Krishna Incarnation la plus célèbre du Dieu Vishnou.

Lakh cent mille.

Lakshmana Frère de Sri Rama.

Lakshmi Épouse du Dieu Vishnou et Déesse de la fortune.

Lakshya bôdha Détermination tournée vers le but.

Lalita Sahasranâma Les 1000 Noms de la Mère Divine.

Lila Le jeu divin.

Loka(m) Le monde.

Mahabharata Grande Épopée écrite par le sage Vyasa.

Maha Kali Une forme de la Mère universelle.

Mahâtma Une grande âme.

Manaso manah Expression sanscrite (littéralement «Le mental des mentals») désignant la conscience témoin ou *Brahman*.

Mantra Association de sons chargés de pouvoir, à force d'avoir été répétés des millions de fois par les adeptes de la vie spirituelle. Certains *mantras* remontent aux temps védiques.

Marga La Voie.

Mauna(m) Vœu de silence.

Maya Le monde de l'illusion.

Maya Roupam Forme illusoire.

Mol(e) Fille. *Mole* est le vocatif.

Mon(e) Fils. *Mone* est le vocatif.

Moudra Geste sacré.

Moukta Le Libéré.

Nâma Shivaya Le *mantra* Panchakshara; signifie « Salutations à Celui qui accorde de bons auspices. »

Namavali(s) Chants dont le texte est une litanie des Noms Divins.

Narayana Le Seigneur Vishnou.

Narayaneeyam Un hymne dévotionnel célébrant les incarnations du Dieu Vishnou, une compilation poétique du *Srimad Bhagavata*.

Nishkama karma. Action dont on abandonne les résultats au Seigneur et donc accomplie sans aucune attente.

Ojas Énergie sexuelle transformée en énergie spirituelle grâce à des pratiques spirituelles.

Pada pouja Adoration des pieds du *Guru*.

Palum vellam Lait coupé d'eau.

Pandava(s) Les cinq fils du roi Pandou, les héros de l'épopée du Mahabarata.

Parâ Brahman L'Absolu suprême.

Paramatma(n) Le Soi suprême.

Pouja Culte rituel axé sur l'offrande de nourriture et de fleurs.

Pouranas « Les anciens », principaux livres sacrés de l'Inde après les Védas, contenant les légendes mythologiques et attribués à Viyasa.

Pourousha L'Être pur.

Pouttou Farine de riz et noix de coco cuits à la vapeur dans un cylindre de métal.

Prakriti La Mère Nature.

Pranayama La pratique visant à contrôler le mental grâce à des exercices respiratoires.

Prârabdha (karma) Part des actions passées accumulées qui portent leurs fruits dans la vie présente.

Prasâd(am) Offrande consacrée à Dieu ou à un Saint.

Pravrittika Celui qui agit.

Prema Amour profond.

Pandit Érudit. Pandit-*mon* est la manière affectueuse d'Amma de s'adresser à un dévot érudit, mot à mot « Fils érudit ».

Râja yoga Yoga royal. Le yoga en huit étapes qui mène à la Libération.

Rama Héros de l'épopée du Ramayana. Incarnation de Vishnou, idéal de justice.

Ramayana(m) L'épopée célébrant les hauts faits du Dieu Vishnou.

Rishi Sage des temps védiques; voyant.

Sada Toujours.

Sâdhak Disciple spirituel. (*Sâdhaka* au féminin.)

Sâdhana Discipline spirituelle.

Sadhou Mendiant.

Sahasranama Litanie à la gloire du Seigneur comportant mille Noms.

Samâdhi État d'absorption dans le Soi.

Samsâra Discussion. Cycle des naissances, des morts et des renaissances.

Samskâra Empreintes du passé.

Sankalpa Conception, résolution.

Sannyâsin Un renonçant.

Saptaswaras Les sept notes de la gamme indienne.

Saranagati Abandon de soi à Dieu.

Sari Un long morceau de tissu qui est le vêtement traditionnel des femmes indiennes.

Sâstra Écritures; science.

Satgourou Maître spirituel réalisé.

Satchidananda Être, Conscience, Béatitude, les attributs de *Brahman*, l'Absolu.

Satsang La compagnie des Sages. Par extension, les discours donnés par eux.

Sattvique De qualité pure; bon.

Shakti L'aspect dynamique de *Brahman* en tant que Mère Universelle.

Shiva L'aspect statique de *Brahman* en tant que principe mâle.

Sita Épouse de Rama.

Sloka Strophe sanscrite.

Soundarya Lahari Hymne à la Mère Divine dont l'auteur est Sri Shankaracharya.

Sraddha La Foi. Amma emploie ce mot en insistant sur la vigilance associée à un soin plein d'amour que l'on apporte à la tâche effectuée.

Sri Guru Paduka Panchaka Hymne de cinq strophes aux sandales du *Guru*.

Sri Rama Voir Rama; Sri est une marque de respect.

Srimad Bhagavatam Voir *Bhagavatam*; *Srimad* signifie propice.

Tantra Un système philosophique indien qui nous enseigne à considérer la Création entière comme une manifestation du Divin.

Tantra sadhana La pratique des disciplines tantriques.

Tantric pouja Rituel mené en accord avec les principes tantriques.

Tapas Ascèse ; austérité.

Tapasvi Un être s'adonnant totalement à l'ascèse.

Tapovan(am) Ermitage ; lieu propice à la méditation et à l'ascèse.

Tattwa Principe.

Tattvartha svaroupini Un des noms de la Déesse signifie « L'incarnation des principes spirituels et de leur signification. »

Tattvatile bhakti Dévotion qui repose sur le discernement entre l'éphèmère et l'éternel.

Trimurti La divine Trinité : Brahma (le Créateur), Vishnou (le Protecteur) et Shiva (le Destructeur).

Tripura Sundari Un nom de la Déesse qui signifie «La Belle des trois cités (les trois qualités de la nature).

Tyagi Un renonçant.

Upanishads Partie finale des Védas qui traite de la philosophie de la non-dualité.

Upasana Murti La forme de Dieu que l'on adore ou sur laquelle on médite.

Vairagya(m) Le détachement, le calme.

Vanaprastha Troisième étape de la vie au cours de laquelle on quitte les activités du monde pour s'adonner à l'ascèse.

Vâsanas Tendances latentes résultant des *samskâras*.

Vedas Les Écritures sacrées de l'Hindouisme.

Veda Vyasa Voir Vyasa. Comme il a divisé les *védas* en quatre parties, il est aussi connu sous le nom de Véda Vyasa.

Vedanta(m) La philosophie des Upanishads qui déclare que la Vérité Ultime est «Un sans second.»

Vedantin Adepte de la philosophie des *Védas*.

Vedic dharma Instructions laissées par les *rishis* au sujet de la manière adéquate de vivre.

Vishnou Celui qui soutient le monde; Il est présent en chaque atome.

Vyasa Un sage qui a instauré la division des Védas en quatre parties; auteur de dix-huit *puranas* ainsi que du Mahabarata et du Bhagavatam.

Yagna Rite ou rituel.

Yoga Union avec l'Être suprême. Utilisé dans le langage courant pour désigner un ensemble d'exercices de remise en forme du corps et du mental destinés à favoriser la méditation.

www.ingramcontent.com/pod-product-compliance
Lightning Source LLC
Chambersburg PA
CBHW071951100426
42736CB00043B/2767